선 생 님 을 위 한 토 론 수 업 가 이 드 북

토론을 알면
수업이 바뀐다

토론을 알면 수업이 바뀐다
선생님을 위한 토론 수업 가이드북

초판 1쇄 발행 • 2011년 5월 31일
초판 9쇄 발행 • 2017년 6월 19일

지은이 • 신광재 백지원 양수진 오세호 이선영 정은식 정현숙 황우원
펴낸이 • 강일우
책임편집 • 김현정
펴낸곳 • (주)창비
등록 • 1986년 8월 5일 제85호
주소 • 10881 경기도 파주시 회동길 184
전화 • 1833-7247
팩시밀리 • 영업 031-955-3399 편집 02-6949-0953
홈페이지 • www.changbi.com
전자우편 • textbook@changbi.com

ⓒ 신광재 외 2011
ISBN 978-89-364-7207-8 03370

선생님을 위한 토론 수업 가이드북

토론을 알면 수업이 바뀐다

신광재 백지원 양수진 오세호 이선영
정은식 정현숙 황우원 지음

창비

토론을 통한 학생들과의 소통으로
수업이 바뀐다

빠르게 급변하는 정보 사회에서 소통 능력은 그 어느 때보다 중요해지고 있습니다. 이와 같은 흐름에 따라 몇 년 전부터 학교 현장에서는 토론에 대한 관심이 급증하기 시작했습니다.

하지만 막상 토론 교육을 감당해야 하는 교사로서는 이와 같은 변화를 수업에 어떻게 반영해야 할지 막막하기만 합니다. '토론은 지나치게 경쟁적이어서 아이들의 정서 발달에 좋지 않다', '토론은 잘하는 학생만 한다' 등과 같은 토론에 대한 오해로 토론을 수업에 녹여 내기를 거부하거나 주저하는 경우가 있기 때문입니다.

이 책을 쓴 저희들도 그렇게 생각한 적이 있었습니다. 그러나 학생들과 함께 토론 수업을 거듭할수록 변화하고 성장하는 그들의 모습을 지켜보면서 토론 교육의 가능성과 비전을 발견할 수 있었습니다. 그리고 실제 수업에서 일어나는 많은 시행착오를 겪으면서 연구와 실천을 함께하는 교사 자율 학습 공동체인 '프닉스 토론 교육 연구회'를 꾸리게 되었습니다. 교실 수업은 물론이고 토론 캠프, 토론 대회 등을 운영하며 얻은 사례를 바탕으로 연구를 계속하여 각 시도 교육청 토론 교육 교사 연수, 수업 컨설팅, 독서 토론 영재 학급 운영 등에 참가하면서 토론 교육에 대한 저희의 확신은 더해졌습니다.

저희처럼 토론 수업을 고민하는 선생님들께 고민을 조금 앞서 한 사람들로서 경험을 나누고 싶어 이 책을 펴내게 되었습니다. 이 책이 토론 수업과 토론 대회를 준비하는 선생님들께 실질적인 도움이 되기를 바랍니다.

이 책의 특징을 다음과 같이 정리할 수 있습니다.

첫째, 토론 교육을 '토론에 관한 교육'과 '토론을 활용한 교육'으로 나누어 보았을 때 이 책은 '토론에 관한 교육'을 서술 대상으로 한 책입니다. 수업 시간에 토론을 활용하려면 토론에 관한 교육이 선행되어야 한다는 점에서 이 책은 토론 수업을 위한 입문서로 볼 수 있습니다.

둘째, 토론 수업을 지도하고 있는 교사들의 입장에서 궁금해할 수 있는 질문과 그에 대한 대답의 형식으로 구성했습니다. 또한 실제적이고 구체적인 지도 방법을 소개하기 위해 '교실 링크', '수업 맛보기'를 통한 지도 사례와 지도안을 강화했습니다.

셋째, 주 토론 논제를 '청소년 아르바이트는 바람직하다'로 일관성 있게 서술했습니다. 이를 통해 각 챕터에서 소개된 개념과 원리를 체계적으로 이해할 수 있습니다.

넷째, 찬반 논쟁식 토론 유형(프닉스식 토론 모형)을 소개하고 이를 중심으로 서술했습니다. 이는 프닉스식 토론 모형이 다양한 토론 유형의 장점을 반영하면서도 여러 차례의 수업을 통해 검증한 모형이기 때문입니다.

다섯째, 부록에는 다양한 논제에 관한 토론 기록 표 및 요약 표를 제시했습니다. 표를 참고하며 토론의 예상 진행 과정을 떠올릴 수 있어 수업을 준비할 때 실질적으로 참고할 수 있습니다.

내용을 작성하고 실제 수업에 적용하여 문제점을 발견한 후 논의 과정을 거치면서 여러 차례 수정했지만, 여전히 부족한 부분이 많을 줄 압니다. 학교 현장의 여러 선생님들과 토론 교육에 대해 함께 소통하면서 고민하고 싶어 출간을 서두른 감이 있습니다. 이 책의 부족한 부분은 여러 선생님들과 함께 연구하여 보완해 나갈 수 있기를 바랍니다.

마지막으로 이 책이 나올 수 있도록 검토와 격려를 아끼지 않으신 민족사관고등학교 백춘현 선생님께 감사드리며 늦은 밤까지 타 학교를 오가며 토론해 준 여러 학교 학생들에게 고마움을 표합니다. 특히, 몇 차례의 밤샘 작업에도 인내하고 성원해 준 가족들에게 이 책으로 대신 사랑을 전합니다.

2011년 5월 말
_ 집필자 일동

 추천사

교육 현장의 목소리가 살아 숨 쉬는 생생한 토론 교과서

요즘 우리 교육계의 큰 화두는 토론입니다. 토론은 말을 쪼개고 나누어 번갈아 검증하는 대화의 한 방식입니다. 쉽게 해결이 안 되는 문제를 민주적이고 이성적으로 판단하여 결정할 수 있도록 해 주는 게 토론입니다. 우리 교육계가 토론에 주목한 까닭도 바로 여기에 있지요. 토론은 우리가 지향하는 민주 사회를 만들어 가는 교육의 핵심에 자리하고 있습니다.

이런 까닭에 교육에 토론을 끌어들이려는 시도는 이미 6~7년 전부터 시작되었습니다. 각 시도 교육청을 비롯하여 교육 과정 평가원이나 여러 교육학회 등을 중심으로 토론을 교육의 한 방법으로 만들어 보자는 시도가 나타났습니다. 더욱이 사회의 지식·정보화 정도가 심화되면서 비판적, 창의적 문제 해결력 등이 강조되자 토론 교육에 대한 관심과 열기는 점점 고조되었지요. 이제는 여러 단체에서 주관하는 토론 교육 연수나 토론 대회가 꾸준히 열릴 정도로 토론에 대한 관심과 열정이 가시화되었습니다.

이처럼 토론과 토론 교육에 대한 열망은 넘쳐나지만, 정작 이런 열망을 충족해 줄 만한 교재가 마땅하지 않았던 게 현실입니다. 간혹 있다 할지라도 교육 현장의 실상을 반영하지 못해 별 도움이 안 된다거나, 또는 특수한 교과나 과목에만 적용할 수 있어 다양한 교육 환경이나 과목에서 이를 곧바로 수용하기에는 도움이 안 되는 경우가 많았습니다.

이 책은 토론에 대한 궁금증과 갈증을 한꺼번에 해소해 줍니다. 이 책의 가장 큰 특징은 학교 현장에서 직접 토론 수업을 진행하고, 또 토론 대회나 캠프 등을 주관한 선생님들이 교육 경험을 바탕으로 만들었다는 것입니다. 아무리 훌륭한 교육 이론이라도 현장에서 벗어나면 공허해지기 쉽습니다. 하지만 이 책은 교육 현장의 목소리가 살아 숨 쉬는 생생한 교과서입니다.

또한 단단한 이론적 배경을 바탕으로 만들어진 튼튼한 교과서라는 점이 이 책의 두 번째 특징입니다. 경험에만 의지한 이론은 자칫 균형을 잃어 위태로울 수 있습니다. 이 책의 저자들은 여러 토론 교과서를 읽고, 토의하고 연구하여 자신들의 주장을 학문적으로 뒷받침한 후 이 책을 만들었습니다. 외국 이론을 수입하여 번역한 데 머문 것이 아니라 이를 우리 교육 현장에 맞도록 재창조하였습니다.

이 책은 교실에서 토론 수업을 하기 위해 알아야 할 사항들을 골고루 담았기에 쓰임새가 대단히 높습니다. 토론이 왜 필요한지, 어떻게 준비해야 할지부터 평가 방법이나 기준까지, 수업을 준비하고 진행하는 데에 필요한 여러 사항들을 문답 형식으로 갖추어 짰습니다. 수업을 준비하고 진행하다가 궁금한 점이 생기면 언제든지 들춰 볼 수 있게 만든 책입니다. 책의 가치를 높이 평가할 수밖에 없는 이유 가운데 하나입니다.

이 책은 더 나아가 쉽고 재미있습니다. 적절하고 생생한 사례들을 바탕으로 설명하는 방식이라든지, 곳곳에 토론 수업을 한 학생들의 반응이나 결과물들을 넣어 관점을 다양하게 변화시켰다든지, '한눈에 정리'와 '교실 링크' 등을 통해 내용을 간결하고 명확하게 파악할 수 있도록 한 배려 등이 특히 돋보입니다.

학교 현장에서 토론 수업을 하는 우리는 늘 수업 현장에서 곧바로 쓸 수 있는 적절하고 믿음직한 교과서가 한 권 있었으면 하는 목마름을 가지고 있었습니다. 이제 그 갈증이 해소되었습니다.

이 책을 만든 선생님 한 분 한 분께 깊이 감사드립니다. 또한 존경합니다. 우리는 이 책을 만들기 위해 들어간 시간과 노력이 어느 정도일지 짐작할 수 있기에, 또 그 때문에 치른 대가가 얼마나 컸을지 가늠할 수 있기에, 감사하고 존경한다는 이 말씀을 드리지 않을 도리가 없습니다. 선생님들의 그 큰 희생과 노력이 있었기에 우리들의 갈증이 해소될 수 있었습니다. 고맙습니다.

2011년 5월 말

_ 백춘현(교육학 박사)

차례

탁구를 통해 알아보는
토론의 구성 요소

토론은 활기차고 역동적인 말하기입니다.

그래서 토론을 역동적으로 공을 주고받는 탁구에 비유하기도 합니다.

이 책을 읽으면 토론이 무엇인지, 토론을 구성하는 요소가 무엇인지,

토론 수업을 어떻게 해야 하는지 알 수 있을 것입니다.

그 전에 먼저

토론을 탁구에 비유하여 설명하는 그림과 글을 보면서

토론에 대한 대략적인 상(像)을 그려 보세요.

자, 네가 공을 어떻게 보내면 상대방이
받기 어려울까? 당연히 위력적인 서브나 드라이브,
스매시를 할 수 있게 준비해야지!
이처럼 토론에서도 네가 하려는 말을
탄탄한 논증 구조로 만들어야 상대측의
반론을 효과적으로 막을 수 있어!

탁구에서 상대편의 빈 곳을 알아챘다면
반격을 할 때에 굉장히 유리하겠지!
토론 과정의 확인 질문은 상대편의 입론 중에서 약점을 찾는 거야.
만약 입론자가 확인 질문에 제대로 응수하지 못하면
확인 질문을 한 사람은 상대편이 입론한 내용에 대해
반론할 기회를 잡을 수 있어.

아~

긴 랠리 후에 이어지는 결정타야말로 탁구의 짜릿함을 맛보게 해 주지!
토론에서 최종 발언은 이와 같은 회심의 결정타라고 할 수 있어.
최종 발언을 잘하면 청중에게 깊은 인상을 남겨 줄 수 있으니까!

여자 선수의 강스매시가
경기의 마침표를 찍었어.

탁구에서 청중이 선수들의
경기를 지켜보며 평가하는 것처럼
토론에서도 토론의 내용을 평가하고 판정하지.
어느 쪽이 탄탄한 논증 구조를 갖추었는지,
반론을 효과적으로 잘했는지, 토론하는 태도가
어떠했는지 등을 평가하며 판정할 수 있어.

서브가 약했어.

마지막 결정타가 멋졌다!

탁구에서 이기려면 어떤 기술과 전략을 사용할 것인지를 고민하며 철저하게 준비하겠지? 또 경기가 끝난 후에도 경기를 분석하며 자신의 약점을 살펴야 발전할 수 있겠지. 토론에서도 토론할 때 쓸 자료 등을 잘 준비해야 알찬 토론을 할 수 있어. 토론 후 평가를 통해 더 나은 토론을 준비할 수도 있고.

질문 1 토론은 왜 필요한가요?

질문 2 토론이란 무엇인가요?

질문 3 토론은 어떤 것으로 구성되나요?

질문 4 토론에는 어떤 유형들이 있나요?

| 제1부 |

토론의 이해

토론은 의사소통을 위한 말하기이다

질문 1 토론은 왜 필요한가요?

수업에서 토론을 활용하려고 할 때 '그것이 정말 필요한 것인지'에 대해 고려하지 않을 수 없다. 토론을 해서 얻는 것이 무엇이며 어떤 점을 변화시킬 수 있는지에 대한 확고한 믿음이 없을 경우 굳이 새로운 것에 도전할 필요가 없기 때문이다. 그럼 토론을 왜 해야 하는가? 역사적으로 검증된 토론의 가치를 살펴보고 나아가 실제 토론 교육 현장에서 경험한 사례를 중심으로 토론의 효과가 구체적으로 무엇인지도 살펴보자.

'12인의 성난 사람들(Twelve Angry Men, 1957)'이란 영화가 있습니다. 영화의 첫 장면은 한 명을 제외한 모든 배심원이 피고(소년)가 살인을 저질렀으므로 유죄임을 의심하지 않는 상황입니다. 그런데 재판에서는 배심원들의 의견이 만장일치가 되어야 판사가 판결을 내릴 수 있습니다. 날씨도 매우 무더운데 한 명 때문에 판결을 내리지 못하게 된 것이죠. 다수결에 반하는 그 한 사람의 의견만 바꾼다면 골치 아픈 배심원 토론은 하지 않아도 되는 상황입니다. 수사한 내용을 보아도 심증은 물론이고 물증도 어느 정도 타당해 보입니다. 그러나 다수의 배심원들은 피고의 유죄를 인정하지 않는 한 명의 배심원이 던지는 논리적이고 합리적인 반대 논증에 의해 하나둘 생각을 바꾸어 나갑니다. 실제로 일어난 일은 아니지만 이 고전 영화는 공동체 문제를 민주적으로 해결하는 데 있어 의사소통이 얼마나 소중한 것인지를 깨닫게 해 줄 뿐만 아니라 타당한 논증이 구성원들을 설득할 수 있음을 보여 줍니다.

그런데 우리나라는 역사적, 문화적 가치관의 영향으로 구성원 간의 관계가 정(情)에 지배되는 경우가 많기 때문에 상대방 의견을 비판하고 반박해야 하는 토론이 활성화되기 어려운 면이 있습니다. 어려서부터 예의를 중시하는 문화적 특성에 익숙하여 의견이 다른 사안에 대해 그냥 침묵하거나 나이, 직책, 성별 등의 사회적 조건에 의해 주장을 지나치게 펼치지 않는 것이 올바른 사회적 태도라는 인식이 크기 때문입니다. 그러다 보니 사회 문제가 발생할 때 이를 해결하는 데 큰 어려움을 겪는 경우가 많았습니다.

하지만 요즘은 구성원의 지적 수준이나 의식이 높아지고 다양한 가치관이 확산되어, 과거의 관습에 따라 일을 처리하다가 구성원 간의 충분한 의견 수렴이나 개진의 절차를 거치지 않았다는 비판에 직면하는 경우도 종종 발생합니다. 이런 사회적 상황에서 올바른 토론 문화를 정착하기 위한 토론 교육의 필요성은 더욱 커지고 있습니다. 이제는 학교에서부터 토론 문화가 활성화되어야 하며 학생과 학생 간, 학생과 교사 간, 교사와 교사 간에 수용적이고 자유로운 의사소통 문화가 형성되어야 할 것입니다. 이를 위해 학교 구성원 모두에게 체계적이고 단계적인 토론 교육이 이루어져야 합니다. '침묵이 금(金)이다'라는 격언은 변화하는 사회 문제를 해결하는 데 방해가 됩니다. 우리 사회는 이미 소통이 요청되는 시대에 진입했기 때문이지요. 토론을 비롯한 말하기 교육의 의의가 더욱 커진 시대라 할 수 있습니다.

토론을 활용하여 수업을 하면 학생들은 많은 부분에서 놀랍게 발전합니다. 토론의 효과는 다음과 같이 정리할 수 있습니다.

첫째, 비판적, 논리적, 창의적 사고를 하면서 의사 결정 및 문제 해결 능력이 형성됩니다. 토론 활동은 논제를 분석하는 것부터 시작합니다. 그리고 상대방의 주장이나 근거를 점검하면서 비판적 태도를 갖게 되며 이를 반박하기 위해 논리적인 자기 의견을 세우는 훈련을 하게 됩니다. 이런 과정에서 문제에 대한 새로운 생각을 만들어 내며 창의성을 발휘하여 문제를 해결하는 능력을 형성하게 됩니다. 이를 통해 합리적인 사회 문제 해결 방식을 습득하여 미래를 위한 대비도 할 수 있습니다. 처음에 학생들은 주어진 논제를 분석하는 것도 제대로 하지 못하는 경우가 많습니다. 그러나 토론 활동을 지속적으로 하면 주어진 논제가 아닌 문제에 대해서도 스스로 탐구하고자 하는 의지를 갖게 됩니다. 그리고 학생들이 자율적으로 동아리를 만들어 책이나 신문 기사를 읽고 토론하고, 교과서에 있는 논제에 대해 토론하는 등의 활동을 할 수 있게 됩니다.

둘째, 의사소통 능력이 향상됩니다. 토론은 앞에서 언급한 대로 양방향 찬반 논쟁입니다. 자신의 주장만을 하는 말하기가 아니고 상대의 주장을 반박하고 자신의 주장을 증명해야 하는 것이기 때문에 일단 상대방의 말을 잘 듣는 것이 가장 중요합니다. 토론은 말하기지만 듣는 것에서부터 시작되는 활동이라 해도 과언이 아닙니다. 실제로 토론 수업을 할 경우에 상대방의 말을 들어야 대화가 가능함을 학생들에게 일깨워주는 활동을 해야 하며 토론이 구성원 간의 의사소통을 위한 것임을 인식하게 해야 합니다. 어느 측이나 상대방의 말을 듣고 이에 대해 반응하는 과정의 연속이 토론이다 보니 토론을 하면서 자연스럽게 상호 작용하는 능력을 기를 수 있게 됩니다.

셋째, 공동체 의식이 함양됩니다. 토론은 집단적 말하기이지요. 같은 생각을 가진 사람들과 함께 논제에 관한 자료를 조사하고 그에 대한 의견을 수립해 가는 과정에서 공동체 구성원으로서의 자질을 기르게 되는 것입니다. 토론을 진행하는 과정에서도 작전 회의 시간을 통해 개인이 아닌 팀의 일원으로 활동하게 되며 상대측의 주장에 대한 질문을 확장하여 반론을 강화하는 등의 활동을 통해 협력의 중요성을 배웁니다. 나아가 상대측도 같은 사회 구성원으로 사회 문제를 함께 해결하는 동료라는 것을 알게 됩니다. 토론은 상대측 주장이 무조건 잘못됐다고 반론하는 것이 아니라, 일단 상대방의 주장이 아주 합리적이고 타당한 면이 있다는 점을 인정하는 것에서 출발하기에 상대방이 왜 그렇게 주장하는지를 먼저 이해해야 합니다. 토론은 상대측을 배척하는 것이 아니라 포용하는 것에서 시작되므로 이를 통한 또 다른 공동체 의식을 기르게 되는 것입니다.

넷째, 리더십이 배양됩니다. 토론에서는 팀 내부의 각 토론자 간의 위상이 다르지 않습니다. 각 개인이 모두 토론의 주체이며 주도자이고 자기주장에 대한 적극적인 발표자입니다. 같은 논제의 토론에 참가하는 모든 사람은 지위고하를 막론하고 모두 평등하죠. 이 점이 토론이 민주적인 활동이란 가장 중요한 증거입니다. 자신의 발표에 미진한 점이 있다면 동일한 위치에서 팀원들과 협의하여 다른 팀원이 발표할 수도 있고 다른 팀원의 의견을 반영하여 자신이 발표할 수도 있습니다. 이런 과정에서 소통과 협력의 미래형 리더십이 길러지는 것입니다. 토론을 많이 한 학생일수록 배려하고 협력하는 태도를 배우며 소통을 중시하는 자세를 익혀 새로운 시대의 리더가 갖춰야 할 자질을 연마할 수 있습니다.

다섯째, 언어 표현 능력이 향상됩니다. 토론은 말하기의 한 형태이므로 말하는 방법에 대해 배우게 되고 상황에 맞는 적절한 표현에 대해 학습하게 됩니다. 토론은 글쓰기가 아닌 말하기이므로 적절하지 않은 용어를 선택하거나 잘못된 내용을 언급하는 등의 실수를 하면 되돌리기 어렵습니다. 특히 용어 하나하나의 개념이 부정확하면 주장의 신뢰도가 떨어집니다. 또한 어떤 표현 방법을 사용해야 설득의 효과가 높아지고 자신의 주장을 매력적으로 전달할 수 있는지에 대해 진지하게 연구하게 되기 때문에 언어 사용 능력이 향상되는 것입니다.

여섯째, 지식을 통합하는 능력이 증대됩니다. 토론을 논제에 맞게 수행하려면 사전에 준비를 많이 해야 합니다. 이 과정에서 가장 적절한 정보와 자료를 찾아내는 능력을 기르게 되며 나아가 단편적인 지식이나 정보가 아니라 논제를 풀어 갈 다양한 방면의 정보와 지식을 통합하여 발표를 위한 논증 구조로 재구성을 하게 됩니다. 이는 토론이 수동적이고 타율적인 지식 습득 교육의 한계를 넘어설 수 있는 능동적이고 자율적인 가치를 지닌 활동임을 증명하는 요소가 됩니다. 토론 활동을 경험하면 자율적으로 더 넓은 지식의 확장을 시도하는 탐구 학습 활동을 하는 능력을 기를 수 있으며, 교과 간, 학문 간 지식을 통합하는 능력이 향상하게 됩니다.

실제 토론 대회와 토론 수업에 참여했던 학생들이 쓴 소감문을 소개해 보겠습니다.

▶ 서귀포 중학생 토론 아카데미 참가 소감문

1) 처음 만난 아이가 베스트 프렌드가 된 기분이다. 처음 만난 아이는 어색하고 쉽게 다가갈 수 없다. 토론도 그랬다. 가까이 가기도 어렵고 친해지는 방법도 어렵다고 생각했다. 토론이 그냥 말싸움, 신경전이라는 생각을 더 많이 한 것 같다. 이번 프로그램 참가로 토론이라는 것에 많이 다가간 것 같고 토론이 좀 더 편해진 것 같다. 이젠 토론이 말싸움, 신경전이란 생각보다 나의 주장을 남에게 표현하는 것, 나와 다른 생각을 가진 사람들을 설득하는 말이란 생각을 가지게 되었다.

　　나는 토론 캠프에 학교 선생님이 가라고 해서 왔다. '하루도 못 버티고 포기할 것이다'라고 생각했다. 하지만 나는 폐회식 자리에 앉아 있었고 좀 더 토론에 대해 깊이 배우고 싶다는 생각까지 하게 되었다. 비록 토론 실습에서 좋은 성적을 내지 못하고 모두 졌지만 선생님들의 충고와 다른 토론자들의 의견 제시를 듣고 내가 잘못한 것, 부족한 것들을 알 수 있었다. 비록 오늘이 마지막이지만 나흘 동안 많은 가르침을 주신 선생님들이 고맙다. ＿ 안덕 중학교 1학년 강지은

2) 정말 불투명하고 희뿌연 안개와 같았습니다. 정확한 목표 없이 신산에서 버스를 타고 오면서 내향적인 성격이라 처음 만난 친구들과 친해지지 못하면 어쩌지 하는 마음에 자신감도 없었습니다. 온갖 걱정도 다 해 보고 한편으로는 굉장히 설렜습니다.

　　개회식 때 선생님이 제주도는 나에게 무엇이냐고 물으셨습니다. 나는 속으로 '제주도는 미래로 가는 비행기'라고 생각했습니다. 제주도는 나를 하늘로 올려 보내 줄 수 있게, 이륙할 수 있게 도와주는 활주로 같은 곳이기 때문입니다. 그리고 개회식을 하며 이 프로그램이 나에게 도움이 될 것이라 확신했습니다.

　　처음 실습했던 토론이 제일 기억에 남습니다. 남들 앞에 서니 손도 떨리고 머릿속은 온통 백지처럼 새하얘지면서 크게 긴장했던 일이 생각납니다. 하지만 토론 후 이어진 판정관 선생님들의 충고와 지적을 들으며 다시 나 자신을 되돌아보게 되었고 단점과 결점을 보완하기 위해 제 나름대로 노력도 해 봤습니다. 처음보다 발전하는 자신을 느낄 수 있었습니다. 학교 수업과는 달리 이론을 듣고 실습도 해 보면서 배운 것을 내 것으로 만든다는 생각이 많이 들었습니다. 이번 경험이 진정한 나를 찾기 위한 인생 하이킹의 이정표가 돼 주었다고 생각하고 자신감이 부족한 친구들과 후배들에게도 토론을 추천하고 싶습니다. ＿ 신산 중학교 1학년 고현지

▶ 학교 토론 수업 참가 학생 소감문

1) 토론 수업을 하면서 현재에도 계속 논란이 되고 있는 논쟁거리들에 대한 배경지식도 많이 알 수 있었고 그 논쟁에 대한 나의 생각도 정리해 볼 수 있었습니다. 역설적으로 그 논쟁거리들을 통해 나를 알 수 있었습니다. 그리고 나는 결코 달변가가 아니며 평소에 친구들과 대화를 잘 나누는 것보다 남들 앞에서도 당당하게 자신의 의견을 논리적으로, 남들이 이해할 수 있게 전달하는 것이 중요하며 이는 쉽지 않다는 것을 깨달았습니다. 그리고 나와 생각이 다른 사람도 그 생각에 대한 근거를 분명 가지고 있기 때문에 상대방의 의견도 절대 무시할 수 없는 동등한 것이라는 것도 몸소 느꼈습니다. 토론 수업을 통해 느낀 나의 한계와 친구들에게서 받은 자극은 앞으로도 나를 자극하는 자극제가 될 것 같습니다. ＿ 성문 고등학교 3학년 김지원

2) 독서 토론 대회, 토론 방과 후 학교 프로그램, 토론 캠프 등의 프로그램에 참여하게 되면서 자연스럽게 토론에 대한 관심과 역량을 키우게 되었습니다. 토론 교육이 진행되고 토론 대회가 진전될수록, 새로운 분야에 대한 성취감이 생기고 자신감이 향상되는 것을 느꼈습니다. 단순히 말만 잘하면 된다고 생각했던 토론은 많은 정보, 창의적이고 참신한 표현, 논리적인 사고, 팀원들과의 협동심과 같은 능력을 통합적으로 요구하는 과정이었습니다. 그래서 토론 대회 준비 과정이 쉽지만은 않았습니다. 현실적으로 고등학생은 학업에 대한 부담을 많이 느끼기 때문에 준비 과정에서 친구들과 많은 갈등이 있었습니다. 이 과정에서 서로 배려하며 함께 노력하는 것이 중요함을 깨닫게 되었고 배려하니 내면적인 성숙을 이루는 계기도 되었습니다.

토론 자료를 분석하는 과정에서 이해력과 해석 능력이 향상되었습니다. 이 부분은 교과 학습 분야에도 도움이 되어 불안하던 언어 영역 점수가 크게 향상되었습니다. 토론을 접하면서 사실을 비판적으로 보는 능력, 문제 현상에 대해서 한번 더 생각해 보는 안목, 틀에 박힌 고정 관념을 타파하고 참신한 표현을 구사할 수 있는 능력, 창의적인 열린 사고와 방대한 배경지식 그리고 상대측의 논리에 수긍하거나 심사 위원 선생님들의 판정에 승복하는 태도를 배웠습니다. 교육의 패러다임이 변화함에 따라 토론 교육에 대한 관심이 증대되고 있습니다. 저 역시 대학 입학 시 토론을 준비하는 과정을 높이 평가받았으며 면접 시에도 도움이 되어 합격까지 하게 되었습니다. 대학에 입학하면 많은 친구들이 대학식 토론 발표 수업과 논술형 시험에 당황하게 됩니다. 그러나 저는 고등학교 때의 교육을 토대로 현재 대학교 수업 방식에 적응을 잘하고 있으며 즐거운 학교생활을 하고 있습니다. _ 경희대 성지애(2011년 안산 강서고 졸업)

한눈에 정리

| 토론의 효과 |

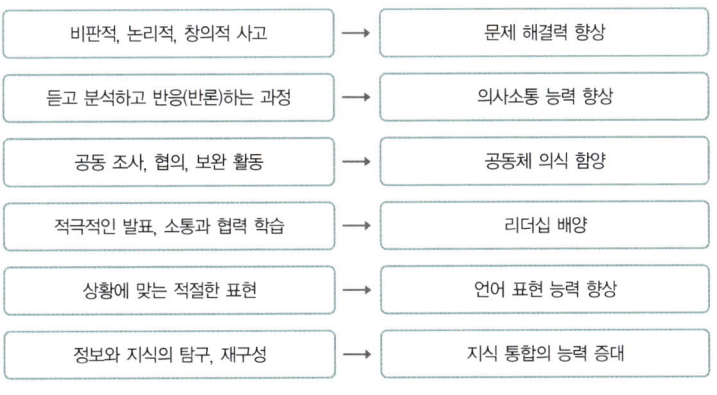

비판적, 논리적, 창의적 사고	→ 문제 해결력 향상
듣고 분석하고 반응(반론)하는 과정	→ 의사소통 능력 향상
공동 조사, 협의, 보완 활동	→ 공동체 의식 함양
적극적인 발표, 소통과 협력 학습	→ 리더십 배양
상황에 맞는 적절한 표현	→ 언어 표현 능력 향상
정보와 지식의 탐구, 재구성	→ 지식 통합의 능력 증대

교실 LINK

현장에서 실제로 토론의 효과를 경험하신 적이 있나요?

1박 2일 또는 3박 4일 간의 중학생 토론 캠프를 한 적이 있습니다. 대부분 학생들이 처음 자신의 생각을 발표했을 때는 주어진 3분의 발언 시간 중에서 30초 정도밖에 사용하지 못했습니다. 그런데 캠프가 끝날 무렵에는 그 학생들이 1분 30초에서 2분까지 발표하는 것을 경험했습니다. 일단 발표력이 상당히 향상되었음을 알 수 있었습니다.

그리고 학생들이 토론을 준비하기 위해 시립 도서관에서 자료를 조사하는 활동을 한 적이 있습니다. 이때 관련 자료를 어떻게 찾아야 할지도 모르던 학생들이 자료를 찾고 분류하여 논증 구조로 정리했습니다. 그리고 일반 교과 학습에서도 이렇게 자발적이고 능동적인 활동을 하면 좋겠다며 학생들 스스로 학습 동아리를 만들어 토론과 교과 학습을 연결하는 경우도 있었습니다.

심지어 토론 교사 연수에서도 놀라운 일을 경험했습니다. 실제 토론 활동을 많이 해 보는 연수였는데, 첫 토론에서는 당황하고 힘들어하던 초보 선생님들이 며칠 되지 않는 시간 동안 토론 교육을 받으며 발전하는 모습을 보기도 했습니다. 그리고 이러한 시간이 토론 지도를 할 때 학생들을 대하는 태도를 다르게 하고 조력자로서의 활동을 수행하는 토대가 되었다고 하였습니다.

수업 시간만 놓고 봐도 토론 수업을 할 때 학생들이 지루해하지 않고 집중력을 보이는 것을 느낍니다. 학생들 스스로 자신이 방관자가 아니라 수업의 주체가 되어 간다는 것을 깨닫게 되었습니다. 또한 교사는 학생들이 토론을 준비하고, 실제 토론에 참여하고, 토론을 평가하는 과정을 보며 그들은 기성세대가 생각하는 것보다 훨씬 잠재적 능력이 뛰어나며 자질도 우수하다는 것을 알게 됩니다.

토론이란 무엇인가요?

우리는 일상생활에서 다양한 형태의 말하기 활동을 한다. 각각의 말하기는 그 나름의 가치와 효과가 있으며 이를 적절하게 활용할 경우 삶이 한층 윤택해지고 문제를 효율적으로 해결할 수 있게 된다. 또한 교육 현장에서도 다양한 말하기 형태를 적절하게 활용하여 학생들의 학습 효과를 높일 수 있고, 학생들의 자기 계발에 도움을 줄 수도 있다. 그중 토론을 활용하는 교수·학습 방법이 사고력 신장, 문제를 합리적으로 해결하는 민주 시민 교육 측면에서 교육의 중요한 요소로 떠오르며 교사들의 관심을 받고 있다. 그렇기에 토론이 지니는 성격이 무엇인지 알아볼 필요가 있다.

사회에 해결해야 할 문제가 발생하면 어느 한 방향으로 해결 방안을 제시한 주장이 사회의 주류로 자리 잡습니다. 그런데 이 주장에 반대하는 새로운 주장이 제기되기도 합니다. 이들은 기존의 주장에 반대되는 논제를 내세워 해당 문제를 재논의할 것을 요구하고, 이로 인해 토론이 성립하게 됩니다. 기존 질서에 반기를 든 측의 주장이 찬성 측의 논제가 되며 찬성 측이 주장과 근거를 들어 자신의 의견을 펼치면 입론이 형성됩니다. 그럼 반대 측은 입론의 주장과 근거에 담긴 비논리적 요소를 들어 찬성 측의 논증을 반론하고 자기 측의 주장이 그대로 유지되어야 함을 역시 논리적으로 내세우게 됩니다. 이때 각 측은 자기 측 구성원들과 협력하여 최선의 논리적 근거를 만들고 상대의 허점을 공략하는 활동을 합니다. 이는 상대방을 설득하는 것처럼 보이지만 사실은 공동체의 구성원을 설득하는 것이며, 상대의 주장이 부당하고 자신의 주장이 타당함을 밝히는 것입니다. 이렇게 상대 논증에 대한 반론과 재반론, 그리고 마지막 정리 발언으로 이어지는 체계적이고 절차를 중시하는 과정이 토론입니다.

이를 바탕으로 토론이 무엇인지 정리해 보면, 토론은 대립적인 한 논제에 대해 찬성 측과 반대 측이 각자 근거를 제시하면서 상대방의 의견이 부당함을 논리적으로 주장하고 자기 측의 의견이 옳음을 내세워 청중(판정관)을 설득하려는 집단적 말하기 방식이라고 할 수 있습니다.

선생님께서는 토론을 수업에 활용하겠다는 생각을 해 본 적이 있으신가요? 많은 선생님들이 새로운 모형을 활용한 수업을 해 보기 위해 토론과 관련된 다양한 원격교육 프로그램과 연수 프로그램에 참여하고 있습니다. 이런 과정을 거치며 토론을 적용하여 시행할 수 있는 적절한 내용이 무엇인지, 토론 수업을 진행하기 위해 알아야 할 것들과 그 절차가 무엇인지 알아 가게 됩니다.

그러나 토론을 활용한 교과 수업이든, 토론 자체에 대한 교육 프로그램이든 그것을 실행하는 과정에 의의를 두다 보면 토론의 본래 취지나 의미보다 지엽적인 형식의 적절성, 승패의 결과 등에 집착하여 토론의 본질적인 가치를 망각하는 경우가 교사와 학생 모두에게 나타나기도 합니다. 그래서 이 장에서는 '의사소통으로서의 토론'과 '말하기의 한 유형으로서의 토론' 측면에서 토론의 성격을 알아보겠습니다.

의사소통으로서의 토론

사람은 누구나 살아가면서 크고 작은 상황과 만나게 되고 그럴 때마다 언어적 표현이나 비언어적 표현을 통한 의사소통을 시도하여 상황을 해결하려고 노력합니다. 특히 다른 동물과 차별화된 언어적 표현은 인간이 집단생활, 즉 공동체 생활을 영위하는 바탕이 되고 있습니다.

언어를 통해 삶의 상황을 전달하고 그 상황의 의미를 이해하며, 문제를 해결하는 방법은 여러 기준에 따라 그 유형을 분류할 수 있으나 어떤 상황에서 무엇을 목적으로 어떤 상대와 이루어지느냐를 기준으로 나누는 것이 보편적입니다. 즉 말하는 상황, 말하는 목적, 말하기에 참여하는 사람들의 관계 등이 말을 이용한 활동의 유형을 나누는 기준이 됩니다.

고등학교 국어 교육 과정에서는 말하는 목적에 따라 말하기를 '정보 전달적 화법', '설득적 화법', '친교적 화법', '오락적 화법' 등으로 나누어 설명합니다. 정보 전달을 위한 말하기에는 보고하기, 묘사하기, 설명하기 등이 있고 설득하는 말하기에는 연설, 토론, 토의 등이 있습니다. 그 외 친교 및 오락적인 말하기에는 송축사, 주례사, 기념사 등이 있습니다. 또한 참여자의 관계에 따라 공식성 유무를 기준으로 사적인 화법과 공적인 화법으로 나눌 수 있습니다. 그리고 참여자의 관계 양상에 따라 일대일 담화인 대화(개인 화법), 일대다로 이루어지는 대중 화법, 집단적 말하기인 집단 화법 등으로 구분합니다. 마지막으로 말을 하는 상황에 따라 길 묻기 화법, 설문 조사 화법, 이야기 들려주기 화법, 교화 화법, 수업 화법, 판매 화법 등의 다양한 말하기 형태가 있습니다. 교육 과정에서는 이러한 상황들을 토대로 담화의 유형을 대화, 토의, 토론, 발표, 면접, 협상, 연설 등으로 설정하기도 하였습니다. 말하기 유형의 분류에 따라 토론이 지니는 특성을 살펴보면 토론은 설득을 목적으로 하는 말하기이며, 참여자의 관계 양상으로 볼 때 집단적인 말하기 형태에 속합니다. 물론 일대일 토론의 형태도 있을 수 있으나, 토론은 공동체에 갈등이 생겼을 때 구성원의 의사를 전달하고 의견을 개진하는 등 문제를 해결하는 말하기로써 큰 역할을 합니다. 원활한 공동체 생활을 위한 의사소통 수단 중의 하나로 토론이 행해지고 있는 것입니다.

말하기의 한 유형으로서의 토론

그런데 담화 유형 중에서 문제 해결을 위한 의사소통 방법이 토론만 있는 것은 아닙니다. 토의, 협상, 연설 등 토론과 비슷한 개념의 말하기들이 있습니다. 토론을 이해하기 위해서는 이들과 토론이 어떻게 같고 다른지를 살펴 각각의 의미를 알아둘 필요가 있습니다. 토론과 관련하여 많이 언급하는 논쟁에 대해서도 함께 알아보겠습니다.

1) 토론과 토의

토론과 토의는 공동체의 문제를 해결하기 위해 가장 흔히 사용하는 집단적 말하기 유형입니다. 이 두 유형은 별개의 개념이지만 불분명한 경계선 때문에 혼용되는 경우가 많아 실제 현장에서 이 둘을 구별하는 것이 모호한 경우가 많습니다. "토론은 토의가 끝나는 데서 시작된다."라는 말이 있습니다. 토론이 토의와 전혀 무관하지 않으며 그렇다고 같지도 않은 특징을 잘 설명하는 말로 보입니다. 따라서 토의와 토론이 어느 정도 관련성이 있으며 어떤 점이 다른지 각 개념을 중심으로 살펴보겠습니다.

토론은 한자로 '討論'이며 글자 그대로 해석한다면 '討'는 '言'과 '寸'을 합한 것으로 말을 쪼개거나 나누어 분석한다는 의미이고, '論'은 '言'과 '侖'을 합한 것으로 말을 돌려가며 진행한다는 의미입니다. 토론은 영어로 'debate'라고 하는데 이 단어의 어원은 'debattuere'입니다. 이것은 '분리하다'의 'de'와 '때리다' 또는 '전쟁'의 의미인 'battuere'을 합한 것으로 편을 갈라 싸운다는 의미입니다.

토의(討議)는 어떤 문제에 대하여 검토하고 협의한다는 의미로 '문제 이해하기 − 문제 해결하기 − 집단 의사 결정하기'의 과정을 거칩니다. 영어에서 토의를 뜻하는 단어인 'discussion'은 '검토하다, 주의 깊게 검사하다, 검증하다'에서 유래했으며 각자의 의견을 제시하여 최선의 해결책을 협의하고 검토하는 것이라는 의미가 있습니다. 토의의 종류에는 포럼, 원탁 토의, 패널 토의, 심포지엄, 회의, 세미나, 컬로퀴엄(colloquium), 브레인스토밍, 프레젠테이션 등이 있습니다.

토의는 주어진 문제에 대해 참여자들이 힘을 모아 해결책을 찾아내는 것이고 토론은 그 해결책으로 상대방을 설득하는 것이라고 보면 됩니다. 토의는 협동적 상호 작용을 하는 집단 사고인 반면 토론은 대립되는 의견을 바탕으로 경쟁적 상호 작용을 하는 집단 사고인 것입니다.

예를 들어 '학교에서 발생하는 도난 문제를 어떻게 해결할까'라는 문제에 부딪히면 최대한 많은 사람의 의견을 모아 그 해결 방법을 찾게 될 것입니다. 그래서 'CCTV를 설치하자', '인성 교육을 강화하자' 등으로 의견이 모아졌다면 이것은 토의의 과정을 거친 것으로 볼 수 있습니다. 그런데 구성원 중 일부가 '학교 내에 CCTV를 설치하는 것이 부당하다'며 반대하고 나서면 공동체는 '학교 내 문제를 해결하기 위해 교내에 CCTV를 설치해야 한다'는 주장을 하는 사람과 '학교 내에 CCTV를 설치하는 것은 부당하다'고 주장하는 사람으로 나뉠 수 있습니다. 이때는 구성원 간의 경쟁적인 토론을 통해 어느 한쪽으로 설득이 이루어져 의견이 하나로 수렴되고 사회적 합의가 도출될 것입니다.

만약 이 문제에 대해 토의한 결과 구성원 대다수가 압도적으로 '학교 내에 CCTV를 설치하자'는 의견을 제시한다면 문제는 이미 해결되었다고 볼 수도 있습니다. 그러나 그 의견이 팽팽히 맞서거나 다수의 의견에 대해 합당한 이견을 제시하는 경우가 발생한다면 경쟁적인 상호 작용을 하는 것이 불가피합니다. 이 경우 구성원들은 찬반 측으로 나뉘어 이 논제에 대해 논증하고 반론하면서, 서로 자기 측의 논리대로 청중을 설득하려는 경쟁적 말하기를 하게 될 것입니다.

결국 토의와 토론은 공동체의 문제를 해결하기 위해 논제를 집단적, 공적으로 따지고 검토한다는 공통점이 있습니다. 그러나 두 말하기는 각각의 특성을 가지고 있습니다. 토의는 함께 문제를 해결하는 데에 초점을 맞추지만 토론은 자기 입장의 타당성을 증명하는 데에 중점을 둡니다. 즉 토의는 참여자들의 협의로 해결책을 찾아 공동체의 만족을 추구하지만 토론은 문제의 해결책이라고 생각하는 자기 측의 주장을 청중이 받아들이도록 설득합니다. 그래서 토의는 배려와 양보로 하나의 안을 만들게 되지만 토론은 논리적인 의견 개진을 통해 경쟁적인 상호 작용을 하게 되는 것입니다.

2) 토론과 협상

협상은 여러 사람이 힘을 합친다는 뜻인 '협(協)'과 밖에서 관찰하여 내실을 탐색한다는 뜻인 '상(商)'으로 이루어져 있습니다. 이익을 얻기 위해 물건을 사고파는 행위에 여러 사람이 힘을 합친다는 의미가 담겨 있습니다. 영어로 협상을 뜻하는 단어는 'bargaining'과 'negotiation'이 있습니다. 'bargaining'은 '상업적 거래, 물건 거래에서 하는 협상' 등의 의미가 있으며 'negotiation'은 '보다 복잡한 사회적 문제를 포함하는 협상'의 의미가 있습니다. 화법 교육 과정에서는 협상을 '이익과 관련된 갈등을 인식한 둘 이상의 주체들이 이를 해결할 의사를 가지고 모여서 합의에 이르기 위해 대안들을 조정하고 구성하는 공동 의사 결정 과정'으로 규정하고 있습니다.

협상의 목적은 갈등을 조정하여 합의하는 데에 있습니다. 따라서 협상에는 협상을 필요로 하는 갈등 상황이 존재해야 하며 협상의 참여자가 경쟁적인 협력자 관계여야 합니다. 참여자들은 공동의 목표를 추구하며 합의 결과를 이행할 의무가 있습니다. 협상은 참여자가 상대방의 요구나 태도, 상대방이 가지고 있는 정보, 협상으로 나타나게 될 결과 등에 의존하여 자신의 주장을 결정하거나 변경하는 특성이 있습니다. 또 협상은 상호 반박 과정에서 쟁점을 구체화하고 모두가 만족하는 대안을 만들며 양보와 타협의 과정을 거쳐 공동의 이익을 추구하는 협력 활동으로, 토의에 가깝습니다. 협상은 참여자들이 경쟁적인 상호 작용을 하고, 상호 반박 활동을 하는 것에서 토론과 공통점이 있으나, 토론은 엄격한 규칙 아래 자기 측의 주장을 중심으로 상대방의 주장을 무너뜨려 한쪽의 주장으로 결론을 내린다는 것에서 협상과 차이점이 있습니다.

예를 들어 '학교 내에 CCTV를 설치해야 한다'는 문제로 갈등이 발생했다고 해 보십시오. 이때 협상을 한다면 CCTV 열 대를 설치해야 한다고 주장하는 측과 학교 예산이 부족하니 다섯 대만 설치하자고 주장하는 측이 있을 수 있습니다. 이 경우에 서로의 입장에 따라 상대적으로 결론이 날 것입니다. 이해관계가 있는 양측이 자신의 입장에서 조건을 제시하여 타협안을 만드는 것이므로 설치 자체의 타당성을 따질 수도 있는 토론과는 분명 다른 점이 있습니다.

3) 토론과 연설

연설은 한 사람의 연사가 여러 사람 앞에서 자기의 주의나 주장 또는 의견을 진술하는 공식적인 말하기입니다. 연설의 목적은 일반적으로 새로운 지식이나 정보를 청중에게 알려 주기 위한 것, 청중을 설득시키기 위한 것, 청중을 즐겁게 하기 위한 것 등이 있습니다. 이 중에서 청중을 설득하기 위한 연설은 목적과 그것을 달성하기 위한 주장, 주장을 뒷받침하는 적절한 논거가 필요하다는 점에서 토론과 유사한 부분이 있습니다. 또, 사적인 말하기가 아니라 공식적인 말하기란 점이 토론과 같습니다. 그러나 토론과는 달리 일방적 말하기이며 상호 작용이 적다는 것이 특징입니다. 또한 연설은 미리 목적을 달성하기 위해 구성한 말을 전달하는 것이므로 적절한 논증을 통해 서로의 의견을 주고 받는 토론에서 나타나는 역동성이 적을 수 있습니다.

4) 토론과 논쟁

논쟁(contention)은 서로 대적하고 있는 상대를 대상으로 자기의 주장을 적극적으로 펼침으로써 대립적인 의견에 대해 공격하거나 비판하는 대화의 한 방식입니다. 일정한 규칙이나 형식이 존재하지 않는 점이 토론과 약간 다르죠.

예를 들어 '존엄사는 자기 존중을 위한 자기 권리이다'라는 주장이 공동체의 공적인 의견으로 수용될 때 이에 대한 반대 의견을 적극 발표하는 측이 있을 수 있고 이에 대한 찬성 의견을 발표하는 측도 있을 것입니다. 이들이 특별한 규칙이나 형식의 틀에 얽매이지 않고 자유롭게 의견을 개진한다면 이는 분명 '논쟁'의 형태를 띠게 됩니다. 그러나 이 논쟁을 일정한 규칙과 대화의 형식에 맞추어 공론화한다면 사회 발전을 위한 하나의 토론으로 성립될 것입니다. 논쟁은 토론의 원형, 토대라고 할 수 있으며 토론은 논쟁에 일정한 절차와 규칙을 가미하여 체계화한 유형이라 할 수 있습니다. 그러나 논쟁이 일정한 형식을 갖추지 않고 쟁점을 위주로 논리적인 반론을 하는 방법을 의미하는 것으로 보아 교육 과정에서도 논쟁을 별도의 담화 유형으로 독립하여 생각하지는 않습니다.

지금까지 토론이 사회 구성원 간의 '의사소통 행위'라는 기본 전제를 바탕으로 다른 말하기 형태와 비교, 대조하며 토론의 특성을 살펴보았습니다. 결국 토론을 어떤 것으로 규정하든 그것은 말하기의 한 형태로서 인간 공동체의 의사소통을 위해 합리적으로 고안된 것이라는 점만은 분명히 기억해야 합니다. 이것은 우리가 토론 활동을 하는 목적과도 관련이 있으며 토론 활동을 함에 있어 항상 간직해야 할 기본 정신입니다. 그리고 이를 토대로 토론의 개념을 정리해야 할 것입니다. 그런 다음에 토론을 제대로 이해하기 위해 토론의 개념을 규정하고 있는 용어의 의미와 토론을 구성하는 요소들의 개념을 주의 깊게 살펴볼 필요가 있습니다. 토론의 개념을 설명하는 기본 용어들을 이해하는 것은 토론을 하는 출발점이 되기 때문입니다.

| 토론의 정의 |

대립적인 한 논제에 대해 찬성 측과 반대 측이 각자 논거를 제시하면서 논리적으로 자기 측의 의견이 옳음을 내세우고 상대방의 의견이 부당함을 주장하여 청중(판정관)을 설득하려는 집단적 말하기 방식

| 토론과 다른 말하기 비교·대조 |

	토론	토의	논쟁	협상	연설
말하는 목적	자신의 입장을 고수하며 청중(판정관) 설득	• 문제 해결 방안에 초점 • 설득, 협의, 정보, 의견 교환	설득	갈등의 조정과 합의, 타협	설득, 정보 전달, 친교
성격	대립된 두 가지 주장 중 결론 도출	다양한 의견 수렴을 통한 해결 모색	쟁점 중심의 대립적 말하기	이해관계를 조정하는 말하기	개인의 특정 목적을 전달하는 말하기
의견	대립적	대립 없음.	대립적	대립적	대립적일 수도 있고 아닐 수도 있음.
관계 양상	집단 화법	집단 화법	개인 또는 집단 화법	개인 또는 집단 화법	대중 화법
상호 작용	경쟁적 상호 작용	협력적 상호 작용	경쟁적 상호 작용	경쟁적 상호 작용	상호 작용 적음.
형식	엄격한 형식	비교적 자유로운 형식	자유로운 형식	비교적 자유로운 형식	비교적 자유로운 형식
준비	찬반 측 의견 분석 조사	다양한 방안 최대한 조사	관련 쟁점 중심의 조사	상대방의 요구와 자기 측 이득 비교	상황과 청중 분석 필요
사례	학교 내 CCTV를 설치해야 한다.	학교 내 도난 문제를 해결할 방안은?	학교 내에 CCTV를 설치하면 인권이 침해되는가?	학교 내에 CCTV를 얼마나 설치해야 하나?	학교 내 CCTV를 설치합시다.(설치하지 맙시다.)

교실 LINK

실제 수업할 때 이 부분은 어떻게 가르치셨나요? 토론, 토의, 논쟁은 사실 큰 차이가 없어 보이는데요. 학생들이 헷갈려하지는 않았나요?

실제 현장에서 수업할 때는 교사가 교육 과정을 검토한 다음, 학생 활동의 방향을 이미 토의나 토론으로 설정한 후에 가르치게 됩니다. 따라서 학생들은 각 활동의 방법에 따라 학습 목표에 도달하는 과정을 경험하게 됩니다. 학생들에게 문제가 발생했을 때 그것을 해결하는 다양한 방법이 있음을 경험하게 하고 각 단계에서 가장 효율적인 방법이 무엇인지를 결정하는 능력을 길러 주는 것도 필요하다고 생각합니다. 교과 목표 달성을 위한 토론이든, 토론을 위한 토론 활동이든 그것이 지닌 가치를 교육하는 것은 그런 면에서도 중요하다고 봅니다.

TV에서 하는 토론과 여기서 설명하는 토론은 어떤 차이가 있나요?

TV 토론은 토론이 가미된 토의의 성향이 강합니다. 그에 비해 여기서 설명하는 교육 토론은 엄격한 형식, 절차에 따라 이루어지며 교육적 차원에서 자기 측의 주장을 관철하는 논증 능력을 중시합니다. 또한 교육 토론은 반드시 판정의 절차를 넣어 환류 활동을 하는 것이 좋습니다. TV 토론이 전문 사회자의 진행에 의존하는 경향이 강한 반면 교육 토론에서는 사회자의 역할을 최소화합니다. TV 토론은 논제에 대한 결론을 내리지 않으며 정식 토론이라기보다 논쟁의 요소가 강합니다. 좀 더 극단으로 부정적 시각을 가진 분들은 TV 토론을 토론이 아닌 패널 토의 정도로 취급하기도 합니다.

토론은 어떤 것으로 구성되나요?

토론을 시행하려면 토론을 구성하는 것이 무엇인지 정확히 아는 것이 중요하다. 또 토론은 규칙과 절차를 매우 중시한다. 토론 안에서는 참여자 누구나가 동등한 가치를 인정받는 평등이 전제되어 있다. 그 일환으로 누구에게나 공정한 발언 기회를 부여하는데 이 평등의 가치가 토론 활동의 핵심이다. 이러한 토론을 이루는 기본적인 구성 요소에 대해 알고 필요한 규칙을 익히는 일부터 토론이 시작되는 것이다. 그럼 토론을 이루는 요소는 무엇이며 그 절차와 규칙은 어떤 것이 있는가?

토론의 기본 요소 및 절차

토론 대회가 있다고 하면 으레 논제가 무엇인가부터 시작하여 그 대회 방식이 무엇이냐, 한 팀은 몇 명이냐, 발언 순서는 어떻게 되느냐 등에 우선 관심을 갖게 됩니다. 토론을 하는 데에 있어 꼭 필요한 요소를 알아 두고 그것이 어떤 절차로 이루어지는지를 알아야 토론을 효율적으로 진행할 수 있기에 당연한 관심입니다. 교과 수업에서 토론을 활용할 경우에도 기본 요소와 절차 및 규칙을 잘 이해한다면 이를 전체 혹은 부분적으로 활용하여 효과적인 수업을 할 수 있습니다. 그럼 토론을 구성하는 요소들을 알아보겠습니다. 자세한 설명은 다음 부에서 할 것이기에, 여기서는 개략적인 내용만 설명하겠습니다.

토론을 하려면 일단 '논제'가 필요합니다. 논제란 토론할 주제를 말하는데 쌍방의 의견이 서로 엇갈리는 쟁점을 지닌 명제로 구성됩니다.

그리고 논제에 대해 대립적인 의견을 가진 '찬성 측과 반대 측'이 있어야 합니다. 일부에서는 이를 '긍정 측과 부정 측'이라고 하기도 합니다. 찬성 측은 논제를 제기하는 쪽이며 주로 자신의 주장을 입증할 책임이 있습니다. 사회 문제에 대한 기존 질서가 부당하거나 타당성이 결여되어 있을 때 새로운 방향의 의견을 제기하게 되는데, 이것이 찬성 측의 주장이며 논제가 되는 것입니다. 반대 측은 기존의 질서를 지키기 위해 새로운 의견에 반론을 제기하여 찬성 측의 주장을 반증할 의무가 있습니다. 이때 반대 측은 찬성 측의 주장이 지닌 논증의 모순을 집중적으로 반론해야 하며 주장이 지닌 부정적인 면을 들어 그것을 받아들이기 어려움을 제시해야 합니다.

토론이 진행되면 우선 찬성 측과 반대 측이 '입론—반론—최종 발언'의 순서로 발언을 하게 됩니다. 양측은 각각의 단계를 누가 맡을 것인지를 정합니다. 토론 모형에 따라 반론의 횟수, 순서 등이 다르게 적용될 수 있으며 주어지는 시간도 여건에 따라 적절하게 조정할 수 있습니다. 교실 수업에서는 이 세 요소를 중심으로 각 단계를 부분적으로 활용하는 것도 가능합니다.

입론	• 자신의 의견을 근거와 사례를 들어 주장하는 단계 • 찬성 측에서 먼저 주장을 펼친 후 반대 측에서 반론 겸 주장을 펼침.
반론	• 상대방의 모순점을 논리적으로 지적하고 자기주장의 논리성을 강화시키는 단계 • 토론의 가장 핵심적인 부분으로 상대가 주장의 근거로 제시하는 이론과 통계, 사실, 사례 등이 참인지 거짓인지 검증해 거짓됨을 공격하거나 서로 연관성이 없음을 증명하고 상대 주장을 받아들일 경우 발생하는 문제점을 지적하며 새로운 대안을 제시함.
최종 발언	• 토론 과정에서 드러난 쟁점을 정리하고 자기주장이 옳음을 다시 한 번 논리적으로 증명하는 단계 • 논의 과정에서 주장하지 않은 새로운 쟁점을 제시해서는 안 됨.

위에서 살펴본 기본적인 토론의 구성 요소에 '확인 질문'의 존재 여부가 토론의 모형을 다르게 합니다. 확인 질문은 상대방의 논리에 나타난 문제점을 부각하는 과정으로 자기 측의 주장과 대치되는 부분을 찾아내어 확인하고 반론을 위한 토대를 만드는 과정입니다. 이를 어떻게 이용하느냐에 따라 토론의 묘미가 달라질 수도 있습니다. 물론 토론 경험이 적은 학생들은 확인 질문을 매우 부담스러워합니다. 그래서 각 부분을 연습할 때 이 부분에 좀 더 신경을 써서 지도하는 것도 좋습니다.

그리고 토론을 좀 더 깊이 있게 진행하고 각 팀에서 효율적으로 의견을 개진하기 위해 '작전 회의' 시간을 설정할 수 있습니다. 작전 회의는 다음 활동을 위하여 같은 팀끼리 협의하여 반론 논리를 찾거나 대응 방안을 마련하고 자기 측 주장을 강화하기 위한 준비 시간으로 토론 중에 이루어집니다. 토론이 민주적인 집단 활동임을 생각할 때 작전 회의는 팀 구성원 간의 협동심을 발휘할 수 있는 좋은 기회가 됩니다. 토론을 역동적으로 만들 수 있는 작전 회의를 어디에 넣느냐에 따라 모형이 약간씩 달라지기도 합니다.

마지막으로 '판정'은 토론 활동에 대한 평가입니다. 토론을 수업에 활용할 경우 학생 토론 활동에 대해 평가하는 것을 의미하며 토론 수업 전체의 교수법에 대해 평가하는 것을 포함하기도 합니다. 판정은 토론을 기획한 교사가 할 수도 있고 학생들 중 역할을 나누어 동료 평가를 할 수도 있습니다. 어떤 경우든 토론에 대한 판정은 토론 활동의 구성 요소로 꼭 포함하는 것이 좋습니다. 판정은 토론의 결과를 단지 점수로 매기는 것에 그치지 않고 환류의 기능을 하기 때문입니다.

토론의 규칙

토론은 민주적인 말하기이며 팽팽한 의견의 대립을 보이는 양측의 이해관계가 얽혀 있으므로 양측에 공평한 조건을 부여해야 합니다. 양측이 공평하게 발언할 수 있는 조건을 형성하려면 참가 인원, 발언 시간, 발언 횟수, 발언 순서 등을 합리적으로 정해야 합니다. 이 요소들은 토론이 규칙을 중시한다는 점을 생각할 때 꼭 규정하고 넘어가야 하는 것입니다. '참가 인원'을 몇 명으로 할 것인지는 토론의 목적, 토론 활용 상황 등에 따라 다르게 나타날 것입니다. 학급에서 학생 모두를 참가시키는 것을 목적으로 하는지 아니면 대표 학생 토론을 통해 전체 학생으로의 확장을 꾀할 것인지에 따라 인원을 결정할 수 있습니다. 또 토론이 교과 시간의 학습 요소를 전달하기 위해 이루어지는지, 토론 대회를 통해 토론의 효과를 습득하는 것인지에 따라서도 달라질 수 있습니다.

또 '발언 시간'은 단계별로, 발표자별로 정해야 합니다. 역시 활동하는 시간에 따라 동일한 모형의 토론이라도 시간을 줄이거나 늘려 조절할 수 있습니다. 그리고 그 발언 시간의 합은 양측이 같은 것이 좋으며 같은 팀 내에서 발언자별로도 어느 정도 균형 있게 배분되면 공정성을 확보할 수 있습니다. '발언 횟수'는 구성원 간에 다를 수 있지만 발언 시간은 어느 정도 동일한 수준으로 맞추는 것이 합리적입니다. 이것은 토론이 지향하는 기본 정신의 하나입니다. 참여자 모두가 평등한 것임을 전제로 하는 토론 교육의 특색을 최대한 고려한 것입니다.

토론에서 가장 기본적인 발언 순서는 '입론―반론―최종 발언' 순입니다. 이 기본 과정을 토대로 발언의 횟수와 발언의 순서를 조절하여 목적에 맞는 토론을 할 수 있습니다. 예를 들어 세 명의 구성원이 기본 순서대로 동일한 시간 동안 한 번씩 순차적으로 발언하는 유형을 만들 수도 있고 세 명이 두 번씩 발언을 하게 하고 역할에 따라 적절하게 순서를 정하는 복합적인 유형을 만들 수도 있습니다. 토론 활동을 기획하는 교사가 얼마든지 합리적으로 변형할 수 있습니다. 이에 대한 것은 다음에 설명할 여러 토론 모형들을 보며 이해할 수 있습니다.

한눈에 정리

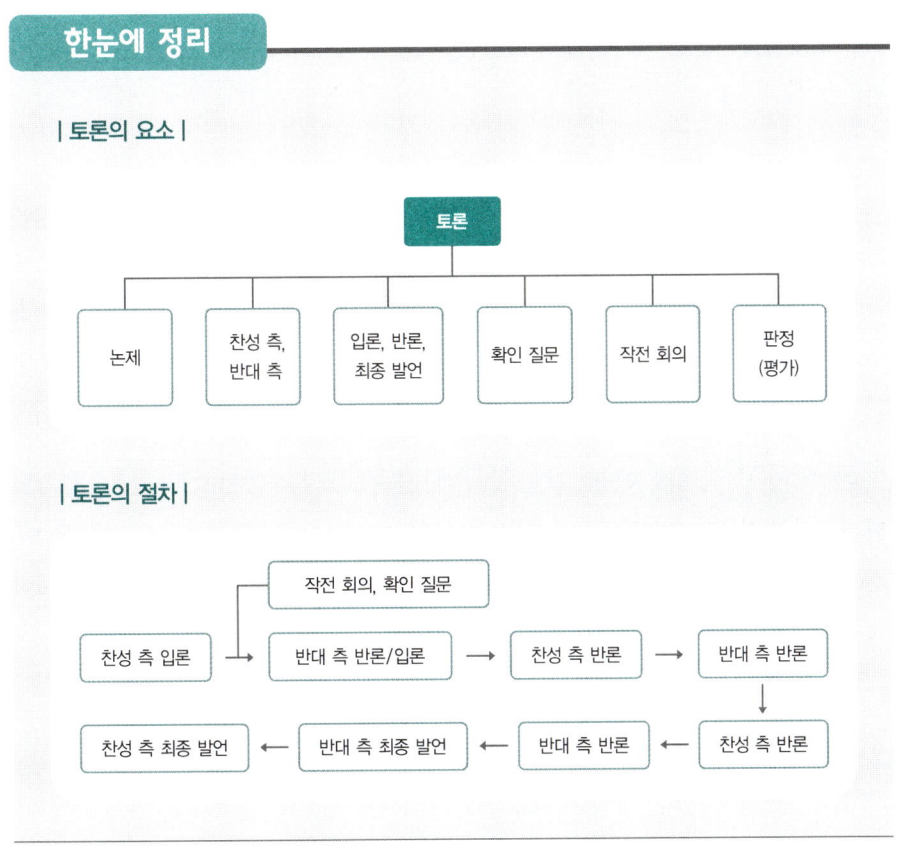

| 토론의 요소 |

| 토론의 절차 |

토론할 때 이렇게 엄격한 절차와 규칙이 꼭 필요한가요? 자유롭게 발언하면 안 되나요?

토론은 양측의 주장이 팽팽하게 맞설 때 이루어지는 말하기입니다. 어느 쪽이든 유리한 입장에서 토론을 진행하면 결과에 영향을 미치게 되는 것이 당연합니다. 그래서 토론은 양측 모두에게 공평한 발언 기회, 횟수 등을 부여해야 하며 그러기 위해 사전에 준비한 적절한 절차에 따라 진행해야 합니다. 참여자 모두는 동등한 위치에서 발언 기회를 얻고 참여의 평등성을 보장받아야 하며 누구나 적극적인 참여자가 되어야 합니다. 따라서 특정 구성원이 주도적으로 발언하는 것과 일부 구성원이 무임승차하는 것을 방지하기 위해 발언 순서와 횟수, 시간을 정하는 것이 좋습니다. 그리고 논술에서 정해진 글자수 내에서 자기주장을 펼치는 능력을 중시하듯이, 토론에서도 자기에게 주어진 시간 내에서 주장할 내용을 잘 조직하는 것이 매우 중요한 교육적 가치입니다. 이것은 모든 참여자에게 비슷한 발언 시간을 주어 평등한 구성원으로서의 위상을 가르치는 효과가 있습니다.

교실에서 실제 토론을 할 때 어떤 학생이 긴장하여 발표를 못해 당황해하고 있거나 확인 질문을 하지 못해 가만히 서 있는 경우에는 어떻게 하셨습니까?

일단 지켜볼 수밖에 없습니다. 그 과정에서도 학생은 많은 것을 깨닫게 됩니다. 물론 자신의 부족한 행동으로 마음의 상처를 받을 수도 있지만 그 학생이 말을 할 때까지 기다려 주는 것이 좋습니다. 중간에 말을 종료하고 들어가더라도 바로 피드백을 하는 것보다 토론이 끝난 후 전체 평에서 언급하는 것이 좋습니다. 이때도 실수에 대해 지적이나 비판을 하는 것보다 긍정적인 면을 발견하여 격려를 해 주는 환류 활동이 더 바람직하다는 것을 많이 느꼈습니다. 그러면 토론이 일회성으로 끝나지 않고 계속 이어지게 되어 개선하는 것이 가능해집니다.

질문 4 토론에는 어떤 유형들이 있나요?

이제 토론을 실제로 해 보려고 마음먹었다고 하자. 그럼 구체적인 토론의 모형을 선택해야 한다. 그러나 이 경우 어떤 유형의 토론이 있는지를 알고 있어야 적절하게 선택할 수 있을 것이다. 토론의 유형은 형성된 지역에 따라, 시대의 흐름에 따라 각각 합리적인 구조를 지니고 있다. 이들 중에서 교육 목적과 활동 목표에 적합한 유형을 선택할 필요가 있을 것이다. 그럼 토론의 유형에는 어떤 것들이 있을까?

토론 상황에 따라 토론의 모형을 다양하게 적용할 수 있습니다. 토론 모형을 결정할 때 고려해야 할 요소는 시간, 목적, 참여 인원 등입니다. 정규 수업 시간에 교과와 관련 있는 논제로 토론할 경우에는 30~40분 정도가 소요되는 모형이 적절할 것입니다. 여러 모형을 시간에 맞게 각각의 발언 시간을 조정하여 활용할 수도 있습니다. 어느 경우든 교사가 피드백을 할 시간을 고려하여 10분 이상의 시간을 확보하는 것이 필요합니다. 물론 준비 시간, 사회자 발언 시간, 질의응답 시간 등을 넣을 경우 실제 토론하는 시간은 30분 전후로 줄어들 수 있습니다. 그럴 경우 1차시에 토론 과정 전체를 소화하기 어렵기에 2차시 분량으로 수업을 구성할 수도 있습니다. 또한 준비 시간을 최소화하기 위해 수업 전에 토론 수업을 준비하는 역할을 하는 학생이나 모둠을 지정한 후 활동하게 하면 시간을 효율적으로 운영할 수 있습니다. 또한 사회자가 발언을 2, 3분 이내로 하게 하고 질의응답은 모형에 따라 존재 여부가 다르므로 전체 수업 분량을 고려하여 사용하는 것이 좋습니다. 목적이 수업인지 대회인지에 따라 토론 모형이 달라질 수도 있습니다. 수업도 정규 교과 수업과 방과 후 학교 수업 등으로 다양하기 때문에 이에 맞는 토론 모형을 선택해야 합니다. 대회일 경우에도 목적을 고려하여 참여시킬 학생 수를 고려하여 결정할 수 있습니다. 또한 토론에 참여시켜 교육적 효과를 얻고자 하는 인원이 어느 정도인지도 토론 모형을 결정하는 중요한 기준이 될 수 있습니다. 나아가 기본 모형을 토대로 시간, 목적, 참여 인원을 토론 활동 취지에 맞게 변형, 발전시키는 노력이 필요합니다.

1) 의회식 토론

의회식 토론은 수상(prime minister)과 각료(member of government)가 찬성 측이 되고, 야당 당수(leader of the Opposition)와 의원(member of the Opposition)이 반대 측이 되어 토의했던 영국의 의회 토론에 기원을 두고 있으며, 1820년에 옥스퍼드 대학교와 케임브리지 대학교 학생회가 진행하던 토론 형식에 기초를 두고 있습니다. 미국에서 발달하여 세계적으로 각종 대회에서 많이 활용되고 있습니다. 일반적으로 다음과 같은 절차로 진행합니다.

찬성 측		반대 측	
제1 토론자(수상)	제2 토론자(각료)	제1 토론자(당수)	제2 토론자(의원)
입론(7분)			
		입론(8분)	
	입론(8분)		
			입론(8분)
		반박(4분)	
반박(5분)			

의회식 토론의 특징은 토론 참여자 4명의 위상이 다르다는 것입니다. 그래서 토론의 발언 기회와 시간이 토론자별로 다르고, 또 찬성 측과 반대 측의 입론, 반박 시간도 다릅니다. 찬성 측은 입론 시간이 1분 짧은 대신 반박 시간이 1분 더 깁니다. 이는 반대 측이 넷째와 다섯째 발언을 연달아 하기 때문에 있을 혜택, 즉 12분간의 연속 발언으로 얻는 이점을 조절한 것입니다.

의회식 토론은 특이하게 '발언권 요청(point of information; POI)'이라는 것이 있습니다. 토론 현장에서 직역 용어인 '정보의 지적'이란 말을 사용하기도 하는데 이는 입론 발언 시간에 상대측이 질문을 하거나 지적을 하는 제도입니다. 입론 발언 뒤 1분이 경과한 후부터 종료 1분 전까지 사용할 수 있는 이의 제기 제도로 발언자가 신청자의 발언을 허락하면 신청자는 20초 동안 자신의 이견을 말할 수 있습니다. 발언 중에 상대방은 얼마든지 이의 신청을 할 수 있지만 반드시 입론 때만 사용할 수 있으며 상대방에게 발언권을 줄 것이냐 말 것이냐는 전적으로 발언자의 권한입니다.

발언권 요청을 받아들이는 것이 자기 측에게 유리한지 불리한지를 판단하여 결정하면 됩니다. 발언권 요청을 할 때의 동작이 특이한데, 앉아 있던 자리에서 벌떡 일어나 한 손은 머리에 얹고 다른 한 손은 손바닥을 위로 가게 해서 앞이나 옆, 주로 발언자 쪽으로 쭉 폅니다. 토론 수업 중에 분위기를 환기하거나, 발언권 요청이 있으면 얻게 되는 효과가 있다고 판단할 때 사용하면 좋을 것입니다.

이 모형의 가장 큰 특징이 발언권 요청인데 학교 현장에서 사용할 때 학생들이 익숙하지 않아 제대로 사용하지 못하는 경우가 있으므로 토론에 어느 정도 숙달이 된 단계에서 사용하는 것이 좋습니다. 또 학교 현장에서 활용하려면 참여 인원을 적절하게 변형하여 많은 학생이 참여할 수 있는 모형으로 변화를 줄 필요도 있습니다.

2) 링컨-더글러스 방식 토론

링컨-더글러스 방식 토론(Lincoln-Douglas debate)은 1858년 일리노이주 상원의원 선거 캠페인 중에 에이브러햄 링컨과 스테판 더글러스 사이에서 벌어진 노예 제도에 대한 토론에 기원을 두고 있습니다. 이 토론 방식은 가치 논제의 토론에 유리한데 학교 현장에서는 잘 사용하지 않습니다. 그 이유는 토론자 간 발언 횟수가 다르고 일대일 토론이라는 한계가 있기 때문입니다.

절차	시간(총 32분)
찬성 측 입론	6분
반대 측 질문	3분
반대 측 입론	7분
찬성 측 질문	3분
찬성 측 반론	4분
반대 측 반론	6분
찬성 측 반론	3분

그래도 한쪽이 발언한 후 상대측이 질문하고 그 질문을 토대로 자기주장을 하는 형태는 새로운 토론 모형을 구성하는 데에 시사점이 있습니다. 예를 들어 이 활동

을 한 명이 아니라 팀 구성원이 역할을 나누어 시행하는 것으로 변형하면 역동적 토론 모형을 구성하는 것도 가능합니다. 이 책에서 제시하는 프닉스식 토론 모형도 이러한 변형의 과정이 포함되어 있습니다.

3) 정책 결정 토론(반대 심문식 토론; 교차 조사 방식 토론; CEDA식)

이 토론은 CEDA(Cross Examination Debate Association) 방식이라고도 불리는데, 이는 1947년 미국 육군 사관 학교에서 전국 토론 연맹을 만들면서 유래한 형식입니다. 미국의 전국 토론 대회(National Debate Tournament) 방식에 토론자들 간의 교차 질문*을 가미하여 토론자들 간의 직접적인 의사소통을 강조하는 토론 형식으로 발전한 것입니다. 기존의 토론 방식이 자기주장만 하고 다른 사람의 주장을 귀담아듣지 않는 경향을 막기 위해 상대측의 주장에 대한 질문 시간을 넣은 것입니다. 이로 인해 상대방의 주장도 비판적으로 듣는 태도를 형성하게 되었다고 합니다.

각 팀은 두 사람(2인)으로 구성되며, 토론자 개개인은 각각 세 번의 발언 기회를 갖게 되어 한 번씩의 입론과 반론, 그리고 교차 질문을 하게 됩니다. 아카데미식 토론은 일종의 언어로 하는 게임이기 때문에, 토론자들은 자신의 순서와 시간을 사전에 숙지하여 게임의 규칙을 위반하는 실수를 하지 않게 주의할 필요가 있습니다.

이 토론 유형은 미국뿐 아니라 경희대 고교 토론 대회, 직지배 차지 전국 토론 대회 등과 같은 우리나라 토론 대회에서도 많이 사용하였습니다. 공식적으로 팀당 준비 시간 10분을 주기도 하며 진행 시간이 길다는 것이 특징입니다. 참가자에게 세 번의 발언 기회가 주어지고 의회식 토론과 달리 모든 참석자가 똑같은 발언 시간과 기회를 갖기도 합니다. 이 모형의 가장 큰 특징은 의회식 토론의 '발언권 요청(POI)'을 제도화한 '교차 질문(cross examination)'이 있다는 것입니다. 교차 질문은 토론의 정신이 잘 드러나는 단계입니다. 이는 자기 측의 뒤 토론자에게 연결되는 내용을

---

* 정책 결정 토론(CEDA식)에는 찬성 측과 반대 측이 직접 질문을 하는 시간이 있는데, 이 '상호 질문 시간'에 관한 용어는 반대 심문, 교차 질문, 확인 심문 등으로 번역되어 사용되고 있다. 하지만 '반대'라는 용어는 찬성과 반대라는 토론의 입장과 혼동될 여지를 지니고 있고, '교차'라는 용어 역시 의사소통의 상황에서 발언 상대와 순서만을 고려한 표현이기에 적절하지 않다고 판단하여 '확인'이라는 용어를 사용하고자 한다. 그리고 '심문'이라는 용어 역시 찬성과 반대 사이에 오고 가는 다양한 전략적 질문들을 모두 포괄하지 못하며 법정 토론에서 피의자를 취조 혹은 심문하는 듯한 어감을 지니고 있으므로 '질문'으로 대신하고자 한다.

확인하며 바로 다음에 발언의 부담이 없는 사람이 시행하여 자기 측의 의문을 해결하고 반론할 요소를 탐색하는 과정이기 때문입니다. 역할 분담의 묘미를 느낄 수 있는 것이죠.

순서	찬성 측		반대 측		시간	
	제1 토론자	제2 토론자	제1 토론자	제2 토론자	총 60분	총 72분
1	입론				8분	10분(또는 9분)
2				교차 질문	3분	3분
3			입론		8분	10분(또는 9분)
4	교차 질문				3분	3분
5		입론			8분	10분(또는 9분)
6			교차 질문		3분	3분
7				입론	8분	10분(또는 9분)
8		교차 질문			3분	3분
9			반론		4분	5분(또는 6분)
10	반론				4분	5분(또는 6분)
11				반론	4분	5분(또는 6분)
12		반론			4분	5분(또는 6분)

학교 현장에서는 활동 시간이 길어 정규 교과 시간에 그대로 사용하기는 어렵습니다. 대회형 토론으로 많이 쓰이고 있으나 2:2 모형이라 학교에서 사용할 경우 참여할 수 있는 학생 수가 적은 것이 단점입니다. 하지만 인원을 조정한 변형 모형을 만들어 이를 적절히 활용하면 될 것입니다. 시간은 각 발표자의 발언을 조절하는 방법을 사용하면 되기 때문에 토론을 배우고 익히는 수업이나 프로그램에 활용하면 좋습니다.

4) 칼 포퍼 토론(Karl Popper Debate)

칼 포퍼 토론 형식은 과학 철학자인 칼 포퍼의 '열린 사회 연구소'(The Open Society Institute)와 소로스 재단 네트워크(Soros Foundation Network)가 1994년에 만든 토론 형식으로, 소크라테스 이래 진리 탐구의 방법으로 널리 알려진 변증론적 과정을 현실화하여 구체적으로 보여 주는 방식입니다. 칼 포퍼식 토론은 각 팀이 세 명으로 구성되며 한 명당 1, 2회의 발언 기회를 갖습니다.

주로 고등학생들에게 비판적 사고, 자기 표현, 그리고 다른 의견에 대한 관용의 자세를 길러 주기 위해 만들어졌다는 이 모형은 정책 결정 토론과 달리, 입론에서 찬반 모두 자신의 주장을 제시하고 확인 질문을 거쳐 그 제시된 주장을 바로 반박하는 과정으로 이루어집니다.

순서	찬성 측			반대 측		
	제1 토론자	제2 토론자	제3 토론자	제1 토론자	제2 토론자	제3 토론자
1	입론(6분)					
2						교차 질문(3분)
3				입론(6분)		
4		교차 질문(3분)				
5		반론(5분)				
6				교차 질문(3분)		
7					반론(5분)	
8	교차 질문(3분)					
9						반론(5분)
10			반론(5분)			

토론 시작 전 준비 시간 각 팀당 8분

팀 구성원 세 명의 역할이 각기 다르므로 상대방의 의견을 경청하여 팀 내에서 의사소통을 잘하려는 자세가 중요합니다. 그리고 반론이 토론에서 차지하는 비중이 크므로 반론 전략을 잘 세우는 것이 중요합니다. 또한 다른 토론 모형처럼 찬성 측만 증명의 부담을 갖는 것이 아니라 찬성 측과 반대 측 모두가 쟁점을 제시하고 이를 증명해야 합니다. 결국 여타의 토론 방식이 '상대방이 틀렸다'는 것만 입증해도 토론에서 승리할 수 있는 반면, 칼 포퍼 토론은 '우리 측이 옳다'는 것을 입증해야 승리할 수 있게 되어 있습니다.

CEDA식 토론의 변형이며 검증을 통한 진리의 증명을 강조합니다. 반론을 중시하여 토론의 정신에 가장 잘 부합하는 면이 있으며 3:3 토론으로 학생들의 참여 수도 적절하여 수업에 활용하는 것도 용이합니다. 반면 토론의 순서나 각 발언자의 발언 순서가 복잡하여 처음 토론을 접한 학생들에게 적용하기에는 어려움이 있으며 한 팀의 각 토론자 간 발언 시간이 달라 역할 분담을 어떻게 하느냐에 따라 토론 결과가 달라질 수 있습니다.

5) 프닉스식 토론 모형의 제안

토론 모형은 현장에서 활용할 때, 다양한 필요에 맞게 앞에서 소개한 가장 보편적인 모형을 중심으로 약간의 변형 모형을 만들어 가며 새로운 모형들을 실험적으로 만드는 것이 바람직합니다. 대부분의 토론은 일반적으로 입론, 반론, 최종 발언으로 구성되며 여기에 역동성을 가미하기 위해 확인 질문(교차 질문, 확인 심문)을 삽입하는 경우가 많습니다. 또 적절한 위치에 작전 회의 시간을 부여하여 토론 도중에 토론자들이 팀별로 의견을 모으고 정리하는 기회를 주기도 합니다.

토론을 활용하는 실제 현장에서는 일반적 모델 중 CEDA식으로 불리는 정책 결정 토론 모형과 칼 포퍼 토론 모형의 변형 형태들을 가장 많이 사용합니다. 각종 토론 대회에서도 두 모형을 그대로 사용하거나 두 모형 각각의 일부 변형 모형, 또는 두 모형의 결합 모형 등을 많이 사용합니다. 그런데 한 팀의 참가 인원을 몇 명으로 하느냐에 따라 각 토론자의 역할을 공평하게 분배하다 보면 결국 나올 수 있는 토론 모형의 수가 한정됩니다. 가령 한 팀이 세 명으로 구성될 경우 각 팀의 발언 순서에서 일부, 작전 회의 부여 위치, 확인 질문 순서나 위치 등에서 약간의 차이를 보일 수는 있으나 완전히 독창적인 실험적 모델은 토론을 활용하는 지도자나 참여 학생들에게 오히려 혼란을 줄 수 있어 적절하지 않을 수 있습니다.

이 책의 집필진은 '프닉스 토론 연구회'를 만들어 토론에 대해 공부하고 학교 현장에서 수많은 토론을 진행하면서 다양한 모형을 적용하여 수업하고 대회도 진행하였습니다. 그 결과 다음과 같은 모형으로 토론을 진행하는 것이 매우 합리적이란 생각을 하게 되었습니다. 그래서 이 모형에 맞추어 이 책의 여러 논제들을 학생들에게 토론하게 하고 그 결과를 정리하는 작업을 했습니다. 그리고 이 모형을 집필진의 연구 모임 이름을 따서 '프닉스 토론 모형'으로 명명하였습니다. 이미 이와 유사한 모형이 존재할 수 있으나 앞에서 언급했듯 일반적인 모형을 토대로 만들어지는 새 모형은 그 경우의 수가 적어 유사한 구조를 가질 수밖에 없다는 것을 알게 되었기에 토론 현장에서 가장 적절하다고 판단한 모형으로 협의를 거쳐 만들어 본 것입니다.

순서	찬성 측			반대 측		
	제1 토론자	제2 토론자	제3 토론자	제1 토론자	제2 토론자	제3 토론자
1	입론(3분)					
2			작전 회의(2분)			
3					확인 질문(2분)	
4				반론 및 입론(3분)		
5			작전 회의(2분)			
6		확인 질문(2분)				
7			반론(3분)			
8				확인 질문(2분)		
9						반론(3분)
10	확인 질문(2분)					
11			작전 회의(1분)			
12		2차 반론(3분)				
13					2차 반론(3분)	
14			작전 회의(1분)			
15						최종 발언(3분)
16			최종 발언(3분)			

이 모형은 다른 모형들과 비교해 볼 때 다음과 같은 특징이 있습니다.

첫째, 찬성 측의 입론 후 반대 측이 확인 질문을 하기 전에 작전 회의 시간을 준다는 것입니다. 이는 반대 측은 미리 준비한 원고로 입론을 발표하지 않는다는 철학을 담고 있는 매우 중요한 의미를 표현하는 것입니다. 각 측이 입론을 별도로 준비하고 공통된 쟁점을 찾아내어 주고받는 토론도 의미 있지만, 토론을 찬성 측이 기존 질서에 대해 의문을 품고 새로운 주장을 하며 자신들의 주장에 근거를 들어 문제를 제기한 것으로 볼 때 반대 측은 찬성 측의 주장을 중심으로 토론을 이끌어 가야 한다는 전제를 강조한 것입니다. 이를 통해 반대 측은 준비 과정에서 상대 주장을 예상하고 양측의 주장과 근거를 미리 조사하여 준비는 하겠지만 반대 측 고유의 입론문을 준비하지 않고 찬성 측의 입론을 토대로 반박할 준비를 해야 합니다. 그런 맥락에서 반대 측의 첫 번째 발언자는 입론만이 아니라 '반론 및 입론'을 하게 됩니다.

둘째, 확인 질문자의 순서를 정할 때는 각 측의 다음 반론자를 고려하여 정했습니다. 제2 토론자가 확인 질문을 해야 하는 이유는 다음에 반론을 할 발언자가 확인 질문을 하면 연이은 발언으로 부담을 느끼기 때문입니다. 그래서 제1 토론자를 고려하여 각 발표자의 발언과 확인 질문을 적절하게 배분했다는 말입니다. 각 팀의 발언 순서나 역할을 통해 민주적인 절차와 타인에 대한 배려를 익히게 하였습니다. 어떤 토론 대회의 경우 각 팀 발표자의 발언 순서를 정해 주지 않고 자유롭게 말하게 하는 경우도 있으나 여기서는 학교 토론에서의 교육적 차원을 고려하여 순서를 제시하였습니다.

셋째, 발언의 기본적인 순서는 '찬—반—반—찬'의 순서를 따르며 첫 발언을 찬성 측이 했으므로 최종 발언은 반대 측이 먼저 하고 찬성 측이 마무리하게 하여 찬성 측 다음에 반대 측이 계속 발언함으로써 생기는 불균형을 해결하였습니다. 그리고 문제에 대한 제안자이며 논의의 범위와 용어의 개념을 설정한 찬성 측이 기본적으로 '입증의 책임'을 가진다는 점을 고려한 것입니다. 찬성 측은 자신들이 제기한 논제를 논리적으로 증명할 책임이 있으므로 처음에 발언하고 반대 측에는 이에 대한 반론을 충분히 할 수 있는 기회를 주는 형태입니다. 그리고 마지막에 찬성 측이 발언하는 것은 던져진 논제에 대한 증명을 정리하는 기회를 주려는 취지입니다.

넷째, 작전 회의가 다른 모형에 비해 많습니다. 이는 토론이 집단적 말하기임을 토대로 협동 학습을 강조한 것입니다. 그리고 작전 회의를 양측 발언 전에 공평하게 총 2회씩 부여하여 공정성을 유지하려 했습니다. 이 과정을 거쳐 학생들이 토론할 때 많이 범하는 오류 중의 하나인 상대방 의견을 받아 이야기를 연결하지 못하는 단점을 극복할 수 있습니다. 팀이 힘을 합쳐 상대측 전 발언자의 논증과 자기 측 발언자의 논증을 정리하고 새로운 대안이나 반론 근거를 찾아내는 소중한 시간이 될 수 있습니다. 구성원 모두가 작전 회의에 적극적으로 참여하는 협동적인 모습은 판정을 할 때 좋은 평가를 받을 수 있는 요소입니다. 또 상대측 주장을 이어 가는 정리와 자기 측 반론의 구성 방식이 다음 발언에서 연결되는지 등은 작전 회의의 효율적 활용을 판단하는 근거가 됩니다.

다섯째, 쟁점 형성의 가치를 강조한 모형입니다. 일반적인 토론 모형에서는 찬성 측과 반대 측이 개별 입론을 준비하게 하고 여기에서 공통적으로 문제가 되는 부분을 쟁점으로 형성하여 토론을 하게 하고 있습니다. 그러나 토론은 찬성 측이 기존 질서에 대한 문제를 제기한 형태이므로 일단 찬성 측의 주장과 근거를 바탕으로 반대 측이 반론 및 보충 입론을 하는 형식으로 받게 하였습니다. 그리고 토론의 묘미인 반론을 확대하여 논리적인 주장과 설득의 원리를 구현하려고 했습니다.

여섯째, 발언 횟수를 토론자별로 균등하게 주기 위해 반론을 두 번 하게 했습니다. 각 팀의 모든 토론자가 발언 기회와 시간에서 균등한 대우를 받게 함으로써 평등을 지향하는 민주적인 의사 결정 과정을 지향한 것입니다. 따라서 모든 토론자는 5~6분 동안 두 번 발언합니다.

한눈에 정리

| 주요 토론 모형의 비교 |

요건 \ 형태	의회식	CEDA식	프닉스식
토론 인원	4 (2:2)	4 (2:2)	6 (3:3)
작전 회의	×	○	○
발언의 공정성	×	○	○
발언 횟수	제1 토론자 2회 제2 토론자 1회	모두 3회 입론, 교차 질문, 반론 1회씩	모두 2회 (확인 질문 포함)
토론 시간 (조정 가능)	40분	72분(또는 60분)	38분
확인 질문	×	○	○

교실 LINK

　프닉스식 토론 모형이 정책 결정 토론, 칼 포퍼 토론, 그리고 다른 연구 기관의 모형과 큰 차이가 없는 것 같은데요. 유사한 토론 모형을 굳이 별도로 만들 필요가 있나요?

　토론 모형마다 중점을 두는 요소가 있습니다. 운영 시간, 발언 횟수, 발언 순서 등에 따라 목적에 맞는 모형을 선택하는 것이 중요합니다. 그러다 보니 기존 모형의 일부를 진행 측의 목적에 맞게, 토론 운영의 철학에 맞게 변형하는 경우가 많습니다. 토론에 대한 철학이 다르기 때문에 일어나는 현상일 수도 있습니다. 여러분도 얼마든지 부분적으로 변형하는 것이 가능하며 상황에 따라 학생들이 스스로 토론 모형을 만들어 활동하게 하는 방법도 좋습니다. 토론 활동에 일정 기간 참여한 경험이 있는 학생들은 기존 모형을 변형하여 자신들의 활동 목적에 맞는 모형을 만들 수 있습니다.

| 제2부 |

토론의 요소

논제를 알면
토론이 보인다

질문 5 토론하기 좋은 논제는 어떻게 만드나요?

토론에 있어 논제를 설정하는 것은 매우 중요하다. 교과와 관련된 토론일 경우에는 교수·학습의 주요 내용이 되기 때문이기도 하고 사회적 쟁점을 주제로 한 토론일 경우에는 어떻게 묻느냐에 따라 학생들의 반응이 달라지기 때문이다. 따라서 교육적으로도 의미 있으면서 학생들의 관심과 흥미를 고려한 논제를 개발하는 것은 토론을 준비하는 교사에게 큰 숙제라고 할 수 있다. 어떻게 하면 토론거리가 될 만한 좋은 제재를 골라내 논제의 형식에 맞춰 잘 다듬을 수 있을까?

토론을 통한 문제의 해결에 관한 어떤 제안이나 주장을 논제라고 하는데, 논제를 만들 때는 다음과 같은 원칙을 지켜야 합니다.

1) 찬반 대립

'100분 토론'과 같은 텔레비전 토론 프로그램에서 '조기 유학 문제, 어떻게 볼 것인가' 등의 논제로 찬성 측과 반대 측이 다양한 의견을 나누는 모습을 흔히 볼 수 있습니다. 그래서 토론이라고 하면 이와 같은 장면을 떠올리기 쉽기 때문에 토론 수업을 시작하는 교사들은 논제를 '○○ 문제, 무엇이 문제인가', '△△ 문제, 해결책은 없나'와 같은 형식으로 만들게 됩니다.

물론 이와 같은 발문 형식에 큰 문제는 없습니다. 하지만 학생들을 교육하려는 목적으로 시행하는 토론이라면 이와 같은 열린 방식의 논제를 제시할 경우 문제가 생길 수 있습니다. 열린 질문 형식의 논제는 쟁점을 선명하게 부각하기보다 다양한 의견이 나올 수 있게 도와주는 역할을 합니다. 따라서 준비가 되지 않은 상태에서 열린 질문 형식의 논제로 토론을 시작하게 된다면 문제의 핵심을 건드리지 못한 채 갈팡질팡하는 토의식 토론으로 진행될 우려가 있습니다. 즉 학생들의 다양한 의견이 나올 수는 있어도 논제와 관련 없는 이야기로 흐를 우려도 있으며 논의의 깊이가 단편적인 차원에서 반복되다 그치는 경우도 발생할 수 있습니다.

또한 열린 질문 형식의 논제로 토론하려면 논의의 흐름을 주도할 수 있는 유능하고 노련한 사회자가 필요합니다. 하지만 토론할 때마다 교사가 토론의 중심에 서는 것도 바람직하지 않고 새로운 논제로 진행되는 매 토론마다 유능한 학생을 발굴해 내는 것도 쉽지 않지요. 따라서 학생이 토론의 중심에 설 수 있는 교육적인 목적의 토론 상황을 만들 필요가 있으며 이때 토론의 논제는 명백하게 찬성, 반대의 어느 한쪽의 입장에 설 수 있는 형식으로 표현되어야 합니다. 찬성과 반대의 분명하고 명확한 대립 구도는 문제의 본질을 파악하기 위한 쟁점을 비교적 선명하게 드러내어, 사회자가 개입하여 논제의 전반적인 흐름을 파악하고 조정하지 않아도 원활하게 토론이 진행되기 때문입니다.

따라서 중립적인 입장을 취한다든지 유보적인 입장에서 지켜보겠다는 입장, 제3의 다른 대안을 고려하는 입장을 취할 수 있게 허용하는 주제로는 토론을 하지 않는 것이 좋습니다. 예를 들어 '학생회 문제 어떻게 볼 것인가'와 같은 것은 찬성, 반대 이외의 다양한 의견이 나올 가능성이 있으므로 적합한 토론 논제가 될 수 없습니다.

2) 하나의 주장

교실 토론에서 논제는 학습 목표와도 같은 기능을 합니다. 학생 수준을 고려한 하나의 분명한 학습 목표를 제시해야 아이들이 목표에 집중할 수 있듯 토론의 논제도 하나의 명백한 주장에 한정될 필요가 있습니다. 즉 한 가지 명제만 포함해야 하는 것이지요. 그렇지 않으면 토론에서 두 가지 이상의 논제를 다루게 되어 토론의 초점이 흐려질 수 있습니다.

예를 들어, '유전자 정보은행 구축은 미아 찾기와 범죄 수사에 도움이 된다'와 같은 논제에 대해 생각해 봅시다. 미아를 찾기 위해 유전자 정보 관리 체계를 유지하자는 것인지 범죄 예방 및 수사를 위해 범죄자의 유전자 정보 관리를 하자는 것인지 혹은 둘 다를 하자는 것인지가 분명히 제시되지 않아 학생들이 혼란에 빠질 우려가 있습니다.

하나의 주장만을 다룬다고 해서 토론이 단조로워지거나 내용이 부족해질 거라고 걱정할 필요는 없습니다. 하나의 주장이 설득력을 얻으려면 수많은 하위 주장과 이유, 근거가 뒷받침되어야 하기 때문입니다. 흔히 토론 학습의 효과 중 하나로 '해당 분야 전문가 양성'을 드는 이유도 하나의 주제에 대한 심도 있는 논의와 검토가 토론을 통해 이루어지기 때문입니다.

3) 구체적이고 분명한 내용

논제는 다루고자 하는 내용이 분명해야 합니다. 논제에 사용된 용어 중에서 불명료한 것이 있다면 토론하기 전에 논제에 제시된 용어의 해석이나 정의에 대해 의견의 일치를 보아야 합니다. 그렇게 하지 않으면 쟁점이 형성되지 않아 토론이 이루어지지 않거나 찬성과 반대의 입장이 명확히 구분되지 않아 시간 낭비를 하는 경우가 생기게 됩니다.

예를 들어 '안락사를 허용해야 한다'라는 논제의 경우 '안락사'라는 용어의 정의가 포함하는 범위가 넓기 때문에 이를 좀 더 분명히 제시할 필요가 있는데, 이는 '안락사'의 종류가 '소극적 안락사'인지 '적극적 안락사'인지에 따라 토론의 흐름이 달라지기 때문입니다. 만약 찬성 측이 '적극적 안락사'가 아닌 '소극적 안락사'에 대해서만 찬성의 입장을 나타내고 반대 측은 '적극적 안락사'에 대해서 집중적으로 반박한다고 할 때, 제대로 된 토론이 이루어질 수 없기 때문입니다.

따라서 교사는 논제를 정하기 전에 다루고자 하는 논제와 관련된 용어의 정의들을 미리 훑어보고 관련 배경지식에 대한 이해를 넓혀, 쟁점이 잘 형성될 수 있는 내용으로 논제를 한정할 필요가 있습니다.

4) 현 상태의 변화 의도 포함

논제에는 현 상황을 변화시키려는 의도가 반영되어야 합니다. 예를 들어 '영어 공용화를 실시해야 한다'와 같은 논제를 봅시다. 현재 우리나라에서는 영어 공용화를 시행하고 있지는 않지만 국제화에 따른 집중적인 영어 교육이 필요하다는 이유로 일부에서 꾸준히 제도화하자는 움직임을 보이고 있기 때문에 논제로 적절하다고 볼 수 있습니다. 이와 같은 논제 설정 방식은 현실의 문제점을 개선하고 해결하려는 현실 개혁적 토론의 정신을 보여 줄 뿐 아니라 토론 과정을 통해 현실의 문제를 정확히 인식하게 되는 교육적 효과도 기대할 수 있습니다.

'영어 공용화를 실시해야 한다'를 논제로 한 토론의 경우 학생들은 영어 공용화를 하면 안 되는 이유를 애국적인 차원에서 외우는 것이 아니라 '왜 지금 상황에서 영어 공용화가 실시되지 않는지', 또한 '어떤 조건이 충족되었을 때 제도화하여 실시해도 무리가 없는지' 등을 심도 있게 분석해 보면서 현재의 상황을 더 잘 이해할 수 있게 됩니다. 이와 같이 문제 상황을 깊이 있게 이해하는 것은 새롭고 창의적인 문제 해결 방안들을 생각해 내는 활동으로도 이어질 수 있다는 점에서 더욱 긍정적이지요.

5) 공정성 유지

논제를 만들 때는 찬반 어느 한편에 유리하게 작용하는 정서적 감정이 담긴 표현은 되도록 배제해야 합니다. 토론에서 가장 중요하게 여겨지는 정신은 찬성과 반대라는 입장에 상관없이 공정하고 평등한 기회를 주어 어느 측 주장과 근거가 더욱 설득력을 지니는가를 청중이나 판정단이 판단하게 하는 것입니다. 그렇기 때문에 논제를 서술할 때도 중립적인 입장을 유지할 수 있게 최대한 배려할 필요가 있습니다.

예를 들어 '사형 제도는 꼭 존재해야 하는가'와 같은 논제는 '꼭'이라는 부사 때문에 사형 제도가 굳이 필요하지 않다는 인상을 주어 토론 시작부터 사형 제도를 폐지하자는 쪽에 유리할 수 있기 때문에 '사형 제도를 폐지해야 한다'와 같이 바꿔 줄 필요가 있습니다. 마찬가지로 '인권을 침해하는 사형 제도를 폐지해야 한다'로 논제가 설정된다면 지나치게 찬성 측에 유리한 인상을 주게 되어 토론 논제로 채택될 수 없습니다.

마찬가지 이유에서 토론의 논제는 찬성과 반대 측에서 제시할 수 있는 논거가 균형을 이루며 풍부한 것이 좋습니다. 양측의 자료나 근거가 불균형을 이룰 때에는 공정한 토론이 이루어질 수 없기 때문입니다. 예를 들어 '시험은 학생들의 학업 성취를 높여 준다'와 같은 논제의 경우 시험을 보지 않고 학교생활을 하는 아이들이 거의 없기 때문에 시험과 학업 성취의 무관함에 대한 자료를 준비해야 하는 반대 측에서는 상대적으로 토론 준비에 어려움을 겪을 수밖에 없습니다.

학생들은 토론을 통해 민주적이고 공평한 의사소통 방식을 익혀 나가게 됩니다. 일종의 민주주의 훈련이라고 할 수 있는데, 교사는 이와 같은 과정적 특성이 반영될 수 있게 토론 논제를 점검하여 혹시라도 안좋은 영향을 끼칠 수 있는 사회적 편견이나 오해가 반영되지 않게 신경 쓸 필요가 있습니다.

6) 학생의 관심과 흥미

토론의 논제는 학생의 관심과 흥미를 반영한 것이 좋습니다. 토론자들은 자신과 직접 연관된 문제일수록 더욱 몰입하여 다양하고 친숙한 사례를 제시하며 즐겁게 토론할 수 있습니다. 실제로 '청소년 아르바이트' 관련 토론을 진행한 결과, 모든 수업에서 소외되고 참여가 저조했던 학생이 자신의 아르바이트 경험을 소개하며 예상 외로 토론을 주도적으로 이끌어 학생들과 교사에게 놀라움을 준 경우도 있습니다. 이 학생 같은 경우 토론 수업을 통해 교과에 대한 관심까지도 생기게 된 긍정적인 사례라고 볼 수 있습니다. 이와 같이 학생의 관심과 흥미를 논제에 적극 반영하게 되면 수업에 관심이 적은 학생의 참여를 자발적으로 이끌어 낼 수 있게 됩니다. 하지만 학생의 관심과 흥미는 학교급, 성별, 전공 분야, 세대 등에 따라서 달라질 수 있기 때문에 논제의 선호도에 대해 예비 조사를 하여 논제를 정할 때에 반영하면 도움이 됩니다.

예를 들어 '양심적 병역 거부를 인정해야 한다'와 같은 논제의 경우 남자 고등학생들은 매우 궁금해하며 관심을 보이는 주제가 될 수 있지만 여자 고등학생이나 초등학생은 다소 거리감을 느끼는 주제가 될 수 있습니다.

다음은 청소년의 관심과 흥미를 반영하여 대중 매체에서 실제 토론 논제로 사용했던 토론 제재입니다. 논제를 정할 때에 참고하면 좋을 것입니다.

분야	논제
학교생활	두발 자율화, 일기 검사, 학교 폭력, 소풍 장소, 짱 문화, 체벌, 방학 중 보충 수업, 휴대 전화 사용, 교복 수선, 야간 자율 학습, 수학여행
교육 정책	내신 위주의 대학 입시, 특목고의 확대, 봉사 활동의 의무화, 기여 입학제, 고교 평준화, 수준별 이동 수업, 교육 방송 시청 문제, 교사 평가, 특기자 전형, 대안 학교 학력 인정, 독서 능력 검정 시험
청소년 문화	청소년의 day 문화, 교실 속 일본 문화, 청소년기의 순결 교육, 해외 어학연수, 외국어 혼용, 청소년의 명품 선호, 청소년의 노동권, 온라인 게임 중독, 외모 중심주의, 청소년의 이성 교제, 컴퓨터 사용 시간, 학교 주변의 놀이 시설, 학생들의 선거권, 영상물 등급, 청소년 문화 정책

한눈에 정리

| 좋은 논제의 요건 |

논제

교육적 효과 고려 / 학생의 흥미와 관심 반영

논의의 초점화
- 찬반 대립
- 하나의 주장
- 구체적이고 분명한 내용

평등하고 민주적인 토론 정신 반영
- 현 상태의 변화 의도
- 공정성을 유지한 논제 서술
- 양적 균형을 이루는 논거

- 학교급별
- 성별
- 전공별
- 세대별

교실 LINK

논제를 정하는 것이 왜 중요한가요?

논제를 잘못 선택하게 되면 학생들이 토론을 지나치게 어렵게 느끼거나 아니면 관심 없어 하고 지루해하기 때문입니다. 무엇보다 학생들의 자발적 참여를 이끌어 내면서도 명확한 쟁점이 부각되는 논제를 만드는 것이 중요한데, 이를 위해서 교사의 수많은 시행 착오와 연습이 필요합니다. 이와 같은 과정을 거쳐 만들어진 멋진 논제는 교사의 훌륭한 자산이 될 것입니다.

그리고 교사는 토론하기 전에 논제와 관련하여 생길 수 있는 상황을 머릿속에 그려 볼 필요가 있습니다. 학생들에게 '학교 내에서 휴대 전화를 사용하는 것을 규제해야 한 다'라는 논제에 대한 토론을 시키려는 교사가 떠올린 내용을 살펴봅시다.

"최근 학교 내에서 휴대 전화를 사용하는 것 때문에 생기는 문제가 많기 때문에 학생 들은 이 문제에 관심이 많을 거야. 그럼 어떻게 논제를 만드는 것이 좋을까? 우선 '교내' 라고 하는 범위를 어디로 한정할지에 대해서도 고민해야 해. 학생들은 교내라고 하면 여 러 공간을 떠올릴 수 있으니까 '교실, 학교 건물 내, 학교 운동장을 포함한 학교 정문 안' 등의 범위 중에서 하나를 선택해야겠다. 그리고 '휴대 전화 사용'이라면 분명히 '사용 안 하고 가지고 있는 것도 안 돼요?', '교실에서 아예 사용하면 안 되는 건가요?', '수업 시간 에만 사용 안 하면 되지요?', '통화가 아니라 일정 관리나 전자 사전, 인터넷 검색 같은 기능은 사용해도 되나요?' 등에 대한 질문들도 나올 수 있으니 이에 대해서도 고려해야 겠다."

이와 같은 과정처럼 논제에 대해 점검하지 않고, 학생들이 관심 있어 하리라는 기대 만으로 논제를 정하게 되면 토론 수업 중간에 예상하지 못한 혼란을 겪게 될 수 있습 니다.

질문 6 논제의 유형에는 어떤 것이 있나요?

논제를 찾다 보면 사실 논제, 가치 논제, 정책 논제라는 유형 분류가 나온다. 각각의 의미는 무엇이며 교실 토론에 적용하기 위해서 알아 두어야 할 것은 무엇일까?

1) 사실 논제

사실 논제는 찬성 측과 반대 측이 참이냐 거짓이냐로 양립 가능한 사실에 대하여 입증하고 반박하는 상황에 초점을 둔 논제라고 볼 수 있습니다. 검사와 변호사가 벌이는 법정 공방이 대표적인 사례입니다. '피고 ○○○은(는) 살인 혐의가 없다'와 같은 논제는 피고에게 살인 혐의가 있는지 없는지에 관한 것으로, 그 진위가 사실 관계에 따라 판별되기 때문에 '사실 논제'라 할 수 있습니다. 토론에서 어느 측에 있든지 간에, 자신들 주장의 옳고 그름은 논제와 사실의 일치 여부에 달려 있게 됩니다.

또한 사실 논제는 객관적인 자료를 근거로 한 예측까지 가능하게 합니다. '올해 우리나라 경기는 어려울 것이다'와 같은 명제의 경우는 구체적인 여러 경제 지표들을 바탕으로 추론해 낼 수 있는 사실을 말하는 것이므로 사실 논제에 해당합니다.

사실 논제는 세 가지 유형으로 분류되는데 첫째는 사물이 존재하거나 행동이 일어나는 것을 다루는 존재 주장(claim of being)이고 둘째는 사물 간의 관계에 초점을 둔 관계 주장(claim of relationship)입니다. 관계는 전형적으로 원인과 결과로 드러나며 존재 주장에 비해 결과나 효과를 가정하고 있습니다. 셋째는 지칭 주장(claim of designation)으로 사물을 이름 짓거나 분류하는 데 초점을 두며 사물이 특정한 방식

범주	존재	관계	지칭
과거	일본은 제2 차 세계 대전 당시 종군 위안부를 조직했다.	정부의 비호 아래 1970년대에 특정 기업이 고도로 성장했다.	대통령의 대량 실업 방지책은 보수적이었다.
현재	정부는 노인들을 위한 종합 의료 보험 방안을 가지고 있다.	잠복근무를 하는 교통경찰은 교통사고를 부추긴다.	특정 기업의 구조는 관료적이다.
미래	정부는 통일 기금을 조성할 것이다.	이 물체에 휘발유를 붓고 성냥불을 붙이면 재로 변할 것이다.	연예인의 의복 구입비는 면세 항목으로 분류될 것이다.

으로 묘사될 수 있는지 아닌지를 다룹니다. 여기에 과거, 현재, 미래라는 시간적 맥락을 적용하면 총 아홉 가지의 사실 주장이 토론에 사용될 수 있습니다.

2) 가치 논제

무엇이 좋고 나쁜지 혹은 무엇이 옳고 그른지에 대한 가치 판단을 전제로 하는 논제입니다. 예를 들어 '선의의 거짓말은 바람직하다'와 같은 논제는 선한 목적을 실현하기 위해서는 방법까지도 정당해야 할지, 선한 목적을 실현한다는 결과만 같다면 어떤 방법을 선택해도 좋을지에 대한 것입니다. 이 논제를 다루는 토론에서는 과정의 정당함과 결과의 유용함 중에서 어떤 것이 더 가치 있다고 볼지에 대해 판단해야 합니다.

가치 논제는 어떤 가치를 더 우선으로 둘지에 대한 것으로, '좋으냐 나쁘냐', '바람직하냐 바람직하지 못하냐', '가치가 있는 것인가 없는 것인가'를 가려야 합니다. 학생들에게 쉽게 접근하기 위해서는 '음식, 과목, 취미 생활'에 대한 선호도를 조사하여 간단한 토론을 해 보게 하는 것도 좋은 방법입니다.

> **잠깐!**
>
> **정책 논제처럼 보이는 가치 논제**
>
> 유사 정책 논제는 정책에 대한 가치 판단을 드러내는 논제이다. 정책에 대한 구체적인 계획을 다루는 것이 아니라 정책에 함의되어 있는 가치에 대하여 토론하는 것이 중심이 된다. 예를 들어 '핵무기 개발을 막기 위해 일방적 제재를 가하는 것은 바람직하다'와 같은 가치 논제로 토론할 경우 일방적 제재의 구체적 방법을 논의하기보다 핵무기 개발에 대한 자국과 타국의 상대적 가치를 논의하는 데 초점을 두게 된다.

3) 정책 논제

정해진 입장에 대해 구체적인 실행을 어떻게 할 것인가 혹은 문제에 대한 해결안을 포함하는 것에 대한 논제입니다. 예를 들어 '스크린 쿼터제는 폐지되어야 한다'와 같은 논제로는 제시된 방안이 현재 상황의 문제를 해결할 수 있는 것인지, 그 방안을 실행할 수 있는 가능성이 있는 것인지, 그 방안을 실행하는 데 따르는 긍정적인 영향과 부정적인 영향은 어떤 것이 있는지 등에 대해 논의할 수 있습니다. 그리고 이를 종합하여 그 방안을 실행해야 할지 말아야 할지에 대해 최종 판단을 해야 합니다.

다음은 국내외 토론 대회에서 사용된 학교급별 가치 논제와 정책 논제의 예입니다.

	가치 논제	정책 논제
초등	• 부모님의 말씀에 무조건 순종하는 것이 자식된 도리이다. • 초등학생이 이성 친구를 사귀는 것은 바람직하다. • 초등학생의 연예계 진출은 바람직하다. • 빨리빨리 문화는 우리나라의 경쟁력이다. • 선의의 거짓말은 바람직하다. • 도둑질은 때때로 정당화된다. • 교통 신호를 꼭 지켜야 한다. • 개미보다 베짱이의 삶이 더 행복하다.	• 초등학생의 PC방 출입을 제한해야 한다. • 초등학교 남교사를 일정 비율로 뽑아야 한다. • 원어민 영어 교사 수업을 확대 실시해야 한다. • 학생, 교직원 이외의 모든 사람들의 학교 출입을 통제해야 한다. • 교과서 대여제를 실시해야 한다. • 학교 청소를 위탁해야 한다. • 구성원 단합을 위해서 학급 장기자랑에 학급 구성원 모두가 참여해야 한다.
중등	• 치료 목적 이외의 미용 성형은 바람직하다. • 하계 올림픽 실시는 인류 화합에 기여한다. • 우리를 위해 나를 희생해야 한다. • 의무는 권리보다 소중하다. • 분배가 성장보다 소중하다. • 규칙을 지키는 것이 더 효율적이다. • 사회적 성공은 결과다. • 청소년의 'day 문화'는 바람직하다. • 살아 보고 결혼하는 것이 좋다. • 다수결 원칙은 늘 지켜져야 한다.	• 청소년의 학교 내 휴대 전화 사용을 규제해야 한다. • 학교 축제에 인기 연예인을 초청해야 한다. • 학교 내 학생의 명품 소지를 금지해야 한다. • 사형 제도는 폐지되어야 한다. • 중고생들의 자원봉사 의무 참여제는 유지되어야 한다. • 통신 언어의 줄임말 사용을 규제해야 한다. • 인터넷 용어를 국어사전에 올려야 한다.
고등	• 학생회장 선거에서 피선거권을 제한하는 것은 인권 침해이다. • 청소년의 순결 교육은 바람직하다. • 나보다 남을 우선하는 삶을 살아야 한다. • 패러디는 창조이다. • 연예인의 특기자 전형은 정당하다. • 카피 레프트 운동은 바람직하다. • 병자호란 때 주화파의 주장은 옳은 선택이었다. • 친일 인명사전 편찬은 정당하다.	• 원자력 발전소 건설은 확대되어야 한다. • 중범죄자 피의자 신상 정보를 공개해야 한다. • 여성 공무원에게 출산 시 승진 가산점을 부여해야 한다. • 대학 기여 입학제를 실시해야 한다. • 대학 입시 제도 중 입학 사정관제는 확대되어야 한다. • 대학 입시 전형에서 지역 균형 선발을 의무 실시해야 한다. • 국적 포기자에 대해 상당한 불이익을 주어야 한다. • 다문화 교육이 전통문화 교육보다 중시되어야 한다. • 장애인 의무 고용률을 높여야 한다. • 인터넷 실명제를 확대하여 실시해야 한다. • 유전자 변형 농산물의 식품 판매를 금지해야 한다.

한눈에 정리

| 논제의 종류 |

사실 논제	가치 논제	정책 논제
사실의 진위 여부를 판단하는 것이 중요함.	우선하는 가치가 무엇인지 판단하는 것이 중요함.	정책의 실효성, 경제성 등을 판단하는 것이 중요함.

교실 LINK

교실 토론에서는 어떤 논제를 많이 사용하나요?

교실 토론에서는 '어떤 가치를 우선적인 것으로 볼 것이냐'에 대해 토론하는 가치 논제와 '문제를 해결하기 위한 구체적인 방법과 그의 실현 가능성과 효과'에 대해 토론하는 정책 논제를 주로 다룹니다. 사실 논제는 독립적으로 다루어지기보다는 가치 논제와 정책 논제의 하위 쟁점으로 활용되는 경우가 많습니다.

논제의 유형들을 분류하는 것이 중요한가요?

논제의 유형을 분류하는 것보다 논제에서 다루고자 하는 핵심 문제가 무엇인지 정확하게 아는 것이 중요합니다. 왜냐하면 사실 논제, 가치 논제, 정책 논제는 경계를 넘어서며 상호 간에 복잡하게 얽히는 경우도 있기 때문이지요. 예를 들어 '방사성 폐기물 처분장을 지어야 한다'와 같은 논제의 경우, '방사성 폐기물은 위험하다'라는 사실 판단과 '핵발전은 바람직하지 않다'는 가치 판단, 그리고 '처분장을 건설해야 한다'라는 정책 판단이 함께 이루어질 수 있습니다.

역사적, 사회적으로 치열한 공방이 일어났던 논제일수록 사실, 가치, 정책 논제들이 복잡하게 얽혀 논쟁이 이루어지고 있는 것을 볼 수 있습니다. 이것은 지극히 자연스러운 현상으로, 서로 다른 사실 인식과 가치 판단을 가진 사람들이 정책을 둘러싸고 갈등하는 양상을 보이고 있기 때문입니다.

질문 7 쟁점을 효과적으로 찾을 수 있는 방법이 있나요?

토론 교육의 성패는 논제를 분석하는 과정에서 형성된 쟁점들이 찬성 측과 반대 측의 공방을 통해서 어떻게 발전하느냐에 달려 있다. 따라서 토론을 시작하기 전에 논제를 분석하여 필수 쟁점들을 잘 찾을 수 있어야 하는데 이를 효과적으로 지도할 수 있는 방법이 있을까?

쟁점이란 토론에서 찬성 측과 반대 측이 분명히 의견을 달리하는 지점을 말합니다. 따라서 쟁점을 찾으려면 문제 상황에서 대립하거나 서로 다르게 주장하는 부분을 찾거나 논제에 관련된 근거에서 의견이 대립되거나 불일치하는 부분이 무엇인가를 찾아보면 됩니다.

예를 들어 '청소년 아르바이트는 바람직하다'라는 논제로 본토론을 하기에 앞서, 학생들끼리 다음과 같이 예비 토의를 했다고 생각해 봅시다.

- 찬성 1: 우선, 돌아가면서 자신의 입장과 이유를 밝히도록 하겠습니다. 먼저 저는 찬성입니다. 저도 그렇지만 청소년들은 돈을 함부로 낭비하는 경우가 있는데 아르바이트를 통해 자신의 힘으로 힘들게 돈을 벌어 봄으로써 돈의 소중한 가치를 알 수 있기 때문입니다.
- 찬성 2: 저도 찬성입니다. 실제로 제 친구는 경제적으로 매우 어려워서 아르바이트를 해서 번 돈으로 가정 경제에 도움을 주었습니다.
- 반대 1: 저는 반대입니다. 청소년 아르바이트 관련 기사를 본 적이 있는데 그 기사에 따르면 대부분의 청소년들은 유흥비를 벌기 위해 아르바이트를 한다고 합니다. 그리고 번 돈을 무의미하게 낭비하는 경우도 많고요.
- 찬성 1: 유흥비의 기준이 뭐죠? 예를 들어, 자신이 사용하는 휴대 전화 요금도 유흥비에 포함되는 건가요? 그걸 유흥비로 보기엔 좀 문제가 있지 않나요?
- 반대 1: 그것 말고도 노래방에 가거나 PC방에 갈 때 쓰는 비용도 들어가겠네요.
- 찬성 2: 청소년이 아르바이트를 해서 얻는 유익은 돈 말고 다른 것도 많이 있습니다. 예를 들면, 평소 소극적이던 학생이 아르바이트 경험으로 대인 관계가 개선될

수도 있겠지요.

— 반대 2: 정반대의 경우도 있지 않을까요? 오히려 나쁜 친구들과 어울려 술이나 담배를 배우게 될 수도 있어요.

이 토의를 보면 찬성 측과 반대 측의 의견 대립이 분명하게 나타나는 쟁점을 찾을 수 있습니다. 그리고 쟁점별로 찬반 측의 의견을 다음과 같이 정리해 볼 수 있습니다.

	찬성 의견	반대 의견
쟁점	아르바이트를 하면, ① 돈의 소중함을 알게 된다. ② 가정 경제에 보탬이 된다. ③ 대인 관계가 개선된다.	아르바이트를 하면, ① 유흥비를 벌기 위해 아르바이트를 한다. ② 돈을 낭비하게 된다. ③ 나쁜 친구를 사귈 수 있다.

이와 같이 정리한 쟁점을 바탕으로 학생들은 본토론에서 사용할, 자신의 주장을 뒷받침할 이유와 근거를 준비해 본격적인 토론을 벌이게 됩니다. 이때 교사는 학생들이 발견해 낸 것 이외의 추가 쟁점에 대해서도 생각해 볼 수 있도록 신중하게 발문할 수 있습니다. 예를 들면 "아르바이트를 하게 될 경우 학업 성적은 어떻게 될까요?", "아르바이트가 사회생활을 경험하는 데에 도움이 될까요?"와 같은 질문들을 던져 학생들이 새로운 쟁점을 발견하게 도울 수 있지요.

쟁점 만들기	① 경제관념 　　돈의 소중함을 알게 된다.	⟷	돈을 낭비하게 된다.
	② 대인 관계 　　대인 관계가 개선된다.	⟷	나쁜 친구를 사귈 수 있다.
	예상되는 추가 쟁점		
	③ 학업 성적 　　공부의 계기가 된다.	⟷	학업 성적이 떨어진다.
	④ 사회 경험 　　진로를 결정하는 데에 도움이 된다.	⟷	악덕 고용주에게 이용당한다.

| 쟁점의 정의 |

주장에 대한 여러 개의 하위 주장들 중에서 찬성과 반대가 충돌하거나 대립되는 지점

| 쟁점 만드는 과정 |

예비 토의	찬반 측이 자유 토의의 형식으로 논제에 대한 찬반의 이유를 여러 가지 말해 보기

▼

쟁점별 정리	이유나 근거 중 찬성 측과 반대 측이 입장을 달리하는 지점 찾아 정리하기

▼

추가 쟁점 발견	학생들이 미처 찾지 못한 필수 쟁점이 있을 경우 교사가 실마리가 될 수 있는 상황을 발문으로 제시하기

▼

본토론 쟁점 선택	본토론에서 주로 다룰 쟁점을 선택하고 우선순위를 정해 전략적으로 쟁점의 위치 조정하기

교실 LINK

쟁점을 찾는 것이 왜 중요한가요?

쟁점을 발견하고, 쟁점의 수를 조정하고, 쟁점을 구조화하면서 그것을 효과적으로 제시하는 것은 매우 정교하고 어려운 작업입니다. 하지만 동시에 학생들의 사고력을 고도로 발달시키는 계기를 마련해 줄 수 있습니다. 따라서 본격적인 토론에 앞서서 쟁점을 찾아 조직하는 것의 중요성을 전략적 차원에서 설명할 필요가 있습니다.

학생들이 쟁점을 찾을 때 교사에게 필요한 구체적인 전략이 있나요?

'공공의 이익은 사생활 보호보다 우선한다'는 가치 논제로 진행되는 토론 상황을 예로 들어 설명해 보겠습니다. 다음과 같은 지도 방법을 통해 학생들이 스스로 쟁점을 발견하고 이를 효과적으로 조직하여 본토론에 대비하게 지도할 수 있습니다.

• 쟁점 발견을 도와주기 위한 교사의 발문 전략

학생들이 스스로 쟁점을 찾아갈 수 있도록, 직접적으로 쟁점을 제시하지 말고 추가적인 상황을 제시하거나 관점을 바꾸어 생각할 수 있도록 도와줍니다.

1. 논제와 관련 있는 자신의 경험을 충분히 떠올릴 수 있도록 시간을 줍니다. 직접 경험한 내용이 아니더라도 친구나 가족, 선후배의 사례, 매체를 통해 들은 이야기, 책에서 읽은 내용을 논제와 관련지을 수 있게 도와줍니다. "어떤 경우에 사생활을 침해당한다고 생각하니?", "사생활 침해와 관련해서 보도된 기사를 본 적이 있니?", "공공의 이익에 해당하는 것에는 무엇이 있을까?", "우리 교실에서 공공의 이익이라고 할 수 있는 사례는 무엇일까?"와 같이 질문할 수 있겠지요.

2. '만약 ~(와)과 같은 경우가 생긴다면 어떨까?' 하는 가정 방식으로 추가적인 상황을 제시해줍니다. 상황을 떠올리는 데 어려움을 겪거나 유사한 사례만 떠올릴 경우에는 반대 상황을 가정하여 다른 접근 방법을 취할 수 있도록 도와줍니다. "만약 범인을 잡겠다는 의도로 경찰이 우리 집에 들어와 수색을 한다면 어떨까?", "살인자로 취급되어 방송에 여러 차례 얼굴이 보도된 사람이 무죄였다면 어떨까?"와 같이 질문할 수 있습니다.

3. '만약 ~라면 어떨까?'처럼 입장을 바꿔서 생각해 볼 수 있는 질문을 던집니다. 쟁점을 떠올리기 어려워하는 학생일수록 어느 한 가지 관점에서만 바라보는 경우가 많습니다. 논제와 관련이 있는 다양한 부류의 사람들을 떠올려 보게 하고 입장을 바꿔서 생각할 때 생길 수 있는 문제들을 떠올려 보게 합니다. "만약 네가 경찰이라면 사생활 보호 때문에 흉악범을 잡을 수 있는 절호의 기회를 놓치게 될 경우 어떤 항변을 할 수 있을까?", "만약 네가 의사라면 국민 건강을 증진시킬 중요한 연구를 위해 개인 동의 없이 의료 기록을 수집할래?"와 같이 질문할 수 있습니다.

• 효과적으로 쟁점을 제시하기 위한 교사의 지도 전략

1. 논제, 토론 형식, 참여자의 수를 고려하여 쟁점의 수를 적절하게 조정할 수 있게 합니다. 토론에서 몇 개의 쟁점을 다루어야 하는가에 대한 법칙은 없습니다. 하지만 지나치게 쟁점이 많이 다루어져도 토론자나 청중이 이를 모두 이해하고 분석할 수 없기 때문에 효과적인 토론이 이루어질 수 없습니다. 논제가 복잡할수록, 형식의 절차나 순서가 많을수록, 참여자의 수가 많을수록 더 많은 수의 쟁점이 형성되고 논의되기 마련인데요. 쟁점의 수보다는 쟁점이 얼마나 심도 있게 논의되었느냐가 더욱 중요합니다. 일반적으로 3:3으로 40분 정도 진행되는 토론의 경우 3, 4개의 쟁점을 집중적으로 다루는 것이 좋습니다.

2. 쟁점을 효과적으로 드러낼 수 있도록 도와줍니다. 학생들은 토론을 준비하는 과정에서 여러 가지 쟁점들을 발견하고 만들어 냅니다. 하지만 쟁점들을 단순하게 나열하기만 한다면 전략적인 토론을 할 수 없습니다. 따라서 교사는 학생들이 중복되는 쟁점들을 통합하고, 논제와 직접 관련 있는 쟁점이나 정확한 근거를 바탕으로 하고 있는 쟁점들을 효과적으로 드러낼 수 있게 지도할 필요가 있습니다.

수업
맛보기

| **주제** | 기사문을 활용하여 논제 만들기

| **학습 목표** | 찬성과 반대로 입장이 나뉘는 사회적 쟁점에 대해 이해하고 기사문을 분석하여 토론에 적합한 논제를 만들 수 있다.

| **준비물** | 사회적 쟁점에 대해 다룬 기사문, 쟁점 분석 학습지, 논제의 요건에 대한 평가 표

학습 단계	지도 방법
도입	**좋은 논제의 요건 알아보기** 토론에 적합한 논제가 되기 위한 조건을 설명한다.
개별 활동 (10분)	**부적절한 논제 찾고 그 이유 말하기** ① 학생들에게 부적절한 논제를 제시한다.(PPT 혹은 판서) ② 학생들에게 논제의 적합성에 대해 비판해 보게 한다. ③ 토론 논제로 활용하기에 부적절한 이유를 논리적으로 설명하고 토론에 적합한 논제로 바꾼다면 어떻게 해야 할지 이야기를 나눈다.
모둠 활동 (25분)	**기사문 분석하기** ① 찬성과 반대로 의견이 나뉘는 사회적 쟁점을 다룬 기사문을 제시한다. ② 각 모둠별로 기사문을 읽고 논제가 무엇이며, 찬성과 반대의 쟁점이 각각 무엇인지 분석해 보게 한다.(학습지 활동) ③ 모둠별 활동 내용을 각 모둠 대표가 앞에 나와 발표하고 교사는 기사문에서 다룬 논제와 쟁점이 무엇인지 학생들의 의견을 종합하여 설명한다.
모둠 활동 (10분)	**기사문 분석하여 논제 만들기** ① 교사는 논제 평가 표를 제시한다. ② 학생은 기사문을 통해 분석한 논제가 좋은 논제의 요건에 적합하게 구성되었는지 평가한다. ③ 모둠 간의 협의 과정을 통해 논제를 다듬고 수정한다.
정리 (5분)	논제 서술의 중요성에 대하여 강조하고 잘못된 논제로 토론하게 될 경우 예상되는 문제점에 대하여 생각해 본다.

논증은 토론의
탄탄한 뼈대이다

질문 8 토론에서 논증이 왜 중요한가요?

흔히 자신의 생각이나 의견을 내세울 때 진술되는 의견을 주장이라고 한다. 그런데 주장을 말하는 것만으로는 다른 사람을 설득할 힘이 부족하다. 주장하는 근거가 명확하고 주장과 근거 사이에 타당성이 있어야 다른 사람이 자신의 주장을 받아들이게 된다. 그럼 논리적이고 타당성 있게 설득하려면 어떻게 말해야 할까?

토론에서는 근거들이 주장과 어떤 관련성과 타당성을 가지고 있는지를 증명하는 '논증'이 잘 이루어져야 설득력을 가질 수 있습니다. 즉 논증(argument)이란 어떤 근거에서 타당한 주장을 이끌어 내는 사유 과정을 말합니다. 이 논증에 따라 주장의 옳고 그름을 판명할 수 있습니다.

우리가 '주장한다'고 할 때, 주장(claim)은 상대를 설득하고자 하는 목적을 가진 진술의 '결론' 부분이라고 할 수 있는데, 주장만으로는 설득의 힘이 없습니다. 주장이 논리적으로 설득할 수 있는 힘을 갖게 하려면 그에 대한 근거를 함께 제시해야 합니다. 근거(ground)는 문제 제기, 명령, 호소에 그치는 의견으로 끝날 수 있는 주장을 상대가 납득하게 해 주는 뒷받침이라고 할 수 있습니다. 이때 근거는 진술일 수도 있고 또 다른 주장일 수도 있으며, 이 두 가지가 결합되는 것일 수도 있습니다. 또한 이 근거에는 여러 사례들 혹은 근거의 근거들이 다시 근거를 뒷받침하여 주장을 지지합니다. 그리고 이러한 근거와 주장의 관계는 타당한 연결 고리로 이어지게 됩니다. 이렇게 주장과 근거를 여러 지지대와 함께 어울려 제시하면 논증이 되며, 이때 설득력이 생기게 되는 것입니다.

그럼 구체적인 문장을 예로 들어 토론에서 논증이 중요한 이유를 알아봅시다.

| 예 1 | 그는 나를 좋아하는 것이 틀림없다. 왜냐하면 나에게 장미꽃을 주었기 때문이다.

예 1은 '그가 나에게 장미꽃을 주었기 때문에 그는 나를 좋아한다'는 주장입니다. 장미꽃을 주었다는 근거로부터 누군가를 좋아한다는 주장을 이끌어 냈습니다. 그런데 장미꽃을 주는 행위가 반드시 누군가를 좋아해서 하는 것이라고 말할 수 있을까요? 물론 좋아하는 마음을 장미꽃에 담아 표현했을 수도 있습니다. 하지만 나에게 고마운 일이 있어 보답하는 마음으로 주었을 수도 있고, 우연히 장미꽃이 생겼는데 내가 장미꽃을 좋아하는 걸 알았기에 주었을 수도 있습니다. 주장의 근거로 제시된 것은 참이거나 사실 확인이 되어야 하고, 근거와 주장 사이에 관련성도 있어야 합니다. 그런데 이 예처럼 근거가 주장을 뒷받침한다고 관련성을 밝힐 수 없다면 그 주장은 증명될 수 없습니다. 또 다른 문장도 살펴봅시다.

| 예 2 | 지원이는 진수보다 더 좋은 성적을 받을 것이다. 왜냐하면 지원이는 진수보다 더 열심히 공부하기 때문이다.

예 2에서 '지원이는 진수보다 더 좋은 성적을 받을 것이다'의 주장에 대해 '지원이는 진수보다 더 열심히 공부한다'는 근거는 어떤가요? 예 1의 주장과 근거보다는 관련성이 있어 보입니다. 일반적 경험으로 봤을 때 이 근거가 참으로도 보인다는 것입니다. 그럼 이 근거가 왜 참이 되는 것일까요? 또 근거가 참이면 주장을 뒷받침할 수 있을까요? 이 사실들을 증명해 낸다면 이 문장은 타당한 논증이 될 것입니다.

상대를 설득한다는 것은 자신이 제기한 주장을 상대가 시인하게 하여 그 주장에 따라 행동하기를 요구하는 것입니다. 물론 사람들은 이성적 판단이 아닌 감정에 호소하는 말하기나, 심리적으로 동요될 수밖에 없는 광고 등에도 설득당할 수 있습니다. 하지만 토론에서는 상대방의 잘못된 주장을 부정하고 자신의 타당한 주장을 입증하는 것이 성패를 좌우합니다. 따라서 어떤 주장에 대해 밝혀진 사실이나 진리가 충분한 이유가 되게 이끌어 내어 상대가 근거에 기초하여 결론을 내리게 하는 것이 필요합니다. 그렇기에 어떤 주장(결론)을 뒷받침하는 일련의 근거나 증거들을 제시하여 주장(결론)의 옳고 그름을 증명하는 논증 과정이 무엇보다 중요합니다.

한눈에 정리

| 논증의 정의 |
논리적인 근거에서 주장을 타당하게 증명해 내는 과정

| 논증의 중요성 |
주장을 뒷받침할 수 있는 일련의 근거나 증거들을 논리적으로 제시하여 주장의 옳고 그름을 증명할 수 있는 논증이 잘 이루어져야 상대를 설득할 수 있음.

교실 LINK

학생들에게 논증의 중요성을 효과적으로 설명할 수 있는 방법이 있을까요?

학생들에게 예를 들어 보여 주는 방식으로 설명하는 것이 가장 효과적이라고 봅니다. 우선 논증이 잘 이루어지지 않은 주장들을 찾아 잘못된 논증의 예를 보여 주세요. 근거가 없는 주장에서부터 근거는 있지만 주장과 관련성이 없는 경우, 근거가 참 또는 사실로 판단될 수 없는 경우 등의 부적절한 근거를 제시한 주장들을 일상적 대화나 광고 문구 등에서 찾을 수 있을 것입니다. 그 다음 논증이 잘 이루어진 예를 보여 주면서 논리적인 논증이 어떤 것인지 이해할 수 있게 합니다.

질문 9 토론에서 효과적인 논증 구조가 있나요?

효과적인 논증을 하려면 논증의 구조에 따라야 한다. 일반적으로 토론은 누구나 동의할 수 있는 진리를 근거로 삼지 않기 때문에 논쟁하게 되는 것이므로 누가 더 설득력 있는 근거를 제시하느냐가 중요하다. 그러면 효과적으로 주장을 내세울 수 있는 논증 구조는 어떻게 만들어질까?

툴민(Stephan Toulmin)의 모형을 통해 효과적인 논증을 할 수 있습니다. 툴민은 논증이란 받아들여진 근거(ground)로부터 연결 고리(warrant)를 통해 주장(claim)으로 나아가는 것이라고 하였습니다. 이를 구조적으로 파악하면 주어진 논증이 올바른 것인지, 그 과정에서 어떤 잘못이 나타나고 있는지를 살펴볼 수 있습니다. 특히 논증이 복잡할 경우 그 논증이 논리적인지 이해하는 데에 툴민 모형이 도움이 되기 때문에, 토론에서 가장 많이 사용됩니다.

> **잠깐!**
>
> **툴민(Stephan Toulmin)**
>
> 툴민은 1990년 미국에서 토론 학회가 토론 분야의 탁월한 학자와 공로자에게 수여하는 큰 상을 받았다. 그 후 '툴민 모형'은 영국의 토론 논술 교과서와 여러 나라를 돌며 매년 개최되는 국제 토론 챔피언 대회에서 많이 쓰이고 있다. 초기 툴민의 6단 논법은 텍스트가 아닌 개개의 문장들에만 응용하였다는 한계를 갖지만, 정교해진 현재의 툴민 모형은 그 논증이 건전한 것인지를 결정할 수 있는 중요한 틀을 제공해 준다.

우리는 일반적으로 논증이라 하면 바늘과 실처럼 '주장-근거'의 구조를 떠올립니다. 그러나 '주장-근거'의 구조 사이에는 타당한 '연결 고리'가 필요합니다. 툴민은 이 연결 고리를 제시하여 근거가 주장을 잘 지지하고 있는지를 확인하게 하였습니다. 그리고 더 좋은 '조건(qualification)'과 다양한 사례를 통해서 주장과 근거를 더 견고하게 할 수 있게 하였습니다.

"지원이는 진수보다 더 좋은 성적을 받을 것이다. 왜냐하면 지원이는 진수보다 더 열심히 공부하기 때문이다."라는 예문에서 '지원이는 진수보다 더 열심히 공부한다'라는 근거가 '지원이는 진수보다 더 좋은 성적을 받을 것이다'라는 주장을 뒷받침하게 하려면 이 논증 구조에 따라 논리적 관계를 지어 주는 연결 고리, 더 자세한 자료('보강'), 주장을 한정시켜 명확하게 하는 조건을 제시하여 증명해야 합니다.

우선 '지원이는 진수보다 더 열심히 공부했다'는 근거와 '지원이는 진수보다 더 좋은 성적을 받을 것이다'는 주장 사이에는 '공부를 더 열심히 하는 학생이 더 좋은 성적을 얻는다'는 연결 고리가 숨어서 주장과 근거를 이어 주고 있습니다. 그렇기에 근거와 주장과 관련성이 생겨 주장을 뒷받침하는 것입니다. 여기에 진수가 시험 전에 영화만 봤다는 증거가 있어 그것을 제시하여 근거를 다시 뒷받침한다면 이 근거는 참이 됩니다. 이러한 증거가 툴민 모형에서 말하는 보강입니다. 이때, '진수는 지원이보다 월등히 머리가 좋지 않으며, 풍부한 상식도 없다'는 조건까지 제시한다면 이는 더욱 타당한 논증이 됩니다.

툴민 모형에서 말하는 논증의 요소를 정리하면 다음과 같습니다.

첫째, 주장(claim)은 논증의 결론으로, 말하고자 하는 바의 그 '무엇'에 해당하므로 논증에서 핵심적인 내용이라고 할 수 있습니다.

둘째, 근거(ground)는 주장을 설득할 수 있게 하는 원인입니다. 근거는 진술일 수도 있고 또 다른 주장일 수도 있습니다. 때로 이 두 가지가 결합되기도 합니다. 말하고자 하는 바를 믿을 수 있도록 해 주는 것으로 사실, 자료, 증거 등이 해당됩니다.

셋째, 연결 고리(warrant)는 주장과 근거를 타당하게 만드는, 즉 근거로부터 주장으로 나아가게 하는 충분한 이유입니다. 토론의 설득력은 주장과 근거, 그리고 연결 고리의 논리적 관계라는 세 요소가 서로 타당하게 잘 어울릴 때 생겨납니다.

넷째, 보강(backing)은 연결 고리가 표면적으로 직접 드러나지 않는 경우가 많아 이를 뒷받침하기 위해 필요한 것입니다. 근거와 설명에 더 자세한 자료를 제공하는 것으로 개별적인 예, 통계, 증언 등을 말하며, 몇 개의 뒷받침 근거가 모여 다시 근거를 지지하고 이를 통해 주장을 확고하게 합니다.

다섯째, 조건(qualification)은 주장의 강도(예외 없이-100%, 일반적으로-90%, 아마도-50%)를 통해 주장과 근거를 한정시켜 줍니다. 이 조건은 명시적으로 제시될 수도 있고, 암시적으로 제시될 수도 있습니다.

여섯째, 반론(Rebuttal)은 주장을 성립하는 데 있어서 예외 조건이나 주장에 반하여 제기될 수 있는 예상되는 반론을 말합니다. 예외 조건은 하나가 아니라 여러 개가 될 수 있으며, 반론의 여지가 많을수록 주장에 대한 확신 정도가 떨어지게 되므로 이러한 반론까지도 고려하여 논증할 수 있어야 합니다.

이와 같은 '주장−근거−연결 고리−보강−조건−반론'이라는 논증의 요소가 튼튼한 뼈대를 가진 논증 구조를 만듭니다.

'청소년 아르바이트는 바람직하다'는 논제를 예로 들어 툴민의 논증 구조에 따른 논증 요소를 살펴보면 다음과 같습니다.

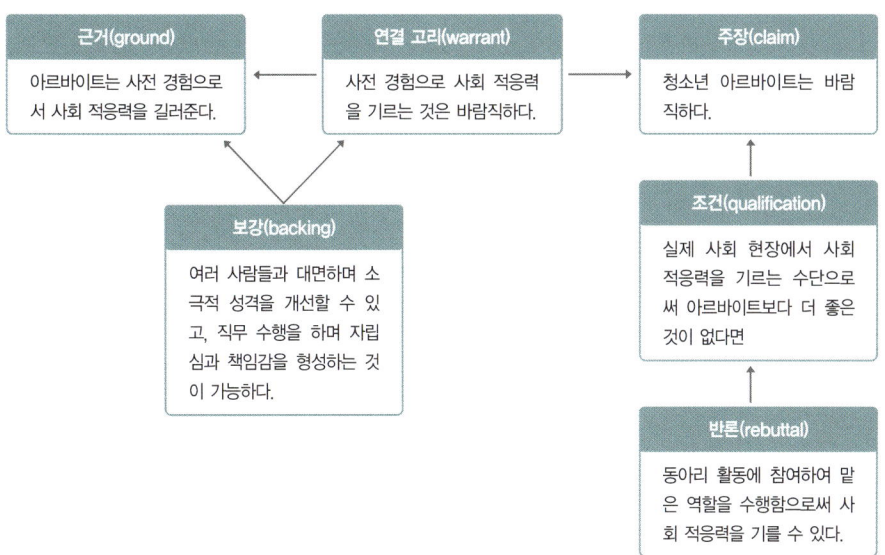

'청소년 아르바이트는 바람직하다'는 '주장'에 대해 '아르바이트가 사전 경험으로서 사회 적응력을 길러 준다'는 '근거'를 제시했습니다. 이를 증명하려면 우선 아르바이트가 사전 경험으로 사회 적응력을 길러 줄 수 있는지를 따져 보아야 합니다. 이에 '아르바이트를 하면서 여러 사람들과 대면하며 소극적 성격을 개선할 수 있고, 직무 수행을 하며 자립심과 책임감을 형성하는 것이 가능하다'는 사실이 '보강'되어 있기 때문에 아르바이트가 사회 적응력을 길러 준다는 것이 입증됩니다. 또한 '사회 적응력을 기르는 것은 바람직하다'는 '연결 고리'는 충분히 가능한 내용이므로 주장과 근거가 이 연결 고리로 지지되는 것입니다. 더욱이 '실제 사회 현장에서 사회 적응력을 기르는 수단으로 아르바이트보다 더 좋은 것이 없다'고 한정하는 '조건'은 근거를 더욱 강화합니다. 이렇게 '청소년 아르바이트는 바람직하다'는 주장이 논리적으로 타당하게 증명되는 것입니다. 그런데 여기에서 아르바이트가 아니라 '동아리 활동에 참여하여 맡은 역할을 수행함으로써 사회 적응력을 기를 수 있다'는 대안이 있다면 이 주장은 '반론'받을 수 있습니다. 이때 이러한 반론에 대비하여 동아리 활동은 실제 사회 현장이 아닌 학교에서 하는 활동으로 인원과 직무 수행 면에서 제한된 것이며, 책임의 정도가 아르바이트와는 다르다는 것을 염두에 두고 주장한다면 이는 더욱 확고한 논증이 될 수 있습니다.

이처럼 툴민의 논증 구조는 주장을 믿을 만한 객관적인 증거에 의거하여 논증적으로 전개함으로써 주장의 정당성을 확보하여 드러내는 얼개가 될 수 있기 때문에, 이를 통해 논리적인 논증을 전개할 수 있습니다.

한눈에 정리

| 툴민(Toulmin)이 말한 논증의 정의 |

받아들여진 근거(ground)로부터 연결 고리(warrant)를 통해 주장(claim)으로 나아가는 것

| 툴민(Toulmin)의 모형 |

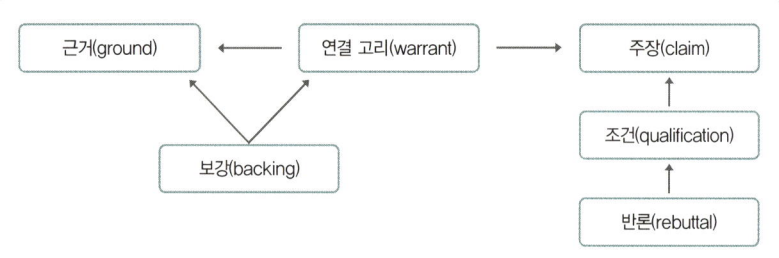

| 논증의 요소 |

• **주장(claim)** 자신의 의견을 내세운 하나의 진술
• **근거(ground)** 주장을 믿을 수 있게 해 주는 자료나 정보, 증거
• **연결 고리(warrant)** 제시된 근거가 주장을 정당화할 수 있는 이유
• **보강(backing)** 근거와 연결 고리에 더 구체적인 자료를 제공하는 것
• **조건(qualification)** 주장의 강도로 주장과 근거를 한정하는 것
• **반론(rebuttal)** 예외 조건이나 주장에 반하여 제기될 것이라고 예상되는 의견

교실 LINK

모든 논제를 툴민 모형에 맞춰 논증해야 하나요?

꼭 그렇지는 않습니다. 툴민 모형이 토론에서는 가장 현실적으로 타당한 주장을 이끌어 내게 하는 모형이기는 합니다만, 지나치게 툴민 모형의 구조 방식에 맞춰서 논증하고자 하는 것도 바람직한 것만은 아니라고 생각합니다. '연결 고리'가 표면적으로 잘 들어나지 않을 때도 있고, '보강' 및 '조건'이 생략 가능할 때도 있습니다. 이처럼 모든 논증 요소에 내용을 대응할 수 없을 때가 있으므로 툴민 모형에 맞춰 모든 논증 요소를 만들다 보면 자칫 논리적 흐름보다 형식에 치우칠 수도 있습니다. 따라서 툴민 모형의 형식에 치우쳐 논증 구조 자체에 신경 쓰기보다 논증의 요소들을 이해해서 논증이 어떠한 논리적 흐름으로 만들어지는지를 알고 논증하는 방법을 익힐 수 있게 하는 것이 바람직하다고 봅니다.

기존에 알고 있는 논증의 방법은 토론에서 사용할 수 없나요?

논증은 근거와 주장의 관계에 따라 그 유형을 나누어서 살펴볼 수 있는데, 우리가 익히 알고 있는 논증의 방식은 토론과는 관련이 없는가? 왜 토론에서는 툴민 모델의 논증 구조를 더 많이 사용할까?

우리는 일반적으로 '논증' 하면 연역 또는 귀납 논증을 떠올립니다. 하지만 토론은 복잡한 논증 전개 양상을 보이기 때문에 문장 차원의 형식적 연역, 귀납 논증이 단순하게 분석되지는 않습니다. 특히 연역 논증인 삼단 논법은 일반화된 대전제에서부터 시작되므로 새로운 해결 방안을 모색하는 토론에서 사용하기에 적절하지 않은 경우가 있기 때문입니다.

그리고 토론에서는 서로 엇갈리는 쟁점이 형성되어 있기 때문에 논쟁이 되는 것이므로 누가 더 설득력 있는 근거를 제시하느냐가 중요합니다. 이러한 논증을 위해서 툴민은 기본 논증 유형의 한계를 넘어 일상적 논증 체계를 만들었습니다. 그러면 일반적인 논증 유형의 근거와 결론의 관계를 살펴보면서 툴민 모형과 어떤 차이가 있는지 이해해 봅시다.

1) 일반화에 의한 논증(연역 논증)

몇 개의 예를 일반화시켜 주장의 정당성을 제시하는 고전적인 논증 방식입니다. 연역 논증은 전제로부터 결론이 필연적으로 이끌려 나오는 논증입니다. 예를 들어 '김 선생님은 죽는다'라는 결론을 입증하려면 모두가 수용할 수 있는 일반화된 전제가 있어야 합니다. 따라서 진리인 '모든 사람은 죽는다'는 대전제를 통해 구체적인 사례를 든다면 결론은 거의 자동으로 증명됩니다.

앞서 살펴본 툴민 모형과 비교해 보면, 구체적 자료를 결론으로 연결할 때 필요한 대전제는 툴민 모형에서 제시한 '연결 고리'와 같은 역할을 한다는 것을 알 수 있습니다. 이를 다음 표로 정리하였습니다.

연역법(삼단 논법)	툴민 모형
모든 사람은 죽는다. (대전제)	김 선생님은 죽는다. (주장)
그런데 김 선생님은 사람이다. (소전제)	김 선생님은 사람이기 때문이다. (근거)
그러므로 김 선생님은 죽는다. (결론)	모든 사람은 죽는다. (연결 고리)

연역 논증에서 전제가 되는 명제는 새로운 사실이 아닌 기존의 사실 혹은 진리이기 때문에 전제에 이미 결론이 함축되어 있다고 볼 수 있으며, 결국 결론은 필연적이게 됩니다. 그러므로 만약 전제들이 모두 옳다면 결론은 반드시 옳은 것입니다. 이는 연역 논증이 대전제에서 새로운 가설을 내세우는 대신 추론의 필연성으로 결론을 입증하는 데에 중점을 두기 때문입니다.

그래서 툴민 모형에서는 대전제에 해당하는 '연결 고리' 부분이 주장과 근거를 연결하여 그것을 타당하게 이끌어 내지만, 연역 논증에서는 전제가 참이냐 거짓이냐에 관계없이 대전제로 두고 그것이 결론의 결정적 근거로 작용하면 논증이 성립할 수 있습니다. 그렇기 때문에 연역 논증은 논리적 타당성을 문제 삼을 때, 전제와 결론에 해당하는 명제들의 의미상 진위 문제는 전혀 상관이 없습니다. 즉 무의미한 진술들을 내세워도 그 논리적 형식은 연역적으로 타당하다는 것입니다. 이처럼 연역 논증은 새로운 지식이나 정보를 제공하지 못하고, 삼단 논법의 형식에 맞으면 주장이 증명될 수도 있기 때문에 일반적 토론의 논제처럼 새로운 제안을 설득시키려고 할 때에는 오류가 생길 수 있는 것입니다.

2) 원인–결과에 의한 논증(귀납 논증)

귀납 논증은 개별적 현상의 규칙들을 종합하여 어떤 새로운 규칙이나 미지의 사실을 예측하는 데에 유용한 논증입니다. 그래서 자연 과학적 탐구 과정에 주로 이용됩니다.

예를 들어 '의학적 목적을 위한 동물 실험은 중단되어야 한다'는 논제에 대해 찬성하는 입장으로 '동물 실험은 많은 부작용이 발생할 뿐만 아니라 그 효율성도 떨어진다'는 근거를 내세워 주장을 뒷받침한다고 합시다. 그 구체적 사례들을 다음과 같이 제시할 수 있을 것입니다.

① 1996년 S대 의대 대학원생들이 흰쥐로부터 유행성 출혈에 감염되었다.

② 2002년 A사에서 미확인 병원체 감염으로 해당 동물 전부를 교체한 일이 발생했다.

③ 한 가지 화학 물질의 흡입 실험에는 생쥐 200마리가, 그 물질의 장기적 효과를 알기 위해서는 3,000마리가 사용된다.

이러한 사례들을 통해 '동물 실험은 많은 부작용이 발생할 뿐만 아니라 그 효율성도 떨어진다'는 결론을 내리게 됩니다. 이때 구체적 사례가 많으면 많을수록 결론에 더욱 확신을 가질 수 있습니다. 그러므로 귀납 논증의 구체적 사례들은 근거의 근거가 된다는 측면에서 툴민 모형의 '보강(backing)'과 같은 것이라고 할 수 있습니다.

이러한 귀납 논증의 특징은 검증되었거나 발견된 사실(사례)로부터 관찰되지 않은 사실에 대한 결론을 이끌어 낼 수 있다는 장점이 있습니다.

하지만 귀납 논증은 사례들이 결론의 결정적 근거가 되기보다는 어느 정도 지지하여 개연적이고 확률적인 결론을 도출하게 하는 추론 방법입니다. 그렇기 때문에 귀납 논증은 전제(사례)가 모두 참이라고 할지라도 결론은 거짓이 될 가능성이 있습니다. 이는 전제(사례)는 결론의 한 이유일 뿐이며, 결론의 내용이 여러 사례로 제시한 전제의 내용을 넘어서기 때문입니다. 이와 같은 귀납 논증의 한계 때문에 토론에서 반박당할 여지가 많이 생기게 됩니다.

3) 유비에 의한 논증

유비 논증은 비교되는 두 상황이 본질적으로 같은 특성을 갖기 때문에 하나의 상황 속에서 발견된 현상들은 다른 상황 속에서도 발견될 것이라는 전제 위에 논증이 성립합니다. 즉 두 근거 및 주장의 상황을 비교하여 두 상황이 유사하면, 같은 상황에서는 같은 결과가 나타난다는 결론을 내리는 논증인 것입니다.

예를 들어 '영어를 무분별하게 사용해서는 안 된다'는 주장을 하기 위해 그와 유사한 현상으로 보이는, 외래종을 무분별하게 들여온 상황을 들어 논증한다고 해 봅시다.

	A의 상황	B의 상황
근거	외래종인 황소개구리에 의해 생태계가 파괴되었다.	영어에 의해 우리말이 혼란스럽게 될 수 있다.
주장	외래종을 함부로 들여와서는 안 된다.	영어를 무분별하게 사용해서는 안 된다.

　이 예에서 보이는 바와 같이 외래종인 황소개구리를 무분별하게 들여온 것과 영어를 무분별하게 사용하는 상황이 유사하기 때문에 비슷한 결과가 나타날 것이라고 예상할 수 있습니다. 즉 외래종인 황소개구리가 우리의 토종 생태계까지 파괴한 결과를 통해 영어가 무분별하게 들어와 우리말을 혼란스럽게 할 수 있다는 결과를 예상할 수 있는 것입니다. 그러므로 외래종을 함부로 들여와서는 안 된다는 주장처럼 영어를 무분별하게 사용해서는 안 된다는 주장은 설득력을 가지게 됩니다.

　유비 논증은 두 개의 현상 사이에 동일한 요소를 바탕으로 나머지 요소도 그렇게 동일할 수 있을 것이라고 추측하는 방법입니다. 따라서 추상적이거나 관념적인 내용을 이해시킬 때나 또는 생소한 사실을 판단하게 할 때는 적합하나, 유비 논증에 따라 내린 결론은 어디까지나 추측일 뿐이지 확실성을 가지지 못한다는 단점이 있습니다.

　이처럼 우리가 익히 알고 있는 논증의 유형에 한계가 있기 때문에 이런 논증 방식을 응용하고 보완하여 일상적 토론에서 사용할 수 있게 한 적합한 논증 구조가 바로 툴민 모형의 논증 구조라고 할 수 있습니다.

| 일반적 논증 유형의 정의와 단점 |

- **일반화에 의한 논증(연역 논증)**
  - 정의: 일반화된 전제로부터 결론이 필연적으로 나오는 논증
  - 단점: 새로운 지식이나 정보를 이끌어 내는 주장에는 한계가 있으며, 근거들의 참과 거짓에 상관없이 논리 형식에 맞으면 결론이 자동으로 증명됨.
- **원인-결과에 의한 논증(귀납 논증)**
  - 정의: 개별적 현상의 규칙들을 종합하여 어떤 새로운 규칙이나 사실을 예측하는 논증
  - 단점: 귀납 논증의 사례들은 결론의 결정적인 근거가 되기보다, 결론을 어느 정도 지지하는 개연적이고 확률적인 것임.
- **유비에 의한 논증**
  - 정의: 비교되는 두 상황이 본질적으로 같은 특성을 갖기 때문에 하나의 상황이 다른 상황에서도 같은 결과가 나타날 것이라고 결론을 내리는 논증
  - 단점: 유비 논증에 의한 결론은 어디까지나 추측일 뿐이지 확실성을 가지지 못함.

교실 LINK

툴민 모형의 논증보다 일반적 논증을 익히 알고 있는 학생들에게 툴민 모형의 논증을 효과적으로 이해시키는 방법이 있을까요?

앞서 살펴본 것과 같이 툴민 모형의 논증 방식의 요소에는 연역 및 귀납의 논증 방식의 요소와 유사한 부분이 있습니다. 학생들이 일반적 논증의 유형을 잘 알고 있기 때문에 오히려 툴민 모형을 더 쉽게 이해할 수도 있습니다. 실제 토론 현장에서 일반적인 논증 방식을 쓸 때 어떠한 오류가 생길 수 있는지 정확하게 안다면 오히려 논증의 오류를 피할 수 있습니다. 결국 연역 및 귀납 논증의 방법이 툴민 모형에서 어떻게 변형되었는지를 비교하여 논리적으로 탄탄한 논증을 해 나가는 방법을 이해하게 하는 것이 중요하다고 생각합니다.

어떤 것이 타당한 논증인지 확인할 수 있는 방법이 있나요?

근거와 주장 사이에 어떤 정당성, 연결 고리가 성립하는지 혹은 성립해야 하는지를 살펴보고, 이를 통하여 어떤 근거들이 오류에 빠져 있는지 파악할 수 있다면 좋은 논증인지 아닌지 확인할 수 있을 것이다. 주장과 근거는 어떤 관계를 맺고 있어야 할까?

타당한 논증이 되기 위한 조건이 있습니다. 일반적으로 세 가지로 정리하는데 다음과 같습니다.

첫째, 논증의 근거는 참이거나 수용 가능해야 합니다. 다시 말해 주장을 받아들이게 하기 위해 제시한 근거가 어떠한 정보로부터 나왔는지, 출처가 명확한지, 권위가 있는 것인지, 믿을 수 있는 것인지 등과 관련된 사실 확인의 문제라고 할 수 있습니다. 상대방이 자기 측의 주장을 받아들이게 하려면 먼저 근거를 인정하게 해야 하는 것입니다. 예를 들어 '교내 공공장소에 CCTV를 설치하자'는 주장에 대해 만약 '학교 문제는 CCTV 설치로 해결할 수 있다'라는 근거를 내세웠다고 합시다. CCTV 설치로 학교 문제를 해결할 수 있다는 것은 CCTV를 설치해야 함을 설득하고 있는 것입니다. 하지만 내세운 근거가 참인지 알 수 없기 때문에 수용 가능성도 없습니다. 우선 학교 문제라는 것이 무엇을 말하는지 구체적으로 알 수 없습니다. 그리고 다양한 학교 문제가 무엇인지 생각해 보았을 때 성적, 이성 관계 등의 문제는 CCTV를 설치한다고 해서 해결할 수 없기에 이 근거는 거짓입니다.

둘째, 논증의 근거가 주장과 연관되어야 합니다. 근거가 참이라고 해도 주장과 관련이 없으면 그 근거는 의미가 없으므로 제시된 각각의 근거들은 주장을 뒷받침하는 데에 관련성이 있어서 주장에 영향을 주는 것이어야 한다는 말입니다. 앞의 예에서 '교내 공공장소에 CCTV를 설치하자'는 주장에 대해 'CCTV 설치로 학교 폭력을 예방할 수 있다'라는 근거를 내세웠다면, 앞의 예와는 달리 이 근거는 참이 되며 수용 가능합니다. 하지만 학교 폭력을 예방하는 방법과 CCTV 설치와의 관련성을 제시하지 못하면 이 근거는 아무런 의미가 없습니다. 만약 CCTV를 설치하는 것이 인력을 동원하는 것보다 경제적이므로 학교 폭력을 예방하는 데에 더 효율적이라고 제시했다고 합시다. 이것이 아무리 수용할 수 있는 근거라 하더라도, 경제적이고 효율적이라고 해서 학교 폭력을 예방할 수 있다는 것은 정당화되지 못합니다.

셋째, 논증의 근거는 적절하고 충분해야 합니다. 제시된 근거들은 우리가 그 주장을 받아들이는 데에 충분한 이유를 제시하고 있는지 판단해야 합니다. 각각의 근거들은 주장에 대해서 어느 정도의 관련성이 있거나 근거가 많다고 하더라도 주장을 하는 데에는 불충분할 수 있기 때문입니다. 즉 결정적인 근거가 필요한 것입니다. 마찬가지로 '교내 공공장소에 CCTV를 설치하자'는 주장에 대해 '요즘 국가 공공 기관에서 CCTV 설치는 일반화되고 있다'는 것을 근거로 제시했다고 했을 때, 이것만으로는 학교에 CCTV를 설치해야 하는 이유가 불충분하며, 근본적으로 필요한 결정적인 근거를 제시해야 하는 것입니다.

이 세 가지 기준 중에서 하나라도 어기면 훌륭한 논증이라 할 수 없습니다. 이 외에 예상 반론도 고려해 볼 수 있습니다. 반론을 예상하고 공격할 여지를 주지 않거나 공격을 잠재울 수 있는 근거가 되어야 한다는 것입니다. 이때 예상되는 많은 반론 중에서도 가장 강력한 반론에 대해 준비하는 것이 효과적입니다.

한눈에 정리

| 논증의 조건 |

좋은 논증은 근거가 주장을 합리적으로 뒷받침할 경우에 성립함.

- **근거의 사실성** 근거가 참이어서 많은 사람들이 수용 가능하다고 판단하는 것이어야 함.
- **근거의 관련성** 근거가 주장의 옳음에 관련 맺고 있는 것이어야 함.
- **근거의 충분성** 근거는 주장을 위해 충분히 제공되어야 하며, 강하게 입증될 수 있는 것이어야 함.

교실 LINK

　실제로 학생들이 좋은 논증의 조건들을 모두 갖추고 토론할 수 있을까요? 이러한 논증의 조건을 갖추지 못하면 토론이 안 되나요?

　물론 처음부터 모든 학생들이 좋은 논증의 조건들을 완벽하게 갖추어서 토론하지는 못할 것입니다. 학생들에게 이러한 논증의 조건을 갖추게 하려다 보면 오히려 학생들이 근거를 마련하는 것을 부담스러워 하여 다양하고 창의적인 생각을 하지 못할 수도 있습니다. 그러나 반박의 여지를 많이 주는 근거들을 살펴보며 그것이 논증의 조건을 갖추지 못한 경우임을 보여 주면, 학생들은 왜 이러한 논증의 조건을 갖추어야 하는지 이유를 알게 될 것입니다. 마찬가지로 상대의 허점을 노릴 때도 이러한 논증의 조건을 따지면 쉽게 찾을 수 있다는 것을 예를 들어 보여 줄 수 있습니다. 처음부터 이론적으로 접근하기보다 논리적이고 탄탄한 입론을 작성한 학생의 글과 설득력이 없는 입론을 작성한 학생의 글을 비교하면서 두 글이 앞서 살펴본 논증의 구조 및 좋은 논증의 조건에서 어떻게 차이가 나는지를 보여 주면 효과적일 것입니다.

수업
맛보기

| **주제** | 자기소개로 툴민 모형 익히기

| **학습 목표** | 규칙에 따라 자기소개 게임을 해 보면서 툴민 모형을 귀납적으로 이해할 수 있게 한다.

| **준비물** | 학습지

학습 단계	지도 방법
도입 **(10분)**	① 자기소개의 중요성을 인식시킨다. ② 2, 3명의 학생들에게 일반적인 자기소개를 하게 시켜 본다.
활동 **(30분)**	**자기소개 게임의 규칙 설명** • 게임 규칙 ① 2분 이내에 소개한다. (±30초) ② 바로 앞에서 소개한 학생의 내용을 30초 정도로 요약한 뒤 자기소개를 시작한다. ③ 점진적으로 교사가 주문하는 내용을 삽입하여 소개한다. ④ 자기소개는 앞에 나와서 청중을 바라보며 한다. ⑤ 청중인 학생들은 앞의 학생이 하는 발표를 잘 듣고 자기소개를 가장 자연스럽게 한 학생이 누구인지 평가해 본다. **단계별로 자기소개 규칙을 준수하며 표현하기** 1단계) 특별한 규칙 없이 통상적인 자기소개(4명) → 듣고 요약하는 연습 2단계) '저는 ~라고 생각합니다. 왜냐하면 ~ 때문입니다.'를 삽입하여 자기소개(3명) → 주장, 근거, 연결 고리 제시 연습 3단계) '예를 들면 ~을(를)' 삽입하여 자기소개(3명) → 사례 제시 연습 4단계) '어떤 사람들은 이러한 저를 두고 ~라고 말하기도 합니다. 하지만 ~는 ~ 점에서 ~합니다.' (3명) → 예상 반론 및 재반론 연습 5단계) '저는 ~을(를) 싫어합니다.(~은(는) 옳지 않다고 생각합니다.) 왜냐하면 ~ 때문입니다.' (3명) → 반박 및 새로운 주장 제기 연습 6단계) '만약 ~하다면 ~한 결과를 초래할 것입니다.' (3명) → 조건 달기 연습
정리 **(5분)**	6단계 과정이 툴민 모형과 유사함을 이해시키며 툴민 모형을 소개한다.
유의 사항 **(5분)**	• 자기소개가 끝나면 칭찬의 요소를 찾아 적극적으로 격려하며 피드백을 해 준다. • 학생들에게도 가장 잘한 학생을 평가해 볼 수 있는 기회를 준다. • 너무 진지해지지 않게 적절한 멘트로 온화한 분위기를 조성한다. • 토론 및 논술 수업 프로그램의 첫 시간에 사용하면 효과적이다.

안녕하세요. 저는 ○○고 1학년에 재학 중인 △△△이라고 합니다.

저의 목표 대학은 ○○대이고 관심 전공은 언론 홍보학 분야입니다. 그곳을 목표로 정한 이유는 남들 앞에서 말하는 것을 좋아하는 제 성격이 그 학과와 맞다고 생각하였기 때문입니다. 하지만 어떤 사람들은 이런 제 성격을 보고 '쓸데없이 말이 너무 많다'라고 하기도 합니다. 하지만 전제 생각을 표현한다는 점에서 그것이 쓸데없다고 생각하지 않습니다. 오히려 자신의 생각을 표현하지 못하는 것이 더욱더 쓸데없는 일이라고 생각합니다. 그래서 저는 발표나 웅변을 통해 제 생각을 말하는 것을 좋아합니다.

저는 홍보란 줄다리기라고 생각합니다. 왜냐하면 많은 사람들의 생각을 내 쪽으로 끌어당겨야 한다는 점 때문입니다. 만약 끌어당기지 못한다면 자신이 끌려다니는 결과를 초래할 것입니다. 홍보를 하다가 끌려다닌다는 것은 홍보하는 내용에 대한 자기 확신이 없다는 것입니다. 그래서 저는 홍보와 토론이 같다고 생각합니다. 왜냐하면 토론 또한 주장에 대한 확신이 없다면 상대측 의견에 끌려다녀서 흐지부지한 결론만을 낼 것이기 때문입니다.

이런 생각 때문에 저는 이번 토론 수업을 듣게 되었습니다. 저는 아직 말을 할 때 보면 감정에 치우쳐 비논리적으로 되는 경우가 많습니다. 그래서 저는 이번 수업을 통해 자신의 생각을 더 논리적으로 말하고 자신의 주장을 남들에게 설득하는 일을 배우고 싶습니다.

저는 자신의 생각만을 옳다고 주장하는 사람을 싫어합니다. 왜냐하면 그 주장에도 잘못된 생각이 있을 수 있는데 그 잘못된 점을 설명하지 못한 채 무시하는 것은 옳지 않다고 생각하기 때문입니다. 예를 들어 그것의 뒤는 보지 않고, 앞만 보는 것입니다. 하지만 저 또한 이럴 때가 종종 있습니다. 그래서 뒤돌아 서서 생각해 보면 제 자신이 싫어지는 때도 있습니다. 이것 또한 이번 토론 수업을 통해 고치고 싶은 점입니다.

저는 제 성격이 활달한 편이라고 생각합니다. 남들 앞에 나서기도 좋아하는 편이어서 이번 토론 수업이 기대됩니다. 이번 토론 수업으로 통해 좀 더 논리적인 사고를 할 수 있었으면 좋겠습니다.

입론은 방어용 성벽을 쌓는 것이다

질문 12 입론이란 무엇인가요?

토론할 논제를 정하고 논증 구조를 구성했다면 본격적으로 토론을 시작해야 한다. 본격적인 토론에서 가장 먼저 이루어지는 단계가 '입론(立論)'이다. 찬성 측 제1 토론자가 논제의 필수 쟁점을 어떻게 구조화하여 주장하느냐에 따라 치열한 토론이 될 수도 있고, 쟁점이 형성되지 않아 무의미한 논쟁으로 전락할 수도 있다.

입론은 논제에 대한 자신의 주장과 논거를 제시하며 그 주장을 정당화하는 과정입니다. 다시 말해 상대방의 반론을 대비하여 자신의 주장과 논거를 제시함으로써 튼튼한 방어용 성벽을 쌓는 것과 같습니다. 토론에서 입론을 세울 때에는 청중이나 판정단의 입장에서 봤을 때에 흠이 될 만한 내용이 없어야 합니다. 그래야 상대방이 확인 질문을 하기 어렵고, 그 주장을 받아들이지 않으면 안 되겠다는 생각을 하게 됩니다.

우선 입론을 세울 때에는 토론의 논제를 해석하고 용어의 개념을 정의하며 논의가 쟁점으로 부각된 배경을 밝혀야 합니다. 배경을 밝히는 이유는 그래야 상대측 및 판정단이 그 논제에 대한 관심과 문제의식을 갖게 되기 때문입니다.

입론을 구성할 때는 필수 쟁점을 포함해야 합니다. 이 말은 논제에 찬성과 반대가 분명하게 나뉘어 서로 공격과 방어를 할 수 있는 중심되는 명제, 사실, 가치가 있어야 한다는 것입니다. 그리고 주장을 뒷받침하는 근거를 세 개 또는 네 개 정도 제시해야 합니다. 더불어 예상되는 반론까지 염두에 두고 주장을 하면 더욱 좋은 입론이 됩니다.

그럼 '의학적 목적을 위한 동물 실험은 중단되어야 한다'는 논제에 대한 찬성 측의 입론 사례를 보면서 입론의 구조를 파악해 보겠습니다.

| 사례 |

찬성 측 입론을 시작하겠습니다.

그동안 학계에서는 동물 실험에 대한 찬반 논란이 많이 있었습니다. 동물도 생명체라는 입장에서 함부로 실험 대상이 되어서는 안 된다는 입장과 인간을 위해서 동물의 희생이 불가피하다는 입장이 대립되어 관련 법규를 정비하는 것이 시급합니다. 본격적인 입론에 앞서 동물 실험의 개념을 정리하겠습니다. 동물 실험이란 의학적인 실험을 하는 데에 동물을 사용하여 생명 현상을 연구하는 일을 말합니다. 실험동물은 원생동물에서 포유동물 영장류까지 포함되나, 사람은 제외됩니다.

'의학적 목적을 위한 동물 실험은 중단되어야 한다'는 논제에 대해 저희 측은 동물 실험이 중단되어야 한다고 주장합니다. 동물 실험 중단을 찬성하는 이유로 첫째, 동물 실험 결과가 항상 사람에게 똑같이 적용되지 않는다는 것입니다. 동물 실험은 인간과 유전자가 가장 비슷한 동물에게 행해집니다. 동물에게 실험을 하였을 때 아무 이상이 없으면 사람에게 그 약을 투여하고, 만약 동물에게 실험했을 때 부작용이 일어난 경우, 연구를 다시 하게 됩니다. 그러나 탈리도마이드라는 약의 경우, 여러 동물에게 실험을 했으나 동물들이 모두 견디어 내어 임산부의 입덧을 없애는 약으로 판매하였습니다. 그러나 그것을 먹은 임산부들이 모두 기형아를 출산하였습니다. 알고 보니 그 약은 인간이 먹었을 때 기형아를 출산하게 되는 약이었습니다. 또한 플로신트라는 관절염 치료제는 원숭이

외의 다른 실험동물들이 모두 약을 견디어 냈지만 이 치료제를 먹은 여덟 명의 인간은 사망했습니다. 이러한 사례를 보면 인간과 유사한 DNA를 가지고 있다는 이유로 동물 실험에 쓰인 동물과 인간이 약물에 동일, 또는 유사하게 반응할 것이라는 생각은 잘못되었다는 것을 알 수 있습니다. 이로 인해 오히려 인간의 생명이 위협받고 피해가 발생하게 됩니다.

①은 '의학적 목적을 위한 동물 실험은 중단되어야 한다'는 논제에 대한 배경 설명을 하는 단계입니다. ②는 동물 실험에 관한 개념을 정의하는 단계입니다. ③은 논제에 대한 주장을 펼치는 단계입니다. ④는 주장에 대한 근거를 제시하는 단계입니다. ⑤는 근거에 대한 사례를 드는 단계에 해당합니다.

한눈에 정리

| 입론의 정의와 중요성, 구조 |

정의	논제에 대한 자신의 주장과 근거를 제시하며 그 주장을 정당화하는 과정
중요성	찬성 측이 입론에서 논제의 필수 쟁점을 어떻게 구조화하여 주장하느냐에 따라 토론의 성패가 갈림.
구조	토론의 논제 해석, 용어의 개념 정의, 논의가 쟁점으로 부각된 배경 설명, 주장과 그것을 뒷받침하는 근거 제시

교실 LINK

입론에서는 준비한 모든 근거를 발언해야 하나요? 아니면 나중에 발언해도 되나요?

준비한 근거는 맨 처음 찬성 측 입론자만 할 수 있고 나중에 입론할 수 없습니다. 따라서 준비한 모든 근거를 발언하는 것이 좋습니다.

입론은 어떻게 시작해야 하나요?

입론은 찬성 측의 제1 토론자가 해야 한다. 그렇다면 입론에도 어떤 형식이 있을까? 어떤 생각을 가지고 무엇인가를 주장할 때 다른 사람을 설득하는 효과적인 방법이 있지 않을까? 입론은 토론 중에서 가장 쉬운 단계일 수도 있으나 가장 먼저 해야 한다는 부담감이 있다. 그러면 입론을 어떻게 해야 할까?

입론은 '논제의 배경 제시', '용어의 개념 정의', '핵심 주장하기'의 구조에 따라 전개해야 합니다. 그러므로 입론은 '논제의 배경'을 제시하고 '용어의 개념'을 정의하며 시작하는 것이 좋습니다.

논제의 배경 제시

토론 논제의 찬성 측 제1 토론자는 본격적으로 주장을 펼치기에 앞서 주어진 논제의 배경을 시급성, 중요성, 개선의 필요성으로 제시할 수 있습니다. 이 논제가 정말 우리 사회에서 절박하고 급하게 해결해야 할 문제인가?(시급성) 그 논제가 사회적으로 중요한 문제인가?(중요성) 현재 상황에서 개선할 필요성이 있는가?(개선 필요성) 등을 언급해야 합니다. 이러한 배경을 언급해야 토론의 필요성이 부각되기 때문입니다. '청소년 아르바이트는 바람직하다'는 논제에 대한 입론 내용을 예를 들어 보겠습니다.

| 사례 |

한국의 청소년들은 중, 고교 시절에 대학을 가기 위해 공부만 해야 한다는 생각을 하고 있습니다. 그러나 최근에는 사람의 능력을 성적만으로 평가하지 않고 다양한 사회 경험을 해 본 것을 중시하여 평가하는 경향이 있습니다. → 시급성

따라서 성인이 되기 전에 사회생활을 경험해 보는 것도 바람직하지 않을까요. 청소년 시기에 공부만 열심히 한다고 해서 성인이 되어 훌륭한 사회인이 되지는 않을 것입니다. 공부만이 최선이라고 생각하는 청소년들은 부모가 어떻게 사회생활을 하며 돈을 벌어

가정을 돌보는지 잘 알지 못합니다. 그러므로 청소년들이 공부를 하는 틈틈이 아르바이트를 해서 사회 적응력을 키우고, 성인으로서 갖추어야 할 인격 형성에 밑거름이 되는 자세를 미리 갖추는 것이 경쟁력이 될 수 있습니다. → 중요성

공부도 미래의 건전한 사회생활을 준비하는 것에 목적이 있습니다. 그런 만큼 청소년 시기에 아르바이트를 해 보는 경험은 바람직하기에 권장해야 합니다. → 개선 필요성

용어의 개념 정의

그 다음은 논제에 포함된 용어의 개념을 정의해야 합니다. 이것은 찬성 측의 의무이자 권리입니다. 찬성 측에서 개념을 어떻게 정의하느냐에 따라 토론이 활발해질 수도 있고 비생산적인 난상 토론이 될 수도 있습니다. 개념은 사전적 정의, 법률적 정의, 전문가들의 정의를 인용하는 정의, 찬성 측이 편의적으로 만든 정의 등으로 정의할 수 있습니다.

첫째, 사전적 정의란 국어사전에서 용어를 찾아 그대로 정의하는 것을 말합니다.

| 예 |

– '공공장소'란 '사회의 여러 사람 또는 여러 단체에 공동으로 속하거나 이용되는 곳'
  을 말합니다.
– '아르바이트'란 '본래의 직업이 아닌, 임시로 하는 일'을 말합니다.

둘째, 법률적 정의란 현재 우리 사회에서 적용되는 관련 법률에서 인용하여 정의하는 것입니다.

| 예 |

– 청소년이란 근로 기준법에서 '일하는 청소년'을 뜻하는 연소 근로자로 만 15세 이상 18세 미만의 사람을 말합니다.
– 청소년 기본법에서 '청소년'이라 함은 9세 이상 24세 이하의 자를 말합니다.

셋째, 전문가들의 정의를 인용하는 것입니다. 이것은 학자들의 논문이나 저서, 학계에서 정의한 것을 그대로 인용해서 정의로 사용하는 것입니다.

| 예 |

'비행(非行)'이란 '특정한 시간과 장소에 있어서의 법 규범 및 법률관계로부터 벗어나는 소년의 행동'이라고 셸던 글루엑(S. Glueck)이 정의하였습니다.

넷째, 토론하는 팀에서 편의적으로 정의를 내릴 수 있는데, 이런 경우 반대 측에서도 수용할 수 있게 정의하는 것이 활발한 공방을 벌이는 데에 도움이 됩니다. 개념 정의는 찬성 측의 권리이므로 찬성 측에 다소 유리하게 정의 내릴 수도 있습니다. 하지만 상대측에게 지나치게 불리하게 정의를 내린다면 토론 흐름이 자칫 개념 정의가 적절한지 여부에만 맞춰질 수 있습니다. 이 경우 판정에 불리하게 작용하므로 생산적인 토론이 되려면 상대측도 수용할 수 있게 개념을 정의하는 것이 바람직합니다.

'학교 내에 CCTV를 설치해야 한다'는 논제에 대해 찬성 측이 '학교 내'의 개념을 '학교에서 별로 이용하지 않는 후미진 장소'로 정의했다고 합시다. 이 정의는 찬성 측이 주장을 정당화하는 데에 일방적으로 유리합니다. 따라서 '학교 내'의 개념을 '학교의 공공장소'로 정의하는 것이 좋습니다. 찬성 측에 유리하게끔 개념을 모호하게 정의한 경우를 더 살펴보겠습니다. '얼짱·몸짱 문화는 바람직하다'는 논제에 포함된 개념을 정의한 예입니다.

| 예 |

① 얼짱과 몸짱은 누리꾼들이 만든 용어로 얼굴과 몸매가 뛰어나거나 매력적인 사람들을 일컫는 신조어입니다.

② 문화는 일정한 생활 이상을 실현하고자 사회 구성원에 의해 형성되는 행동 양식이나 생활 양식을 의미합니다. 따라서 얼짱·몸짱 문화라는 것은 얼굴과 몸매가 아름다워지는 이상을 실현하고자 형성된 성형, 다이어트, 운동, 화장 등의 총체를 의미하는 것입니다.

③여기서 저희는 얼짱 문화를 얼짱에 열광하고 얼짱 지표를 따라가는 사회 병리적인 중독 현상이자 사회적 욕망이 편집증적으로 움직이는 얼짱 신드롬과는 다른 의미로 정의 내리겠습니다.

찬성 측에서 이와 같이 개념을 정의했다면, 교사는 학생들이 ①이나 ②처럼 정의하게 지도해야 합니다. 개념은 객관적으로 정의해야 하기 때문입니다. 그런데 ③의 경우는 얼짱 문화가 얼짱 신드롬과는 다른 의미라고 모호하게 정의함으로써 반대 측이 얼짱 신드롬의 문제점을 부각하며 공격하려는 내용을 차단하려고만 했지, 얼짱 문화가 무엇인지 정의하지 못했기 때문입니다. 또한 개념을 별도로 정의하더라도 얼짱 문화의 부정적인 측면은 배제하겠다고 하면 찬성 측에 유리한 정의가 됩니다. 하지만 이때 정의한 개념이 찬성 측에 일방적으로 유리하다고 지적하며 반대 측이 공격할 경우, 토론 자체가 이루어지지 않고 반대 측의 승리로 끝날 수 있습니다.

이번에는 찬성 측과 반대 측이 개념을 서로 다르게 정의한 경우를 살펴보지요. 실제 토론 대회에서 '사교육, 개인의 선택에 맡겨야 한다'는 논제에 포함된 '사교육'의 개념을 정의한 예입니다.

|예|

- 찬성 측의 개념 정의: 사교육이란 국내에서 이루어지는 초, 중, 고 학교 교육 이외의 일체의 과외 교육을 의미합니다. 즉 개인 과외, 집단 과외, 입시 학원, 예체능을 위한 특기 과외, 취업 준비생을 위한 각종 과외를 포함합니다.
- 반대 측의 개념 정의: 사교육이란 중, 고등학생들의 입시 위주의 사교육을 의미합니다.

찬성 측은 사교육이라는 용어의 개념을 지나치게 포괄적으로 정의했고, 이해 비해 반대 측은 개념을 축소하여 정의하였습니다. 이때 각자 정의한 바에 따라 서로 다른 근거를 가지고 주장을 펼쳐 평행선을 달리는 토론으로 진행되었습니다. 이 대회의 판정관들은 포괄적으로 정의한 찬성 측이 승리했다고 판정했습니다. 하지만 실제 수업에서는 반대 측도 수용할 수 있는 내용으로 개념을 정의하게 지도해야 합니다. 아니면 논제 자체의 범위를 '초, 중, 고등학생들의 입시 위주 사교육, 개인의 선택에 맡겨야 한다'로 축소해서 제시하는 것이 활발한 토론을 하는 데에 적절할 수 있습니다.

한눈에 정리

| 입론의 시작 |

논제의 배경 언급	논제의 시급성, 중요성, 개선 필요성에 대해 언급함.
용어의 개념 정의	사전적 정의, 법률적 정의, 전문가들의 정의, 편의적인 정의 등으로 개념을 정의할 수 있음.

교실 LINK

입론자가 논제의 배경을 꼭 설명해야 하나요?

프닉스 토론 모형의 경우 사회자는 순서를 안내하고 시간을 계측하는 역할을 맡습니다. 따라서 입론자가 논제의 배경을 설명하면서 입증을 시작합니다. 토론 형식에 따라 논제의 배경을 설명하는 경우도 있습니다. 사회자가 논제의 배경을 설명하는 경우에는 생략해도 됩니다.

논제에 포함된 모든 용어의 개념을 정의해야 하나요?

용어의 개념을 정의하는 이유는 토론에서 용어 때문에 생기는 오해를 막고 쟁점을 효과적으로 생성하기 위해서입니다. 따라서 토론 구성원들이 오해할 것이라고 예상되는 개념의 경우에는 분명하고 구체적으로 용어의 개념을 정의하여, 불필요하고 소모적으로 토론하는 것을 미연에 방지할 수 있습니다.

질문 14 입론을 효과적으로 하기 위한 구조화된 틀은 없나요?

입론의 시작 부분에서 논제의 배경을 언급하고 용어의 개념을 정의했으면 본격적으로 주장을 펼쳐야 한다. 이때 주장의 핵심 요소는 무엇인지, 주장은 얼마나 길게 해야 하는지, 근거는 몇 개 정도를 제시해야 하는지, 어떻게 주장을 해야 상대측의 공격을 잘 방어할 수 있는지 등을 알아야 탄탄한 입론을 할 수 있다.

chapter 3의 내용을 기초로 하여 다음과 같이 주장할 수 있습니다. 우선 주장의 근거를 어떻게 제시해야 할지 알아보지요. 그 방법은 논제에 따라 다양합니다. 그 중 하나를 소개해 보겠습니다.

주장─근거 1 ┌ 세부 근거 1─뒷받침하는 사례 1
            └ 세부 근거 2─뒷받침하는 사례 2

이와 같이 어떤 주장에 대한 근거를 하나 선정하고 그것을 뒷받침하는 세부 근거 및 사례 두 가지를 준비했다면 다음 틀과 같이 발언할 수 있습니다.

논제 ~에서

① 우리는 ~을(를) 찬성(지지)합니다.

② 그 이유는 첫째, 근거 1 이기 때문입니다.

③ 근거 1 이 주장 과 ~ 측면에서 관련이 있습니다.

④ 이 근거 1 은 세부 근거 1, 2 를 통해 바람직합니다.

⑤ 가령, 뒷받침하는 사례 1, 2 만 보아도 그렇습니다.

⑥ 상대측은 저희 측의 근거 1 (또는 주장, 세부 근거 1, 2, 사례 1, 2)에 대해 ~게 생각할 수 있으나

⑦ ~하기 때문에 그렇지 않습니다. 따라서 우리의 근거 1 은 ~ 측면에서 더욱 의의가 있습니다.

⑧ 그 이유로 둘째, 근거 2 기 때문입니다.

| 예 |

① 우리는 인터넷 실명제가 확대되어야 한다고 주장합니다. → 주장

② 그 이유는 첫째, 실명 제시로 자신의 글에 책임감을 갖게 하여 피해 사례를 줄일 수
있기 때문입니다. → 근거 1

③ 인터넷에서 많은 이들의 언어 폭력으로 명예가 훼손되고 인간적인 모멸감을 느껴
2007년에 연예인 ○○가 자살한 사건 같은 불행한 경우가 감소할 것입니다.
→ 사례

④ 따라서 인터넷에 본인의 실명으로 글을 올린다면 책임감을 갖게 되어 익명성으로
인한 피해를 줄일 수 있다고 생각합니다. → 근거 1의 연결 고리

예는 '주장 → 근거 1 → 연결 고리'의 구조로 되어 있습니다. 여기서 ③의 구체적인 사실은 ②가 참이라는 점을 입증하기 위해 필요합니다. 또한 ④는 ①과 ②가 논리적인 관련성을 갖게 하는 기능을 합니다. 앞에서 소개한 툴민 모형은 하나의 형식일 뿐, 다른 방법으로 주장을 할 수도 있습니다. 즉 여러 가지 사례를 제시하며 논제에 찬성하는 이유를 주장할 수도 있습니다. 하지만 어떤 방법을 사용하더라도 주장과 근거가 서로 관련이 있음을 설명하는 연결 고리가 있어야 한다는 점이 논증적 측면에서 매우 중요합니다.

주장은 핵심 단어를 포함한 짧은 문장으로 앞부분에 제시하는 것이 좋습니다. 그렇게 해야 반대 측이나 청중, 판정단에게 강한 인상을 줄 수 있기 때문입니다.

주장을 뒷받침하는 근거가 여러 개인 경우는 시간이 제한되어 있기에 가장 좋은 근거를 골라 언급해야 합니다. 좋은 근거란 주장을 잘 뒷받침하면서도 상대측이 반론하기 부담스러운 근거를 말합니다.

근거의 사실성을 강조하기 위한 사례로 검증된 통계나 전문가의 견해 등을 인용할 수 있습니다. 이때 검증되지 않은 통계나 견해를 제시할 경우 오히려 반대 측에게 거짓이라는 공격을 받아 근거의 정당성이 약해질 우려가 있습니다. 그러므로 최대한 객관적으로 검증된 통계나 사례를 제시하면서 주장을 정당화해야 합니다.

찬성 측은 상대방이 찬성할 수밖에 없는 정당한 근거라고 생각하는 것을 제시하기 때문에 쉽게 반론을 할 수 없을 것이라고 생각합니다. 하지만 반대 측도 반대 논

리가 있어서 찬성 측의 주장이 틀렸다는 근거를 들고 사례에 오류가 있다는 지적을 하게 됩니다. 따라서 찬성 측은 입론을 준비하는 과정에서 팀원들과 활발하게 의견을 나누며 예상되는 반론과 재반론을 고려하면서 가장 좋은 근거와 연결 고리, 사례를 찾아야 합니다.

그에 따라 첫 번째 입론의 마지막 부분에서 반대 측을 유인하기 위한 함정으로 '반증 자료'를 제시할 수 있습니다. 이를 테면 "혹자는 ~라고 말합니다. 그러나~"와 같은 형태로 유인하는 전략입니다. 이때 제시되는 반증 자료는 반대 측이 공격하더라도 충분히 반격할 수 있는 입증 자료를 확보하고 있거나 반대 측 논거의 취약점과 직접 연결할 수 있는 것이어야 합니다.

입론할 때 입론자는 시간을 적절하게 배분해야 합니다. 만약 입론 시간이 4분이라면 시작하고 1분 정도는 논제의 배경을 설명하고 개념을 정의하는 것으로 구성합니다. 그리고 주장에 따른 사례, 예상 반론, 재반론이 포함된 근거 1을 설명하는 것을 1분~1분 30초 정도로 구성합니다. 이러한 논증을 2, 3개 정도 구성한 뒤 주장의 전체 내용을 다시 한 번 정리하면 4분 정도 소요됩니다. 입론 시간이 3분이라면 핵심 근거를 2개 정도로 구성하고 배경 설명 및 마무리를 하면 됩니다.

교사는 학생들의 주장에 따른 근거와 사례가 타당하였는지, 쟁점에서 벗어난 지엽적인 부분에서 충돌하여 토론이 이루어졌는지 등에 대해 토론이 끝난 후 피드백을 해 주어야 합니다.

그러면 '청소년 아르바이트는 바람직하다'라는 논제에 대해 학생이 한 입론의 '주장하기' 부분과 이에 대해 교사가 피드백을 한 사례를 살펴보겠습니다.

| 사례 |

▶ **입론의 '주장하기'**

① 첫 번째로 청소년들이 아르바이트를 통해 사회성을 기를 수 있기 때문입니다. 여기서 언급하는 사회성이란 사회에 적응하는 개인의 소질이나 능력, 대인 관계의 원만성 등을 뜻합니다. 아르바이트를 하지 않았다면 접촉해 보지 못했을 다양한 부류의 사람들과 접하면서 자신과는 다른 사람들을 바라보는 편협했던 시각이 확장될 수 있으며 사회생활을 미리 경험해 보면서 사회에 대한 적응성을 길러 나갈 수도 있습니다.

② 두 번째로 아르바이트를 통해 경제관념이 생기기 때문입니다. ③ 유태인들은 자녀 교육에 있어서 경제관념을 심어 주는 것에 대해 중요하게 생각하여 자녀에게 어렸을 때부터 일상생활 속에서 경제 논리를 체험하게 한다고 합니다. 이와 같은 맥락에서 우리나라의 청소년에게 아르바이트를 통해 경제 논리를 몸소 체험하게 하여 경제관념을 심어 주는 것은 이론이나 공부를 통해서는 쉽게 얻을 수 없는 중요한 것이라고 생각합니다.

  세 번째로 청소년은 아르바이트를 하며 책임감, 독립성 등을 얻는 긍정적 효과를 꾀할 수 있으며 자신의 긍정적 가치를 깨달을 수 있습니다. 아르바이트를 통해 자신이 책임져야 할 일을 부여받고, 그 일을 수행해 나가면서 책임감을 갖게 됩니다. 또한 자신이 한 일에 대한 정당한 대가를 받으며 부모님께 덜 의지하게 되어 독립성이 길러지기도 합니다. 그리고 이 사회가 자신을 필요로 함을 직접 느끼게 되면서 긍정적 자존감을 확인할 수도 있고, 자신이 이 사회의 주인이라는 주체 의식을 가질 수 있는 기회가 되기도 합니다.

④ 따라서 저희 팀은 첫째, 아르바이트를 통해 사회성이 길러지고, 둘째, 경제관념이 생기며, 셋째, 긍정적 변화를 이끌어 낼 수 있다는 점을 들어 청소년 아르바이트가 바람직하다는 것에 찬성합니다.

▶ **교사의 피드백**
  학생처럼 주장을 두괄식으로 제시하는 방법은 좋습니다. 왜냐하면 상대측이나 청중 또는 판정단에게 말하고자 하는 핵심 의도를 분명히 하는 데에 효과적이기 때문입니다.

  ①의 주장은 문단 끝부분의 내용과 중복되므로 끝부분의 내용으로 대체하는 것이 좋습니다. 그러면 '청소년들은 아르바이트를 통해 사회생활을 미리 경험함으로써 사회성을 기를 수 있기 때문에 아르바이트를 하는 것이 바람직합니다.'라고 할 수 있겠지요. 그리고 사회성의 내용을 기술하는 것이 적절합니다.

  ②에서 '경제관념'이란 말이 너무 추상적입니다. '합리적인 소비관' 등의 용어로 대체하는 것이 적절합니다. ②에 대한 근거 예시로 ③을 제시했는데 좋은 사례입니다. 어려서부터 아르바이트란 노동을 강조하는 교육 방식을 강조해 주면 더욱 좋을 듯합니다.

  ④는 입론자의 주장을 간단히 정리하여 다시 한 번 강조하는 단계로 형식은 잘 되었습니다. 예상 반론을 대비한 주장을 언급하지 않은 것은 아쉽습니다. 이를테면 "혹자는 ~라고 말합니다. 그러나~"와 같은 형태로 상대측을 유인하는 전략도 마련하는 것이 좋은 입론의 구성입니다. 즉 청소년 아르바이트의 부정적인 면도 언급하며 그러한 것까지 극복할 수 있는 상위 개념의 가치를 부각하여 입론을 더욱 강하게 구축할 필요가 있습니다.

  학생들은 몇 차례만 토론을 맡겨 놓아도 스스로 깨우치며 자신감을 키워 나갑니다. 입론의 틀을 가지고 지도하면 효과적인 교육을 할 수 있을 것입니다.

| '주장하기'의 구성 |

주장, 개념 정의	근거 제시	사례 제시	연결 고리 제시	예상 반론 제기	주장 강화
필수	필수			선택	필수

• 사례의 기능 – 근거가 참임을 입증
• 연결 고리의 기능 – 근거와 사례, 논제와 근거가 관련 있음을 입증

교실 LINK

'주장하기'를 쉽게 할 수 있는 방법이 있나요?

'주장하기'를 어렵게 생각할 필요는 없습니다. 평소 학생들이 말을 할 때 결론만 말하고 원인은 표현하지 않는 경우가 많습니다. 그때마다 교사들은 '왜'라는 질문을 던지며 이유를 물어야 합니다. 학생들이 원인과 결과로 이어지는 인과 관계의 형식으로 입장을 표현하는 습관을 갖출 수 있게 평상시에 지도하면 저절로 쉽게 접근할 수 있습니다.

처음 입론자가 당황한 나머지 준비한 근거를 제대로 제시하지 못한 경우는 어떻게 하나요?

입론자가 주장에 대한 근거를 한 가지 정도만 말해서 반대 측의 공격이 빈약해지고 확인 질문을 할 수 없는 경우도 있습니다. 그러다 토론 시간이 끝나면 판정단이 토론을 판정하기 어려울 것입니다. 이럴 경우 자신감 있게 발표한 팀에게 점수를 준 경우도 있었습니다. 일단은 학생들 스스로 할 수 있도록 분위기를 조성하고 피드백을 할 때 핵심 쟁점만이라도 근거를 제시할 수 있게 지도하시면 됩니다.

수업
맛보기

| **주제** | 입론하기

| **학습 목표** | 1. 찬성 입론을 작성할 수 있다.

　　　　　　　2. 입론 말하기와 듣는 태도를 갖출 수 있다.

| **준비물** | 동영상 파일, 타이머, 메모지 1, 메모지 2

학습 단계	지도 방법
도입 (5분)	**학습 목표 제시** 찬성 입론 동영상을 보여 주고 학생들에게 목표를 확인시킨다.
활동 1 (10~20분)	**주장문 작성하기** ① 논제를 제시하고 개념 정의 및 논제 성립에 대한 배경을 설명해 준다. ② 개별로 〈메모지 1〉을 나눠 주고 주장문을 작성하게 한다.
활동 2 (20~30분)	① 3명에서 5명으로 된 모둠을 구성한다. ② 모둠별로 〈메모지 2〉를 나눠 주고 다음과 같은 방법에 따라 모둠별로 개요를 만들게 한다. 　㉠ 모든 구성원들의 의견을 존중하되, 중복되는 의견은 통합하여 표현한다. 　㉡ 가장 좋은 근거(으뜸 근거)일수록 먼저 제시하게 한다. 　㉢ 구성원의 근거 중 입증에 불필요한 근거는 생략하되, 생략하는 이유를 밝힌다. ※ 모둠별로 발표자, 정리자, 통합 전문가, 생략 전문가 등 역할을 결정해 줄수록 활동이 효과적이다.
활동 3 (30분)	**모둠별 발표 및 피드백** ① 모둠별로 협의된 개요를 칠판에 적게 한다. ② 모둠별 대표가 발표한다. ③ 교사는 발표의 큰 줄기를 잡아 입론의 구조를 설명하여 준다. ※ 시간이 부족할 시 [활동 2]와 [활동 3] 사이에 시간을 더 줄 수 있다. 이 경우에는 [활동 2]의 결과물을 과제로 제출하게 하고 [활동 3]이 있기 전에 이를 수합하여 복사하여 배부한 뒤 [활동 3]에서 1을 생략하고 바로 2, 3을 진행할 수 있다.
정리 (10분)	**효과적인 입론 구조 제시** 문제 제기 → 근거 → 설명 → 근거의 근거 → 예상 반론 → 재반론

확인 질문은
토론의 흐름을 바꾼다

질문 15 토론에서 확인 질문을 꼭 해야 하나요?

확인 질문은 토론 과정 중에서 찬성과 반대의 경쟁적 속성이 가장 부각되는 부분이다. 찬성과 반대 측은 각각 상대측 논증에서 논리적 오류나 결점이 있는 부분을 지적하여 질문하는 시간을 통해서 상대보다 자신의 주장이 더 설득력 있고 타당하다는 것을 증명해야 하기 때문이다. 확인 질문은 상대측이 입론이나 반론에서 제시한 내용을 조목조목 확인하며 반대 측의 논리적 허점을 지적하는 성격을 띠기 때문에 학생들에게 토론에서 말하는 것보다 주의 깊게 들으며 메모하는 것이 중요함을 알려 줄 수 있다.

월요일 아침 조례 시간, 담임 교사가 학생들에게 "주말 잘 보냈어요?"라는 말을 던지며 하루를 시작하는 경우가 있습니다. 이 질문은 학생들 한 명 한 명이 정말 주말을 잘 지냈는지를 확인하기 위한 것이라기보다 부드러운 분위기로 친근함을 조성하려는 의도에서 던진 것이라고 파악할 수 있습니다. 즉 말하는 내용에 앞서 말하는 상황과 목적을 잘 파악해야 효과적으로 의사소통을 할 수 있다는 것을 보여주는 사례라고 할 수 있습니다. 마찬가지로 토론의 확인 질문 단계에서도 상대방이 던지는 질문의 의도를 파악하여 효과적으로 대답할 수 있어야 합니다.

다음에 제시된 표에서 확인 질문의 순서를 자세히 살펴보면 주로 상대방의 입론을 듣고 자신의 반론을 준비하기 전 단계에 위치해 있다는 것을 알 수 있습니다. 즉 확인 질문은 자신의 주장의 정당성을 세우기 위해서 상대방의 입론을 비판적으로 듣고 이를 분석하여 자신의 반론에서 효과적으로 대응하기 위해 준비 작업을 튼실하게 하는 단계라고 볼 수 있습니다. 따라서 확인 질문을 할 때는 상대측의 발언 중에서 특별히 주장할 것으로 예상되는 중요한 문제와 상대가 발언한 내용 중에서 좀 더 상세하게 확인할 사실을 찾아내야 합니다. 또한 이 모든 과정은 이후 자신이 준비해야 할 반론의 내용과 연결 관계에 있음을 인식해야 합니다.

토론의 모형은 여러 가지가 있습니다. 토론 시간이나 형식은 참가 학생 수 또는 상황에 맞게 적절하게 변형하거나 조합해서 적용할 수 있습니다. 다음 표는 확인 질문이 없는 경우와 확인 질문이 있는 경우의 토론 모형입니다.

이 책에서 제시한 '프닉스 모형'은 토론 과정 중에 총 네 번의 확인 질문 단계를 제시하여 좀 더 치열하게 논리적인 공방을 할 수 있다는 장점이 있습니다. 확인 질문이 잘 이루어지면 토론이 보다 흥미진진하며 볼거리가 풍성해집니다.

	확인 질문이 없는 경우	확인 질문이 있는 경우
구성 인원	찬성 측(3명), 반대 측(3명)	찬성 측(3명), 반대 측(3명)
운영 시간	총 34분(토론 28분, 작전 회의 6분)	총 38분(토론 32분, 작전 회의 6분)
진행 순서	(1) 찬성 측 첫 번째 토론자 입론(3분) (2) 반대 측 첫 번째 토론자 입론(3분) 작전 회의(2분) (3) 찬성 측 두 번째 토론자의 1차 논박(2분) (4) 반대 측 세 번째 토론자의 1차 검증(2분) (5) 반대 측 두 번째 토론자의 1차 논박(2분) (6) 찬성 측 두 번째 토론자의 1차 검증(2분) 작전 회의(2분) (7) 찬성 측 세 번째 토론자의 2차 논박(2분) (8) 반대 측 두 번째 토론자의 2차 검증(2분) (9) 반대 측 세 번째 토론자의 2차 논박(2분) (10) 찬성 측 세 번째 토론자의 2차 검증(2분) 작전 회의(2분) (11) 반대 측 네 번째 토론자의 정리(3분) (12) 찬성 측 네 번째 토론자의 정리(3분)	(1) 찬성 측 첫 번째 토론자 입론(3분) 작전 회의(2분) (2) 반대 측 두 번째 토론자의 첫 번째 확인 질문(2분) (3) 반대 측 첫 번째 토론자 반론 및 입론(3분) 작전 회의(2분) (4) 찬성 측 두 번째 토론자의 첫 번째 확인 질문(2분) (5) 찬성 측 세 번째 토론자의 첫 번째 반론(3분) (6) 반대 측 첫 번째 토론자의 두 번째 확인 질문(2분) (7) 반대 측 세 번째 토론자의 첫 번째 반론(3분) (8) 찬성 측 첫 번째 토론자의 두 번째 확인 질문(2분) 작전 회의(1분) (9) 찬성 측 두 번째 토론자의 두 번째 반론(3분) (10) 반대 측 두 번째 토론자의 두 번째 반론(3분) 작전 회의(1분) (11) 반대 측 세 번째 토론자의 최종 발언(3분) (12) 찬성 측 세 번째 토론자의 최종 발언(3분)

교실 LINK

확인 질문이 있는 모형과 없는 모형은 어떤 경우에 사용하나요?

처음부터 제대로 된 확인 질문을 하는 것은 매우 어렵습니다. 따라서 토론에 입문하는 단계에서는 확인 질문이 없는 모형으로 진행하는 것이 좋습니다. 하지만 토론 수업을 거듭하다 보면 토론을 할 때 자기 측의 주장만 내세우는 것이 아니라 상대측의 주장을 듣고 이에 대해 조목조목 반박하는 과정을 거친다는 것을 체득하게 되기 때문에 상대측에게 직접 반박하는 형식인 확인 질문의 과정을 도입할 수 있습니다. 이때 토론 시간이나 형식은 토론에 참여하는 학생 수 또는 수업 상황에 맞게 적절하게 변형하면 좋겠습니다.

확인 질문의 내용이 불합리하거나 상대측 발언의 내용을 공격하여 기분을 언짢게 하는 경우는 없나요?

토론이 익숙하지 않은 단계에서는 상대측에게 고의적으로 흠집을 내려는 목적으로 비난성 질문을 던지는 경우가 있습니다. 이때 교사가 적절히 개입하여, 토론은 사람에 대한 공격이 아닌 논증에 대한 비판적 공격임을 분명히 해 주어야 합니다. 또한 상대측의 질문 내용이 불합리할 경우에는 다시 한 번 상대의 질문 의도를 확인시켜 청중으로 하여금 질문의 부당함을 깨닫게 하는 방법을 취할 수도 있습니다.

질문 16 확인 질문을 잘하려면 어떻게 해야 할까요?

토론에서 질문을 잘하려면 질문자는 어떻게 해야 할까? 무엇보다 상대방의 주장을 잘 들어야 한다. 확인 질문 시간을 학생들이 잘 활용하지 못하는 경우가 많다. 무슨 질문을 해야 할지도 모르고 어떻게 질문해야 하는지도 몰라서 결국 주어진 시간을 다 채우지 못한 채 마치는 경우가 종종 발생한다. 확인 질문이 단순히 앞에서 발언한 내용을 재차 확인하는 질문이라고 이해하는 학생들도 많으며, 확인 질문 시간을 전략적이면서 효과적으로 사용하는 학생도 드물다. 확인 질문을 할 때의 유의점에 대해 몇 가지 알아보자.

확인 질문을 통해 상대방의 오류나 허점을 찾아 예리하고 정확하게 지적하게 된다면 전체적인 토론의 분위기나 흐름을 자기 측에 유리하게 만들 수 있습니다. 확인 질문을 잘하려면 자기 측의 주장과 배치되는 상대측의 핵심 쟁점을 파악해야 함은 물론이고 어떻게 하면 자기 측에 유리하게 질문할 수 있을지 고민해야 합니다.

우선 상대측의 발언을 듣고 그 내용에 대해서만 반박 성격을 띤 질문을 합니다. 이때는 질문 항목들의 논리적인 연결 관계에 대해 생각하면서 전략적으로 해야 합니다.

| 사례 |

찬성 측 입론	확인 질문
학생으로 경제 활동을 할 수 있는 가장 현실적인 수단은 아르바이트입니다. 청소년 시기에 소득이 필요한 학생이 있으며 아르바이트는 학습과 병행할 수 있는 가장 현실적인 수단입니다.	– 청소년 시기에 꼭 경제 활동을 해야 합니까? – 말씀하신 경제 활동은 돈을 버는 행위를 말하는 것입니까? – 경제 활동은 아르바이트를 통해서만 가능하다고 보십니까?

그리고 상대방이 제시한 논점 중에서 가장 취약한 부분이나 논리적 허점에 대해 질문합니다. 정의 개념의 범위, 근거의 사실성, 근거와 논제와의 관련성, 근거의 충분성을 검토하고 이에 대해 질문합니다.

찬성 측 입론	확인 질문
아르바이트는 사전 경험으로 사회 적응력을 길러 줍니다. 여러 사람과 대면하며 소극적인 성격을 개선할 수 있습니다. 직무를 수행하며 자립심과 책임감을 형성할 수 있습니다.	−아르바이트를 하지 않으면 사회 적응력이 길러지지 않습니까? −자립심과 책임감은 아르바이트를 해야지만 기를 수 있습니까?

토론에서 확인 질문을 하는 데에 주어지는 시간이 많지 않기 때문에 이 시간을 효과적으로 활용할 필요가 있습니다. 답변이 길어질 수 있는 "~에 대하여 어떻게 생각하십니까?"와 같은 열린 질문을 하기보다는 '예, 아니요'로 짧게 답변할 수 있는 질문을 단계별로 짜임새 있게 해야 합니다.

| 사례 |

찬성 측 입론	확인 질문
아르바이트를 통해서 돈의 소중함을 알게 되어 건전한 소비 습관을 형성합니다. 노력의 대가로 받는 돈은 함부로 낭비하지 않습니다.	용돈이 풍족해지면 오히려 돈을 낭비할 수 있다고 생각하지 않습니까?

그리고 근거를 평가할 수 있는 질문을 합니다. 즉 출처가 정확한지, 통계 자료의 수치가 신빙성이 있는지 등을 확인하거나 사실이나 사례 해석이 정확한지 질문할 수 있습니다.

| 사례 |

반대 측 반론 및 입론	확인 질문
건전한 소비 습관을 형성하기보다는 돈을 낭비하게 되는 경우가 더 많습니다. 아르바이트로 번 돈으로 52.5%는 옷과 신발 구매, 9%는 유흥비, 10%는 술과 담배 구입에 쓴다고 했습니다.	어디에서 제시하였으며, 누구를 상대로 한 설문 조사입니까?

교실 LINK

질문자가 역할을 잘했는지 어떻게 평가할 수 있나요?

상대측 주장을 잘 듣는 것에서부터 질문이 시작됩니다. 따라서 질문자가 상대측 주장의 내용을 정확하게 이해하고 있는지를 살펴보아야 합니다. 경우에 따라서 질문자가 자신에게 유리하게 상대측의 주장을 살짝 바꾸어 제시하는 경우도 있기 때문입니다.

상대측 주장을 제대로 이해한 상태에서 논리적 허점이나 근거의 오류를 적절히 파고들어 질문한다면 답변자는 당황하여 말을 얼버무리게 될 수도 있습니다. 이와 같은 상황이 연출된다면 판정단은 당연히 질문자에게 높은 점수를 줄 것입니다.

상대측이 지나치게 답변을 길게 할 때 질문자가 답변을 끊을 수도 있나요?

예, 있습니다. 확인 질문 시간은 질문자에게 주어진 시간이므로 질문자가 사용할 권리가 있습니다. 그런데 답변자가 다른 질문을 받지 않기 위해 시간을 길게 사용하려고 할 때는 답변을 끊을 수 있습니다. 이때, 너무 예의 없이 말을 끊지 말고 "예, 시간 관계상 거기까지만 듣겠습니다."라는 식으로 정중하게 거절해야 합니다.

예기치 않은 갑작스런 질문을 받으면 누구나 당황하기 마련이다. 상대측에서 의도를 갖고 하는 질문을 간파하여 침착하게 효과적으로 대처하는 방법은 무엇일까? 확인 질문 단계는 단순하게 내용을 확인하는 차원을 넘어서 자기 측의 반론으로 이어질 수 있으며 토론의 분위기나 흐름에 큰 변화가 생길 수 있는 중요한 시간이므로 효과적으로 잘 대처해야 한다. 질문자의 의도에 끌려가지 않고 답변을 잘하기 위한 다음의 몇 가지 유의점에 대해 알아보자.

질문의 내용을 경청하며 당황해하지 말고 입론에서 주장했던 내용과 배치되지 않도록 주의를 기울일 필요가 있습니다. 상대방의 질문이 적절하지 못하거나 부정확할 경우에는 재치 있는 대답을 통해 상대방이 질문을 잘못 이해했거나 정확하게 듣지 않은 데서 비롯된 것임을 역으로 지적할 수도 있습니다.

| 사례 |

찬성 측 확인 질문	답변
직업 체험 프로그램이 많지 않기 때문에 청소년 아르바이트가 불필요하다고 생각하십니까?	저희는 불필요하다고 말한 적이 없습니다. 그런 직업 체험 프로그램 경험만으로는 기회가 적다는 것입니다.

상대측이 아르바이트의 불필요성에 대하여 인정하게 만들려는 의도로 던진 함정 질문이기 때문에 '예, 아니요'로 대답을 할 경우에는 주의를 기울일 필요가 있습니다. 따라서 "저희는 불필요하다고 말한 적이 없습니다." 라는 식으로 답변함으로써 상대측이 확대하려는 입장을 제한하여 자기 측의 입장이 일관된 논리로 전달될 수 있게 해야 합니다.

그리고 질문에 적합하게 답하되 답변의 내용은 간략하고 명료해야 합니다.

찬성 측 확인 질문		답변
본인의 용돈을 마련하기 위해 아르바이트를 하는 비중이 높다고 하더라도 소수의 학생들에게는 아르바이트가 가장 합리적이고 현실적인 수단이 아닙니까?	➡	네. 그렇지만 대다수 학생들이 아르바이트를 하는 동기에 주목해야 합니다.

무조건 '아니요'로 답변하기보다 질문의 내용에 동의하는 부분에서는 '예'로 대답을 하되, 간략하고 분명하게 자기 측의 입장과 관련된 답변을 덧붙이는 것도 좋습니다.

그리고 시간을 벌기 위해 장황하게 답을 하게 되면 오히려 감점의 요인이 될 수 있습니다. 만약 자세한 내용을 언급할 필요가 있을 때는 "그 부분은 반론에서 말씀드리겠습니다."라고 말하면 됩니다.

| 사례 |

반대 측 확인 질문		답변
아르바이트비가 유흥비, 술과 담배 구입에 사용되는 것은 그 수치와 상관없이 청소년에게 유해하다고 생각하지는 않습니까?	➡	유해합니다. 하지만 유해성 문제는 반론에 가서 다시 말씀드리겠습니다.

답변자가 '유해합니다'로 말을 끝낸다면 청소년 아르바이트의 불필요성을 인정하게 되어 판정단에게 패배자라는 인상을 심어 줄 수도 있습니다. "유해성 문제는 반론에서 말씀드리겠습니다."고 답변함으로써 반론을 기대하게 하여 토론에 박진감을 주며 흥미를 유발할 수 있습니다.

| 답변자의 전략 |

• 질문의 내용을 경청하며 입론에서 주장했던 내용과 배치되지 않게 대답함.

• 질문자의 의도를 파악하여 간략하고 명료하게 대답함.

교실 LINK

답변자가 역할을 잘했는지 어떻게 평가할 수 있나요?

질문의 목적은 앞서 제시한 주장에 문제가 있음을 밝혀내기 위한 경우가 많기 때문에 답변할 때에는 질문하는 의도를 정확히 파악하여 신중하게 대처해야 합니다. 주로 자기 측이 제기한 주장을 상대측이 잘못 이해한 부분은 없는지 자세히 검토한 후에 이에 대한 답변을 간단명료하게 제시하는 것이 좋습니다.

확인 질문하는 시간은 질문자가 주도하기 때문에 답변자가 너무 대답을 장황하게 하거나 상대측의 질문을 의도적으로 회피하고 시간을 끌기 위해 재차 질문을 다시 하게 된다면 토론 판정 시에 감점의 요인이 될 수 있습니다.

질문 18 작전 회의 시간을 어떻게 하면 효과적으로 활용할 수 있나요?

대부분의 토론 모형에는 긴박했던 토론을 잠시 멈추고 팀원들 간에 의견을 조율하여 토론의 방향을 바로잡는 작전 회의 시간이 있다. 프닉스 토론 모형에서도 확인 질문 및 반론, 최종 발언을 하기 전에 작전 회의를 하게 되어 있다. 양측이 이 시간을 어떻게 활용하느냐에 따라 불리했던 토론 흐름을 뒤집을 수도 있다. 작전 회의 시간을 어떻게 활용하는 것이 좋을까?

토론에서 작전 회의는 팀워크를 높일 수 있는 시간입니다. 대개 2분에서 3분 정도 시간이 주어지는데 토론자들에게는 상당히 짧게 느껴진다고 합니다. 짧은 시간이지만 서로가 협력을 잘 한다면 토론 흐름을 바꿀 수 있을 정도로 유용한 시간이기도 합니다. 작전 회의를 효과적으로 활용할 수 있는 방법은 토론 대회를 여러 번 경험한 학생들의 생생한 목소리를 듣는 것이 필요할 것 같아 이에 대한 답은 학생들이 쓴 글로 대체하고자 합니다.

다음 글을 작성한 학생들은 최근 2년 동안 한 팀을 이루어 교내 토론 대회, 경기도 중등 학생 토론 대회, 경민 독서 토론 논술 대회, 전국 5·18 학생 토론 대회, 전국 청소년 토론 대회 등에서 입상한 바 있습니다.

▶ 모든 팀원들의 적극적인 참여가 중요합니다

토론에서 작전 회의 시간은 토론자에게 정말 중요한 시간이라고 생각한다. 치열하게 진행되는 토론 시간 속에서 잠시 숨을 돌릴 수 있게 해 주고 앞으로의 토론 방향을 잡게 해 주기 때문이다. 작전 회의 시간은 정말 이름 그대로 작전을 짜는 시간이다. 토론에 있어서 작전은 매우 중요하다. 이 시간에 상대측이 한 주장에 대해 어떻게 반박을 할지, 자기 측의 어떤 주장을 더 강하게 내세워야 할지를 팀원의 의견을 모아 정리해야 한다. 토론은 나 혼자 하는 것이 아니라 팀원이 같이 하는 것이므로 이 작전 회의 시간에 여태까지의 토론에 대해 다른 팀원들이 어떤 생각을 가지고 있는지 들어 보고, 의견을 맞추어서 앞으로 남은 토론을 준비해 나가야 한다. 각 개인이 토론에서 맡은 역할이 있기 때문에 한 사람이 모든 내용을 쏟아 낼 수가 없는데, 작전 회의 시간에서 몇 번째 토론자가 어떤 내용을 말할지 전략적으로 잘 분배해야 한다. 그렇기 때문에 작전 회의 시간에는 팀원 모두가 적극적으로 참여하는 것이 가장 중요하다. _ 안산강서고 정우리(3학년)

▶ **체계적인 정리를 통해 토론의 전체 흐름을 읽고 역할 분배를 잘 해야 합니다**

　토론에서 작전 회의 시간을 효과적으로 활용하려면, 우선 그에 앞서 상대측의 발언을 정확히 듣고 자기 나름의 체계에 따라 그 내용을 정리하는 것이 중요하다. 정리할 때에는 발언의 성격에 따라 색깔을 달리하여 기록하고, 노트를 반으로 나눠 정리하는 등의 방법을 사용하는 것이 좋다.

　또 중요한 것은 토론 전체 흐름을 읽어야 한다는 점이다. 작전 회의 시간은 대부분 토론에서 3분 안팎으로 주어진다. 따라서 이 시간에 지엽적인 요소에 집착하거나 피상적인 흐름만 판단하다 보면 시간을 낭비하는 꼴이 된다. 중요한 논점 두세 개를 중심으로 팀원 간 서로의 의견을 듣고, 자신의 의견을 보충하면서 토론의 핵심을 숙지하는 것이 중요하다.

　마지막으로 작전 회의 시간을 통해 꼭 이루어 내야 할 것은 팀원 간의 역할 안배다. 논지 자체를 강화하는 것도 물론 중요하지만, 누가 어느 타이밍에 어떤 주장과 근거를 제시할 것인가를 정해야 한다. 　　　　　　　　　　　　　　　　　　　　　　　　　　_ 안산강서고 김진서(2학년)

▶ **양측의 입장을 키워드화하여 활용해야 합니다**

　보통 작전 회의 시간은 양측의 논제와 근거가 오고 간 뒤 짧게 주어진다. 따라서 무엇보다 토론 중에 양측 입장을 키워드화하여 정리하는 것이 그 시간을 유용하게 쓸 수 있는 기본이다.

　작전 회의 시간이 시작되면 먼저 그 시간이 끝난 다음에 발언할 토론자의 논거를 정리하는 것을 처음으로 해야 한다. 그러기 위해서는 각 토론자가 자신이 토론 중에 찾은 상대측의 논리적 모순과 그에 대한 논거로 토론의 흐름을 정리하여 다음 발언자에게 키워드로 정리된 메모를 넘겨주는 것이 좋다. 만약 두 번째 토론자의 발언이 끝난 뒤 작전 회의 시간이 주어진다면 첫 번째와 세 번째 토론자가 토론의 흐름을 잘 정리해 두는 것이 좋다. 만일, 다음의 발언자가 발언 내용을 모두 정리한 경우에는 다음의 발언 상황을 예상하는 시간을 가져야 한다.

　작전 회의 시간은 토론의 흐름을 간략히 정리하고 팀원들 간의 생각을 조율하는 시간이기 때문에 새로운 근거를 찾는 것보다 팀원들끼리 자기 측이 준비한 근거를 다시 보면서 토론의 방향을 다시 잡아야 한다. 먼저 발언한 팀원 중에서 자신들이 낸 근거에 어긋난 점이 있으면 다음 발언자에게 이를 숙지하게 하여 일관성을 유지해야 한다. 또한 자신들의 논거 중 아직 활용하지 못한 것이 있다면 그 점을 활용해 다음 발언을 하게 해야 한다. 　　　　　　　　_ 안산강서고 권수정(3학년)

한눈에 정리

| **작전 회의 시간을 유용하게 쓰는 방법** |
- 팀원 모두가 적극적으로 참여해 앞으로 토론을 어떻게 해야 할지 작전을 짜야 함.
- 중요한 논점 2, 3개를 중심으로 팀원의 의견을 모아 정리하며 토론의 전체 흐름을 놓치지 말아야 함.
- 양측의 입장을 키워드로 정리하고 팀원들 간의 생각을 조율해야 함.

수업
맛보기

|**주제**| 확인 질문 연습하기

|**학습 목표**| 발언 내용의 핵심을 파악하여 바르게 확인 질문을 할 수 있다.

|**준비물**| 듣기 대본 및 동영상, 타이머, 메모지, 3분 정도 분량의 연설문 또는 듣기 대본 유인물(논제 3, 4개 정도의 찬성 측과 반대 측의 입론 및 반론)

학습 단계	지도 방법
도입	**확인 질문 설명하기** 확인 질문의 중요성을 설명하고 수업 방법을 소개한다.
활동 1 (10분)	**듣기의 중요성 연습하기** ① 학생 모두에게 메모지를 나눠 준다. ② 3분 정도 분량의 연설문이나 듣기 대본을 들려주고 질문거리를 만들어 보게 한다. ③ 찾아낸 질문의 항목들을 발표시키고 비교한다.
활동 2 (15분)	**논제에 따른 입장 연습하기** ① 토론 논제를 찾아 배경을 설명하고 동영상을 시청하게 한 후, 반대 측의 질문자가 되어 질문하게 한다. ② 질문 항목들을 발표시키고 칠판에 기록한다. ③ 실제 토론 동영상에서 질문하는 모습을 시청한 후 자신이 질문한 내용과 비교한다.
활동 3 (20분)	**모둠별 발표 및 피드백** ① 전체 6~8 모둠으로 조직한다. ② 3, 4개의 논제(6 모둠일 경우는 3개 논제, 8 모둠일 경우는 4개 논제)를 칠판에 기록한다. ③ 논제에 따른 입론이 제시된 유인물(찬성 측/반대 측의 입론 및 반론)을 나눠 준다. ④ 찬성 측 모둠 대표 한 명이 나와서 입론을 주장하게 하고 같은 논제의 반대 측 모둠은 확인 질문을 2, 3개 정도씩 만들어 본다.(3회 혹은 4회) 반대 측 모둠 대표 1인이 나와서 반론을 주장하게 하고 같은 논제의 찬성 측 모둠은 확인 질문을 2~3개 정도씩 만들어 본다.(3회 혹은 4회) ⑤ 모둠별 협의된 확인 질문을 기록하고 상호 비교하며 조언한다.
정리 (5분)	듣기의 중요성과 적절한 질문거리 찾기 연습을 통해 확인 질문하는 법을 익힐 수 있도록 마무리 정리한다.

반론은 상대의 성벽을 허무는 것이다

질문 19 반론은 어떻게 이루어지나요?

토론을 할 때 상대측은 자신의 주장을 최대한 논리적으로 만들려고 할 것이다. 하지만 그렇게 튼튼하게 만든 상대측의 주장을 무력화해야지만 자기 측의 주장을 구성원들이 받아들이게 될 것이다. 새로운 주장이 아닌 상대측의 논증에 대한 반론으로 상대를 무너뜨리고 자기 측의 주장을 강화해야 하는데 그것을 달성할 수 있는 적절한 방법이 무엇일까? 반론의 개념과 반론을 구성하는 방법에 대해 알아보며 이에 대한 답을 찾아보자.

반론의 개념

반론은 입론에서 찬성 측이 준비하고 정리한 주장과 근거, 연결 고리, 사례를 가지고 양측의 생각과 의견이 처음으로 만나서 연결되는 부분입니다. 이보다 먼저 확인 질문이 있을 수 있는데 이는 반론을 하기 위한 사전 확인 작업이거나 상대측 논증의 의문점을 확인하는 것으로 그 의도가 반론을 잘하는 것에 있습니다. 따라서 실제로 상대측과 역동적으로 충돌하는 부분은 반론입니다. 반론은 사전에 준비하지 않고 순발력과 순간적인 판단력을 발휘하여 하기 때문에 토론을 가장 역동적이고 흥미 있게 만드는 핵심 요소라 할 수 있습니다. 찬성 측도 반대 측의 반론을 듣고 다시 재반론할 기회를 갖게 되므로 토론의 중심은 반론 대결로 이루어진다고 해도 과언이 아닙니다.

토론의 논제로 설정된 문제는 어느 한쪽으로 쉽게 결정될 성질의 것이 아닙니다. 어느 쪽도 섣불리 자기 측 주장이 절대적으로 옳다고 주장할 수 없는 문제가 토론의 논제가 되기 때문입니다. 또 어떤 주장도 완전무결한 논증으로 이루어지기 어렵습니다. 이런 측면에서 볼 때 자기 측의 강점은 강화하고 상대측의 약점은 집요하게 비판하면서 논쟁을 이끌어 간다면 토론에서 소기의 성과를 거두게 될 것입니다.

이와 같은 목표를 달성하기 위해 행하는 것이 반론인데, 반론이란 상대가 주장의 근거로 제시하는 이론과 통계, 사실, 사례 등이 참인지 거짓인지 검증해 거짓됨을 공격하는 것이며 상대측이 구축해 놓은 논증을 타당성이 없다거나 충분한 뒷받침이 없다는 점을 들어 비판하는 것입니다. 상대측의 주장—근거—사례 사이의 연관성도 점검하여 그것이 적절한지를 판단하는 것도 반론자가 고려해야 할 기본 사항입니다. 또한 상대측의 주장이 가져올 문제점을 들거나 상대측과 다른 해결 방안이나 방향이 담긴 주장을 제시하며 이것이 더 타당성과 실현 가능성이 높으며 문제점도 적다는 것을 강조하는 과정입니다.

반론을 할 때에는 상대측 주장을 메모하며 짧은 시간에 문제점을 찾아낼 수 있는 순발력이 필요하기 때문에 이 단계를 부담스러워할 수 있습니다. 하지만 토론 전에 논제에 대해 상대측이 내놓을 쟁점이나 주장, 근거 자료, 사례 등을 예측하여 반론 리스트(또는 카드)를 만든다면 반론을 좀 더 효과적으로 수행할 수 있습니다. 대회 토론의 경우 주최 측의 방침에 따라 대부분 토론 직전에 찬성 측과 반대 측이 결정되므로 입론과 반론 모두 준비해야 합니다. 양측을 준비하다 보면 상대측의 약점과 강점뿐만 아니라 자기 측의 약점과 강점도 드러나게 되어 적절한 토론 준비를 할 수 있습니다.

반론의 구조

각 반론의 발언은 다음 구조를 가지는 것이 좋습니다.

구조	발언의 예
상대방의 쟁점(point) 찾기	– 상대측은 ~에 주목하고 있습니다. – 상대측은 ~에 대해 말하고 있습니다.
상대방 주장 재표현하기	– 상대측은 ~(이)라고 말했습니다. – 상대측은 ~(이)라고 주장했습니다.
부정하기	– 그러나 우리는 ~에 동의할 수 없습니다. – 그러나 우리는 ~을(를) 주장합니다.
이유 제시	왜냐하면 [사실이 아니기, 정확하지 않기, 관련성이 없기] 때문입니다.
이론적 근거 제시	그 이유(사례)는 ~입니다.

반론을 할 때에는 상대측이 주장하는 쟁점이 무엇인지 파악하는 것이 중요합니다. 질문 7에서 쟁점을 찾는 방법에 대해 설명한 것을 활용하면 되겠습니다. 그리고 상대측의 논증 중에서 반론할 주장, 근거, 연결 고리, 사례 부분을 재표현합니다. 이때 상대측이 발언한 내용을 의도적으로 자기 측에 유리하게 재표현하지 않게 유의해야 합니다. 상대측이 발언한 사실 그대로 요약한 후, 그것에 대한 자기 측의 주장을 합니다. 그런 다음 자기 측 주장도 근거와 연결 고리, 사례 등을 활용하여 논증으로 만들어 반론합니다. '청소년 아르바이트는 바람직하다'라는 논제에 대한 반론 구조를 살펴보면 다음과 같습니다.

찬성 측	반대 측
아르바이트를 통해서 돈의 소중함을 알게 되어 건전한 소비 습관이 형성됩니다. 왜냐하면 돈은 자신이 노력한 대가이므로 돈을 함부로 낭비하지 않고 의미 있게 사용하려는 태도가 생기기 때문입니다. 워런 버핏은 검소하게 생활하기로 유명합니다. 점심으로 햄버거와 콜라를 즐겨 먹고 중고차를 직접 몰고 다니며, 50년째 같은 집에서 산다고 합니다.	찬성 측은 아르바이트로 받은 돈을 사용할 때 형성되는 태도에 주목하고 있습니다. 힘들게 번 돈이기 때문에 함부로 낭비하지 않아 건전한 소비 습관이 형성된다는 것입니다. 그러나 저희는 두 가지 이유 때문에 이 주장에 동의할 수 없습니다. 첫째, 건전한 소비 습관을 형성하기보다 돈을 낭비하게 되는 경우가 더 많습니다. 서울 YMCA 자료에 따르면 아르바이트로 번 돈을 52.5%는 옷과 신발 구매, 9%는 유흥비, 10%는 술과 담배 구입에 쓴다고 합니다. 둘째, 찬성 측이 사례로 든 워런 버핏의 검소한 소비 습관은 아르바이트를 통해 형성된 것이 아니기 때문에 논제와 연관이 없습니다. 그렇기에 찬성 측의 논리를 받아들일 수 없습니다.

토론 유형에 따라 반론자가 두 명 이상일 경우, 같은 팀의 반론자끼리 반론할 상대측 논증을 적절하게 분배하는 것도 필요합니다. 예를 들어 다음과 같이 역할을 분담할 수 있습니다.

첫 번째 반론자	두 번째 반론자
- 상대측 전체 주장의 중심 문제 지적 - 반론할 문제의 절반 또는 전체 제시 - 자기 측 주장 요약	- 새롭게 드러난 쟁점 파악 - 상대방 주장의 논리적 오류 지적 - 요약 및 상대방과의 비교

　　또한 반론을 할 때는 다음과 같은 점을 고려할 필요가 있습니다.

　　첫째, 자기 측이 반론할 내용도 신뢰성과 타당성을 갖고 있어야 합니다. 자기 측 발언의 논증도 상대방에게 반론 대상이 되기 때문입니다. 그러므로 상대측 논증을 반론할 근거나 사례를 찾을 때 믿을 만한지, 주장과 연관성이 있는지 등을 면밀히 검토해야 합니다. 그리고 자료나 근거를 제시할 때는 반드시 분명한 출처를 밝혀야 합니다. 반론에서는 입론에서 했던 주장을 단순히 반복하면 안 되며 주장에 대해 장황한 부연 설명을 해서도 안 됩니다.

　　둘째, 입론과 확인 질문을 통하여 자기 측에 유리한 쟁점을 찾아 정리하고, 하나의 쟁점에 대해 서로 다른 주장이 무엇인지 살펴보아야 합니다. 예를 들어 논제 '청소년 아르바이트는 바람직하다'에 관한 사례 중에서 '벌어들인 돈으로 경제 활동을 한다'는 것은 찬반 측이 공통으로 인정하지만, 그 경제 활동이 '건전할 것이다'와 '건전하지 못할 것이다'에 대해서는 의견이 갈라져 있습니다. 그러므로 상대측 의견에서 문제가 될 부분과 자기 측이 유리하거나 우세한 사항을 만들기 위해 필요한 것을 적극적으로 찾아야 합니다.

　　셋째, 반론을 효율적으로 발표하기 위해 자기 측의 반론 내용도 체계적으로 구성해야 합니다. 이를 위해 발표할 내용을 일정한 순서에 따라 짜는 것이 발언의 핵심을 표현하는 데에 유리합니다. 예를 들어 반론 내용이나 주장을 선(先)—후(後), 대(大)—소(小), 인(因)—과(果), 구(舊)—신(新)과 같은 순서로 정리할 수도 있습니다.

　　넷째, 입론이나 확인 질문에서 나오지 않았던 주장을 반론에서 처음 제시하면 안 됩니다. 돌발 쟁점을 제기하여 토론의 방향을 바꾸는 것은 논제를 논의하는 데에 필요한 집중력을 저해할 수 있기 때문입니다. 따라서 상대측이 제시한 논증의 범위 내에서 상대의 논리적 모순과 문제점을 집중적으로 반론하는 것이 좋습니다.

다섯째, 상대측이 주장한 논증을 모두 반론하는 것이 좋습니다. 시간이 부족하거나 자기 측의 논제 분석 능력이 부족하여 다 반론하기 어려운 경우에는 우선순위를 정할 수밖에 없겠지만, 교육 토론에서는 상대측이 제시한 주장을 모두 반론하는 것이 유리합니다. 교육 토론의 경우에는 반론할 때 거론하지 않은 쟁점은 수용한 것으로 간주하기 때문입니다.

여섯째, 상대측의 주장, 근거, 연결 고리, 사례 등의 모든 요소가 잘못되었다고 반론할 필요는 없습니다. 만약 이 네 가지 구성 요소가 모두 잘못이라고 반론하면 시간이 오래 걸릴 뿐 아니라, 상대측이 자기 측의 논증(주장-근거-연결 고리-사례) 중 하나만 반론하는 것에 성공해도 오히려 자기 측이 말한 것이 거짓으로 증명되기 때문입니다. 그래서 상대측의 논증 중 한 가지 요소라도 반론하면 그 논증 전체를 부정할 수 있는 방법을 먼저 시도해야 합니다.

한눈에 정리

| 반론의 정의 |
• 상대측의 논증 구조, 즉 주장이나 근거, 사례, 연결 고리 등을 공격하는 것

| 반론의 구성 방법 |
• 각 구성 요소인 주장, 근거, 연결 고리, 사례가 참인지, '주장과 근거', '근거와 연결 고리', '주장과 연결 고리' 간에 연관성이 있는지 등을 검토함.
• 상대측이 주장하는 바 때문에 생길 문제점과 부작용이 없는지 점검하여 발견된 오류를 집중적으로 제시함.
• 반론은 각 발언의 논증 구조를 이루는 구성 요소들, 즉 근거, 연결 고리에 대한 부정확성, 오류 등을 밝히거나 주장에 대한 부작용, 대안 등을 제시하는 것임.

교실 LINK

반론할 때 상대측이 자기주장을 위해 제시한 모든 논증을 다 반론해야 하나요? 첫째, 둘째, 셋째 중에서 두 개 정도를 무너뜨리면 상대측이 주장한 내용은 상당한 타격을 입지 않나요?

맞습니다. 세 가지 논증 중에서 두 가지 정도만 반론해도 상대측의 주장은 큰 훼손을 입게 됩니다. 그런데 토론에서는 자기의 주장을 설득하기 위해 상대측의 논증을 무너뜨리고 자기의 주장을 강화하는 반론의 논증, 즉 찬성 측은 입증의 책임, 반대 측은 반증의 의무를 갖게 됩니다. 이를 통해 합리적인 공동체의 의사 결정 방법을 배우게 됩니다. 그래서 교육 토론의 경우 상대측이 주장을 강화하기 위해 제시한 논증 구조를 모두 반론하게 함으로써 교육적인 효과를 얻으려고 하는 것입니다. 판정을 할 때 상대측의 논증 중에서 반론하지 않은 것은 인정한 것으로 간주합니다. 상대측의 합리적인 논증을 인정하는 것도 배려와 예의를 보여 주는 민주 시민의 자질이긴 하지만, 교육 토론이란 점을 강조하는 측면에서 최대한 많이 논증에 대해 반론하기를 주문하는 것입니다.

질문 20 반론을 하는 구체적인 방법은 어떤 것이 있나요?

토론은 상대측의 논증을 얼마나 효율적이고 논리적으로 무너뜨리느냐가 성패를 결정한다. 이를 위해 무엇보다 반론이 중시되는데, 어떤 경우이든 완벽한 논증은 사실상 불가능하기 때문에 반론의 가능성이 늘 존재하게 된다. 그래서 구체적으로 반론을 행할 때 각각의 논증에 따라 다양한 반론 관점을 세울 필요가 있다. 반론의 구체적인 방법을 익히고 이를 적용하여 반론하는 것이 토론의 필수 요소가 될 것이다. 이러한 반론을 하는 구체적인 방법들에는 어떤 것들이 있을까?

일단 학생들이 실제로 했던 토론 중에서 확인 질문과 최종 발언을 제외한 토론 개요 표를 보겠습니다. 토론의 논제는 '청소년 아르바이트는 바람직하다'이며 각 팀이 세 명으로 구성되어 프닉스 형식으로 한 토론입니다. 이 토론 개요 표를 사례로 들면서 반론이 어떤 유형으로 전개되는지 살펴보겠습니다.

찬성 측	반대 측
[1. 입론]	**[3. 반론 및 입론]**
1. 학생으로서 경제 활동을 할 수 있는 가장 현실적인 수단이 아르바이트이다. ① 청소년 시기에 소득이 필요한 학생이 있습니다. ② 아르바이트는 학습과 병행할 수 있는 가장 현실적인 경제 활동 수단입니다.	1. 아르바이트 외에도 경제 활동을 할 수 있는 수단이 있다. ① 학창 시절에 아르바이트 외에도 경제 활동을 할 수 있습니다. 집안일을 도와 부모님에게 받는 용돈, 장학금도 하나의 소득이 될 수 있습니다. ② 더불어 경제 캠프에 참가하거나 금융 거래를 하며 간접적인 경제 활동을 경험할 수도 있습니다.
2. 아르바이트는 사전 경험으로 사회 적응력을 길러 준다. ① 여러 사람과 대면하며 소극적인 성격을 개선할 수 있습니다. ② 직무를 수행하며 자립심과 책임감을 기를 수 있습니다. | 사례 | 미국에서는 학생 고용 교육 프로그램인 SEE (Student Educational Employment) 등으로 청소년에게 공공 근로 일자리를 제공합니다. 독일에서도 학교와 기업이 연계하여 직업 교육을 합니다. 　우리나라에는 미국이나 독일과 같은 프로그램이 없기 때문에 아르바이트가 사회 적응력을 길러 줄 수 있는 좋은 기회가 됩니다.	2. 아르바이트는 사회 적응력을 길러 주기에 부족하다. ① 고용주에게 부당한 대우를 받으면서 소극적인 성격을 개선하는 것은 힘들다고 봅니다. | 사례 | ○○ 조사에 따르면 임금 체불을 당한 경우가 ○○%이고, 성희롱과 성범죄를 경험한 경우가 ○○%입니다. ② 아르바이트는 단순 업무이므로 자립심, 책임감을 기르기 어렵습니다. | 사례 | ○○ 논문에 의하면 청소년 아르바이트 직종의 약 30%가 전단지 돌리기이며 18.5%가 음식점 서빙입니다. 　차라리 동아리 활동이나 학급 활동에 참여하여 맡은 역할을 수행함으로써 자립심과 책임감을 더 기를 수 있습니다. ③ 우리나라에도 미국의 SEE 못지않은 청소년 인턴제 프로그램이 있습니다.

3. 아르바이트를 통해서 돈의 소중함을 알게 되어 건전한
소비 습관이 형성된다.

노력의 대가인 돈을 함부로 낭비하지 않습니다.

| 사례 | 워런 버핏은 검소하게 생활하기로 유명합니다.
점심으로 햄버거와 콜라를 즐겨 먹고 중고차를 직접 몰
고 다니며, 50년째 같은 집에서 산다고 합니다.

3. 돈의 소중함을 깨닫지 못한다.

① 건전한 소비 습관이 형성되기보다 돈을 낭비하게 되는
경우가 더 많습니다.

| 사례 | 서울 YMCA 자료에 따르면 아르바이트로 번
돈을 52.5%는 옷과 신발 구매, 9%는 유흥비, 10%는
술과 담배 구입에 쓴다고 합니다.

② 찬성 측이 사례로 든 워런 버핏의 검소한 소비 습관은
아르바이트를 통해 형성된 것이 아니기 때문에 논제와
연관이 없습니다.

[5. 반론]

1. 아르바이트를 하는 것이 가장 현실적인 도움이 된다.

① 일한 대가로 부모님에게 용돈을 받는 것과 아르바이트
를 해서 돈을 버는 것은 같다고 볼 수 없습니다.

② 가정 형편이 어려운 학생들에게는 아르바이트로 번 돈
이 가장 현실적인 소득이 됩니다.

③ 또한 경제 캠프 참가 등의 간접적인 경제 활동 경험은
실제로 도움이 되지 않습니다.

[7. 반론]

1. 학생들이 어려운 가정 형편 때문에 아르바이트를 한다는
주장은 사실을 과장한 것이다.

○○ 자료에 따르면 가정 형편이 어려워서 아르바이트를
하는 학생들은 아르바이트를 하는 전체 학생의 4%가량
에 불과하다고 합니다. 81%가량은 본인의 용돈을 마련
하기 위해 아르바이트를 하는 것입니다. 따라서 가정 형
편이 어려워 학생들이 아르바이트를 한다는 상대측 주장
은 사실을 확대 해석하고 있는 것입니다.

2. 아르바이트는 다른 활동보다 사회 적응력을 기르는 데
효과적이다.

① 학교에서 하는 동아리 활동이나 학급 활동은 실제 사회
생활과 차원이 다르다고 생각합니다. 학교의 활동은 제
한된 소수의 활동이며 수동적인 활동이지만 아르바이트
는 자신이 선택하여 하는 활동이기 때문에 책임감을 느
끼는 정도가 다릅니다.

② 부당한 대우에 맞서다 보면 소극적 성격을 개선할 수
있습니다.

③ 현재 학생들을 위한 직업 체험 프로그램은 존재하지만
그 기회가 많지 않고 실효성도 크지 않습니다.

2. 간접 경험을 하는 것도 중요하며, 그것을 통해 사회 적
응력을 기를 수 있다.

청소년 시기에 사회 경험을 미리 할 필요가 없다고 생각
합니다. 직접 경험뿐만 아니라 학교생활을 통한 간접 경험
도 중요합니다. 또한 학교 교육 과정으로도 사회 적응력을
충분히 기를 수 있습니다.

3. 아르바이트로 번 돈을 낭비하게 된다는 것은 사실을 확
대 해석한 경우이다.

신발과 옷을 구매하는 것은 돈을 낭비하는 것이 아닙니
다. 반대 측에서 제시한 사례를 보면 유흥비와, 술과 담배
소비 비중은 19%에 지나지 않았습니다. 그것으로 돈을 낭비
한다고 보는 것은 사실을 지나치게 확대 해석한 경우입니다.

3. 비중이 낮아도 유해한 소비는 바람직하지 않다.

아르바이트로 번 돈을 유흥비, 술과 담배로 소비하는 비
중이 낮다고 해도 그것이 청소년에게 유해한 소비라면 바
람직하다고 할 수 없습니다. 그리고 신발과 옷 등에 필요
이상으로 돈을 사용한다면 낭비라고 할 수 있습니다.

[9. 2차 반론]

1. 아르바이트를 해야 하는 학생이 소수지만 분명히 있다.

아르바이트가 필요한 이유는 다양할 수 있습니다. 최소
한의 소득으로 생활에 실질적 도움이 꼭 필요한 사람에게
는 아르바이트가 바람직하다고 할 수 있습니다. 모두는 아
니지만 아르바이트의 필요를 느끼는 학생이 일정 비율 분
명히 있습니다.

[10. 2차 반론]

1. 아르바이트보다 공부를 하며 학교 제도를 적절히 이용하
는 것이 바람직하다.

앞에서 언급했듯이 가정 형편이 어려운 학생들을 위해
장학금, 학비 감면 등 여러 사회 복지 제도가 마련되어 있
습니다. 따라서 아르바이트보다는 공부를 하면서 학교 제도
를 적절하게 이용하는 것이 더 실질적이고 현실적입니다.

2. 학교에서 하는 경험으로는 사회 적응력을 기를 수 없다.

학교에서 하는 간접 경험으로는 사회 적응력을 기를 수
없음을 다시 한 번 주장합니다. 왜냐하면 학교에서는 이론
중심으로 배우지만 사회는 이론과 다르기 때문입니다.

2. 청소년기에 사회 현실을 미리 경험할 필요가 없다.

사회 현실은 청소년기 이후에 자연스럽게 익힐 수 있으
므로 시간, 육체적 노동 등의 많은 대가를 지불하면서까지
미리 경험할 필요는 없습니다.

3. 아르바이트의 부작용이라고 주장하는 내용이 아르바이트 때문인지 밝히기 어렵다.

아르바이트로 번 돈이 유흥비, 술과 담배 소비에 사용되는 것이 청소년에게 유해한 것은 맞지만, 아르바이트 때문에 술과 담배 소비가 늘어나는 것인지, 술과 담배 소비가 많은 학생들이 아르바이트를 하는 것인지 인과 관계를 밝힐 수 없습니다.

상대측이 주장하는 부작용은 용돈을 받아서도 얼마든지 할 수 있는 소비 형태입니다. 따라서 아르바이트가 문제의 원인은 아닙니다. 청소년들의 용돈 사용 실태를 사례로 들겠습니다.

| 사례 | 구리 YMCA 자료에 따르면 용돈의 34.2%를 신변 잡화 구입으로, 21%를 문화 활동으로, 19.1%를 간식비로 쓴다고 합니다.

3. 아르바이트가 낭비를 조장한다.

유흥비, 술과 담배 구입으로 돈을 소비하는 것도 바람직하지 않은 일이며, 인과 관계 문제를 떠나 필요 이상의 돈을 사용한 것은 분명히 낭비라고 할 수 있습니다. 아르바이트가 이러한 낭비를 더욱 조장한다고 보는 것입니다.

반론에는 상대방의 논증을 구성한 각 요소(근거, 연결 고리, 사례, 조건)들의 결점과 오류를 직접 지적하는 방법이 있습니다. 이는 사실과 진리로 상대방의 주장, 근거, 사례가 부당하거나 허위이거나 모순임을 직접적으로 반론하는 것입니다. 예를 들어 상대측이 '우리나라는 세계에서 가장 낮은 출산율을 보이는 나라'라고 주장하고 그에 대한 사례 자료를 제시했을 때 우리나라보다 출산율이 더 낮은 나라의 사례와 수치를 제시함으로써 상대 주장의 진실성을 직접적으로 훼손하는 방법입니다. 즉 사례의 사실성을 부정해 버리는 것이지요.

따라서 직접적인 반론을 수행하기 위해 실제 토론에서 활용할 수 있는 필수적이고 구체적인 전략은 상대측 논증 구조의 각 요소를 점검하는 것입니다.

- 주장하는 사실이나 의견이 잘못되었음을 보여 주거나, 만약 이것이 옳다면 부적절하다는 것을 보여 주며 오류를 증명한다.
- 만약 주장이 정확하고 적절하다면 이를 뒷받침하는 근거가 결론을 도출해 내는 데 잘못되었거나 부적절한 것을 보여 주며 오류를 증명한다.
- 근거도 받아들일 만하다면 도출해 낸 주장과 근거의 연결 고리가 부적절하다거나 주장이 논제와 부적합하다는 것을 보이면서 부적절함을 증명한다.
- 각 부분에서 제시하는 사례(예시)는 사실인가, 근거나 연결 고리, 그리고 주장 등을 적절하게 설명할 수 있는 관련성이 있는 것인가를 점검한다.

앞에서 설명한 각 단계에서 점검할 사항들을 정리하면 다음과 같이 일반화할 수 있습니다. 제시하는 항목들을 각 논증 구조의 구성 요소(근거, 연결 고리, 사례, 조건 등)에 적용하여 점검하는 방법을 상대방의 허점과 오류를 찾아내는 기준으로 삼을 수 있습니다.

1) 사실성

- 상대측이 제시한 〔주장/근거/연결 고리/사례/조건〕이 사실(진리)인가? 또는 정확한가?
- 상대측이 인용한 요소들은 믿을 만한 것인가? 받아들일 수 있는 것(수용 가능성)인가?

예전에 "사실이야? 진짜야?"라는 말이 유행했던 적이 있습니다. 주장하는 바를 다른 사람이 믿게 하려면 그 주장의 각 요소가 사실이어야 한다는 것이 가장 중요합니다. 만약 어떤 주장이 사실에 어긋나는 거짓이라면 아무리 말을 잘해도 상대방에게 받아들여지기 어렵습니다. 그럼 앞서 제시한 토론 개요 표에서 이에 해당하는 반론 사례를 찾아보겠습니다.

| 사례 1 |

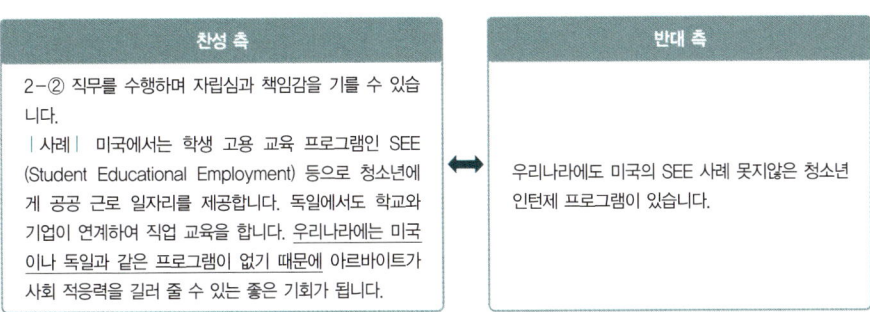

찬성 측	반대 측
2-② 직무를 수행하며 자립심과 책임감을 기를 수 있습니다. | 사례 | 미국에서는 학생 고용 교육 프로그램인 SEE (Student Educational Employment) 등으로 청소년에게 공공 근로 일자리를 제공합니다. 독일에서도 학교와 기업이 연계하여 직업 교육을 합니다. 우리나라에는 미국이나 독일과 같은 프로그램이 없기 때문에 아르바이트가 사회 적응력을 길러 줄 수 있는 좋은 기회가 됩니다.	우리나라에도 미국의 SEE 사례 못지않은 청소년 인턴제 프로그램이 있습니다.

반대 측이 찬성 측이 〔1. 입론〕의 2-②에서 제시한 사례 중에서 밑줄 친 부분이 사실인지를 확인한 후 거기에 대해 반론하고 있습니다.

2) 관련성(유기성)

─ 제시된 사실들은 모순이 없는가?

─ 상대측이 제시한 〔주장과 근거/연결 고리/사례/조건〕이 서로 관련성은 있는가?

─ 추론 과정에서 오류는 없는가?

이 기준에 어긋날 경우 논리적인 허점이 크게 보일 수 있습니다. 주장을 강화하기 위해 사용한 근거가 주장과 관련성이 없거나 약하면 주장의 설득력이 떨어질 것입니다. 또한 사례로 든 자료나 정보가 주장, 근거, 연결 고리의 적절한 예가 아닐 때 논증은 힘을 잃을 것입니다. 물론 상대측이 근사해 보이는 사례를 찾아 제시할 경우 그것에 매료되어 설득될 수도 있습니다. 그러나 이 기준에 따라 논증을 검증하는 것은 사례가 아무리 근사하더라도 주장과의 연관성이 부족할 때는 논증에 문제가 있음을 찾아내야 한다는 말입니다.

| 사례 |

찬성 측		반대 측
3. 비중이 낮아도 유해한 소비는 바람직하지 않다. 아르바이트로 번 돈을 유흥비, 술과 담배로 소비하는 비중이 낮다고 해도 그것이 청소년에게 유해한 소비라면 바람직하다고 할 수 없습니다. 그리고 신발과 옷 등에 필요 이상으로 돈을 사용한다면 낭비라고 할 수 있습니다.	↔	유흥비, 술과 담배 소비에 사용되는 것이 청소년에게 유해한 것은 맞지만, 아르바이트 때문에 술과 담배 소비가 늘어나는 것인지, 술과 담배 소비가 많은 학생들이 아르바이트를 하는 것인지 인과 관계를 밝힐 수 없습니다. 용돈을 받아서도 얼마든지 할 수 있는 소비 형태입니다. 따라서 아르바이트가 문제가 되는 것은 아닙니다.

찬성 측이 반대 측 주장 중 '〔7. 반론〕 3'을 반론하고 있습니다. 이 경우 찬성 측은 반대 측이 주장한 술, 담배 소비가 부정적인 것은 맞지만 그것이 아르바이트가 바람직하지 않다는 근거가 될 수 없음을 들어 반론하고 있습니다. 즉 제시한 근거가 아르바이트가 바람직하냐 아니냐를 판단하는 적절한 관련성이 없음을 말하고 있는 것입니다.

3) 충분성

— 제시된 사실들이 주장을 지지하기에 충분한가?

— 의견이 제대로 된 출처에서 나온 것인가? 출처가 공정한가?

— 〔근거/연결 고리/사례〕들이 일반화될 수 있는 것들인가?(성급한 일반화의 오
  류는 아닌가?)

이 반론 방법은 우리가 흔히 알고 있는 '성급한 일반화의 오류'를 떠올리게 합니
다. 그런데 실제 토론에서 사례를 두 개 정도 들고 주장하는 것을 근거가 충분하지
않다고 지적하여 반론하는 것은 적절하지 않을 수 있습니다. 왜냐하면 어차피 토론
에서 발표할 때 주장 2, 3개를 3, 4분에 말하기 때문에 각각의 근거나 사례를 무한
정 많이 들 수 없기 때문입니다. 만약에 그런 식으로 근거가 적다고 반론한다면 상
대방은 "그럼 시간을 한 시간 정도 주시겠습니까? 다른 근거를 들어 보겠습니다."
라고 말할지도 모릅니다. 대체로 이 경우에 충분성을 운운하는 것은 바람직하지 않
고 제시된 사례의 비율이나 정도가 주장을 이끌어 내기에 부족하다는 점을 반론할
수 있을 때 사용하면 될 것입니다.

| 사례 |

찬성 측	반대 측
[1. 입론] 1. 학생으로서 경제 활동을 할 수 있는 가장 현실적인 수단은 아르바이트이다. ① 청소년 시기에 소득이 필요한 학생이 있습니다.	○○ 자료에 의하면 가정 형편이 어려워서 아르바이트를 하는 학생들은 아르바이트를 하는 전체 학생들의 4% 가량에 해당한다고 합니다. 4%의 학생들이 하는 활동을 일반적인 현상인 것처럼 주장하는 것은 무리한 주장이라고 생각합니다.

겨우 4%를 가지고 그것을 일반화하는 것은 성급한 일반화가 될 수 있습니다. 매
우 적은 비율의 인원이 하는 행위를 일반적인 행위라고 하는 것은 누가 보아도 인
정하기 어려운 억지이기 때문입니다.

또 반론에는 상대방 논증의 각 요소(주장-근거-연결 고리)를 조목조목 직접 반론
하거나 논리적인 모순을 제시하지 않고 상대측의 주장과는 다른 관점을 제시하여

상대방의 주장을 약화시키는 방법도 있습니다. 다시 말해 상대방 논증의 세부 구성 요소가 아닌 상대방의 주장에 대해 방향성이나 방안 등을 다른 관점으로 제시한다는 것입니다. 상대의 주장이 현실성이 없다거나 실현 가능성이 없다는 것을 자신의 더 나은 방안으로 밝히거나 상대방의 주장이 진리라고 가정한 다음 상대방이 주장한 대로 할 경우 황당하거나 부정적인 결과가 나타날 것임을 주장하는 방식입니다.

이러한 유형의 반론 방법은 상대 주장이 가져올 부작용 제시하기, 상대 주장보다 나은 새 방안 제시하기 등이 있으며 정책 논제로 행하는 토론에서 매우 유용하게 사용할 수 있습니다.

4) 부작용 찾기

− 상대측이 제시한 주장보다 더 중요한 것은 없는가?
− 상대측이 제시한 주장이 불러일으키는 문제(부작용)는 없는가?

상대측이 제시한 주장이 제 기능을 못하거나 오히려 더 심각한 문제를 일으킨다고 주장하는 방식입니다. 예를 들어 수학 능력 시험을 준비하는 학생이 언어 영역 성적이 잘 나오지 않아 이를 해결하는 방법으로 학원을 다니거나 학습 시간을 늘려야 한다고 주장할 수 있습니다. 그러나 학원에 다니는 것이 언어 영역 점수를 올리는 데 정말 중요한 변수인지, 그것 때문에 더 큰 문제는 안 생기는지 등을 따질 수 있습니다. 학습 시간을 늘리는 것도 다른 과목의 성적 하락이라는 악영향은 없는지, 학습 시간이 적은 것이 언어 영역 부진의 가장 중요한 요소인지 등을 점검해야 합니다.

이 반론은 상대측의 주장이 여러 인과 관계로 구성되어 있을 때 효율적입니다. 반대로 어느 한쪽의 주장만이 어떤 하나의 결과를 가져오는 경우일 때는 그 유일성으로 인해 반론이 쉽지 않습니다. 이를 역으로 이용하면 상대측의 반론을 적절하게 방어하는 자기 측의 전략으로 사용할 수 있습니다. 우리 측은 우리가 주장하는 것 외에 다른 대안이나 방법이 없는 것을 선택하게 노력하면 됩니다. 그러면 부작용 논쟁으로부터 벗어날 수 있습니다.

| 사례 |

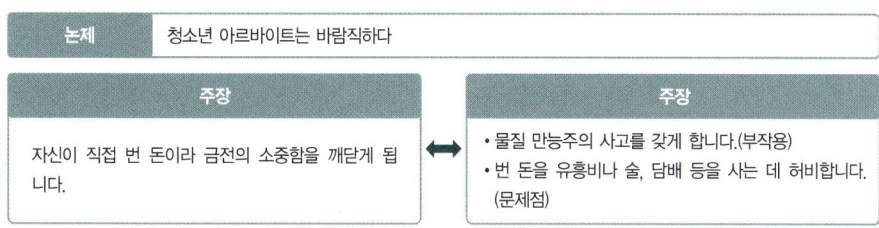

| 논제 | 청소년 아르바이트는 바람직하다 |

주장	주장
자신이 직접 번 돈이라 금전의 소중함을 깨닫게 됩니다.	• 물질 만능주의 사고를 갖게 합니다.(부작용) • 번 돈을 유흥비나 술, 담배 등을 사는 데 허비합니다.(문제점)

반론을 준비할 때 '아르바이트를 하여 돈을 벌면 금전의 소중함을 안다'는 주장이 반드시 참이 아니고 다른 부작용이나 문제점이 발견될 수는 없는지 비판적인 시각으로 주장을 분석하면 됩니다. 여기에서는 돈을 최고의 가치로 여기는 사고를 갖게 된다든지 삶의 가치를 돈에 두게 될 수도 있다는 부작용을 찾아 반론하고 있습니다. 또 돈을 유흥비나 술, 담배 등의 불건전한 곳에 사용하려는 유혹에 빠질 수도 있다는 폐해를 들어 찬성 측의 논증을 반론하고 있지요.

5) 새 방안 찾기

— 상대측이 제시한 주장은 어떤 점을 잃게 하고 우리 측 주장은 무엇을 얻게 하는가?
— 상대측이 제시한 주장이 실현 가능한 가장 합리적인 방안인가? 그 대신에 내놓을 방안은 없는가?

토론에서는 찬성 측이 기존 질서를 변화시키는 새로운 제안을 하고 반대 측은 기존 현상이 문제가 없음을 들어 방어하는 입장을 취하는 경우가 많습니다. 그래서 반대 측은 기존의 현상을 유지하려는 노력만 해서 찬성 측의 주장을 무마시킬 수도 있습니다. 그러나 좀 더 적극적으로, 상대측이 제안한 것을 받아들이면 자기 측이 제시할 더 나은 어떤 제안을 잃게 된다는 점을 들어 상대측 주장과 다른 새로운 방안이나 주장을 내세울 수 있습니다. 그리고 그 대안이 상대측의 주장보다 어떤 근거나 사례에 의해 더 가치 있는지를 설명하는 방식으로 반론을 진행하면 됩니다.

논제	청소년 아르바이트는 바람직하다

주장	주장
학생으로서 경제 활동을 할 수 있는 가장 현실적인 수단은 아르바이트이다. ① 가정 형편이 어려워서 청소년 시기에 소득이 필요한 학생이 있습니다. ② 아르바이트는 학습과 병행할 수 있는 가장 현실적인 경제 활동 수단입니다.	• 주장 1 – 가정 형편이 어려운 학생들을 위해 장학금, 학비 감면 등 여러 사회 복지 제도가 마련되어 있습니다. • 주장 2 – 집안일을 도와 부모님에게 받은 용돈이나 장학금도 하나의 소득이 될 수 있습니다. 더불어 경제 캠프 참가 및 금융 거래 등을 통해 간접적인 경제 활동 경험도 할 수 있습니다.

찬성 측의 주장은 '청소년 시기에 가정 형편 때문에 경제 활동이 필요한 학생이 있고 그중 아르바이트가 가장 현실적 방법이라는 것'입니다. 그러나 반대 측은 더 나은 방안이 있다고 주장합니다. 이에 따라 장학금이나 학비 감면 제도 등의 도움을 받으며 학생의 본업인 학업에 열중하는 것이 대안이라고 하였습니다. 아울러 경제 활동은 간접적인 경제 체험 프로그램으로 충분히 학습하고 경험할 수 있다는 주장을 들어 찬성 측의 논증을 반론하고 있습니다.

한눈에 정리

| 반론의 방법 |

• **사실성** 근거, 사례, 연결 고리가 사실인가, 받아들일 수 있는가를 점검해야 함.

• **관련성** 주장과 근거, 근거와 사례, 주장과 사례가 관련이 있는지 점검하고 연결 고리가 타당한지 점검해야 함.

• **충분성** 제시한 근거나 사례가 주장, 연결 고리를 뒷받침하기에 충분한지 점검해야 함.

• **부작용 찾기** 상대측이 제시한 주장을 인정할 때 생기는 불이익, 부작용, 문제점을 제시하며 그 주장을 부정해야 함.

• **새 방안 찾기** 상대측이 제시한 주장보다 더 나은 방안을 제시하며 그 주장을 무너뜨려야 함.

논증의 구성 요소를 직접 부정하는 반론 방법과 주장이 지니는 문제를 지적하고 더 나은 방안을 제시하는 반론 방법을 함께 쓸 수는 없나요?

논증 구조 중 하나의 요소를 반론하는 방법은 말꼬리 잡기식 비생산적 토론이란 인상을 받기 쉽고, 부작용이나 대안을 제시하는 반론 방법은 남의 의견을 듣지 않고 자기주장만 한다는 인상을 받기 쉽습니다. 그래서 효과적이고 설득력 있는 반론은 이 방법들을 결합하는 반론입니다. 상대측 주장의 결점과 오류를 지적하고 그 대안으로 대체 가능한 논증을 제시할 때 효율적으로 반박하는 것이 가능합니다.

효과적인 반론 연습 방법이 있나요?

학생들을 지도할 때 논증 구조를 논리적으로 직접 반론하는 연습을 먼저 하게 하는 것이 좋습니다. 상대의 논증을 잘 듣고 그 구성 요소들이 타당한지, 요소들 간의 관계가 타당한지를 검증하는 훈련을 먼저 하는 것이 분석적이고 논리적인 사고를 기르는 데에 효과적이기 때문입니다. 부작용이나 문제점 지적, 대안을 제시하는 반론은 자료 조사 활동이나 관련 문헌의 도움을 받아야 하는 부분이 있어 그 다음 순서로 학습하면 좋습니다.

오류를 찾아내면 반론을 잘할 수 있나요?

논증 구조를 만들 때 주장과 근거, 주장과 연결 고리, 근거와 연결 고리 사이에 비논리적인 요소가 들어가면 이 논증은 좋은 논증이 될 수 없다. 이와 관련해서 논리학에서는 '오류'라는 개념으로 잘못된 논증의 구조를 점검하고 있는데 토론에서도 상대측 논증 속에 들어 있는 오류를 찾아낼 수 있다면 반론을 좀 더 수월하게 진행할 수 있다. 이를 위해 논증 구조의 각 구성 요소들 간의 문제를 유형화한 오류는 어떤 것이 있을까 알아보는 것도 의미 있는 활동이 된다. 이러한 노력으로 반론의 방법을 익힐 수도 있다.

토론에서는 주장할 때 반드시 어떤 근거를 제시하게 되는데 이 과정에서 범하게 되는 잘못을 '오류'라고 합니다. 오류는 논증을 방해하여 논증의 목표를 달성하지 못하게 합니다. 그래서 반론에서는 상대측이 제시한 의견에 들어 있는 오류를 찾아 이를 증명하고 논증의 부당함을 주장하는 것이 필수 요소입니다. 그러나 실제 토론 현장에서 상대측의 오류를 지적할 때 논리학적인 용어를 직접 사용하는 것보다 그것을 풀어서 설명하며 제시하는 것이 효과적입니다. 용어는 이론상 확정된 어휘도 아니며 상대측이 용어를 잘 이해하지 못할 경우 적절한 의사 교환이 이루어지지 않을 수도 있습니다. 더구나 용어까지 정확히 알고 있느냐가 토론 과정의 핵심 요소가 아니기 때문입니다.

논리학에서는 오류를 다양한 분류 방식으로 구별하여 제시하지만 여기서는 토론 시 자주 범하는 오류들을 중심으로 몇 가지만 살펴보겠습니다.

1) 논점 일탈의 오류

실제 토론에서 자주 나오지는 않겠지만 이 오류를 범한다면 이는 토론의 기본인 논제 분석이 잘못되었음을 뜻합니다. 현재 쟁점이 되고 있는 논제와 무관한 주장을 펼치거나 무관한 근거를 제시하면 이 오류에 빠지는 것을 넘어 논제를 무시한 무의미한 토론이 됩니다.

예를 들어 '청소년 아르바이트는 바람직하다'는 논제로 토론을 할 때 논쟁의 핵심이 '현실과 이상이냐', '옳고 그름이냐'를 분명히 하지 않으면 논점에서 벗어나게 됩니다. '현실에서 청소년 아르바이트가 가능하냐' 쪽으로 토론을 하면 분명 논점에서 벗어난 토론이 되므로 '청소년 아르바이트가 바람직한지'에 초점을 맞추어야 합니다. 앞서 든 사례 중 청소년이 현실에서 할 수 있는 가장 효율적인 경제 활동이 아르바이트라는 것과 그것이 바람직하다는 것은 별개의 문제일 수도 있다는 점을 고려해 볼 만합니다.

2) 허수아비 논증의 오류

상대측의 논증에서 주장이 아닌 것을 주장이라고 왜곡하여 그것을 공격하는 경우에 생기는 오류입니다. 상대측이 논증한 주장의 핵심이 아니라 자신이 자기 나름대로 해석한 내용을 상대 주장으로 규정(허수아비 세우기)하고 행하는 반론이 이 오류를 범한 경우가 됩니다. 이는 상대측 의견을 경청하지 않은 것이며 듣고 판단하는 능력도 부족한 것을 의미합니다. 또는 자기 측이 반론하기 편하게 상대 주장을 의도적으로 아주 약한 주장으로 바꾼 경우일 수도 있습니다.

'청소년 아르바이트는 바람직하다'에 대해 찬성 측이 '학교 프로그램으로 부족한 영역을 실제 활동인 아르바이트로 채울 수 있는 교육적 가치가 있어 청소년 아르바이트는 바람직한 면이 있다'라고 주장한 것에 대해 반대 측이 '상대는 학교 경제 프로그램이 필요 없다고 주장했다'라고 찬성 측 의견을 정리하며 학교 체제를 부정하는 무책임한 발언이라고 반론하면 이 오류에 해당합니다.

3) 인신공격의 오류

논증과는 전혀 관계없는, 상대방의 개인적인 이력이나 상황을 문제 삼거나 상대방이 처한 사회적 환경이나 사회적 견해를 트집 잡는 오류입니다. 특히 상대측이 주장하는 측면의 내용이 지닌 부도덕성을 들어 발표자의 도덕성까지 문제 삼는 경우도 이에 해당할 수 있습니다. 이 오류는 토론의 목표인 상호 존중의 가치를 무시하는 행위로 실제 토론에서 용납해서는 안 됩니다. 건전한 의사소통의 가치를 지닌 토론 활동의 근본 취지에도 어긋나는 행위입니다.

'청소년 아르바이트는 바람직하다'라고 주장하는 사람에게 '청소년을 생산 활동에 내몰아 학습권을 보장해 주지 않는 무책임한 사람으로 볼 수밖에는 없다'라는 식으로 감정적 대응을 하는 경우가 이에 해당합니다.

4) 발생적 오류

세상의 모든 현상은 여러 상황을 겪으며 변화합니다. 그러나 이를 무시하고 처음 발생할 때의 특성이 지금까지 지속되고 있다고 규정하고 비판할 때 생기는 오류입니다. 주장이나 근거가 과거에 부정적인 면을 가지고 있었다고 해서 토론이 이루어지는 현재에 그것을 들추어내어 논증을 만든다면 이 오류를 범하는 것입니다.

'청소년 아르바이트는 바람직하다'에 반대하는 의견으로 '본래 아르바이트가 비행 청소년의 유흥비 마련이나 가출 청소년의 생활비를 마련하기 위해 시작되었으므로 현재 어떤 이유로 시행되든 정당하지 못하다'라고 주장하는 경우가 이에 해당합니다.

5) 성급한 일반화의 오류

주장을 펼치려면 충분한 근거와 사례가 필요합니다. 연결 고리도 튼튼하고 충분해야 그 주장이 참이 될 수 있습니다. 그런데 불충분한 자료로 비약적인 주장을 이끌어 내는 경우가 있습니다. 이 경우를 성급한 일반화의 오류라고 말합니다.

가정 형편이 어려워서 아르바이트를 하는 학생들이 아르바이트를 하는 전체 학생들의 4%가량 된다고 할 때 '아르바이트는 청소년의 생계 유지에 매우 중요한 활동이다'라고 주장한다면 지나치게 적은 비율을 이용하여 일반화한 것이라고 볼 수 있습니다.

6) 권위에 호소하는 오류

논증을 강화하기 위해 주장이나 근거와 관계없는 분야의 권위자나 전문가의 말을 인용하여 부적절한 결론을 이끌어 내는 경우를 말합니다. 경제적 문제에 대해 교육학자의 교육적 견해를 인용하여 근거를 만든다면 쉽게 인정할 수 없는 논증이 될 것입니다.

'청소년 아르바이트가 바람직하지 않다'를 주장하기 위해 일탈 청소년들이 대부분 아르바이트로 생계를 유지하며 일탈을 지속하고 확산한다는 경찰의 주장을 근거로 사용하며, '경찰도 청소년 아르바이트가 바람직하지 않다고 보기 때문에 바람직하지 않다'라고 한다고 합시다. 이럴 경우 자료의 출처에 불과한 대상을 바람직한지 아닌지의 여부를 결정하는 대상으로 삼았기 때문에 권위에 호소하는 오류가 됩니다.

7) 군중(대중) 심리에 호소하는 오류

다수의 사람이 지닌 의견을 근거로 주장을 제시할 때 발생하는 오류입니다. 인터넷 포털 사이트에 모르는 내용을 묻고 거기에 누리꾼들이 답을 하는 기능이 있습니다. 이 경우 일반적인 통념이나 상식 수준에서 많은 수의 누리꾼이 제시하는 답변이 진리나 사실로 받아들여지는 경우가 많습니다. 또 민주주의 사회의 의사 결정 방법인 다수결의 원칙이 토론에서도 빛을 발하여, 많은 이가 동조한다는 점을 들어 자신의 주장을 펼치거나 상대측의 주장을 반박하는 경우가 있습니다. 그것이 요행히 적절하고 충분한 근거로 작용하면 문제가 없겠지만 단순히 많은 수의 사람들이 그렇게 생각할 뿐이라면 건전하고 타당한 논증이라 할 수 없습니다. 예를 들어 '베스트셀러 도서가 좋은 책이다'라는 주장이 있다고 해 봅시다. 그러나 베스트셀러란 많이 팔린 책을 의미하기 때문에 그것이 좋은 책이라는 근거가 될 수는 없습니다. 이 경우가 대중의 심리를 이용한 오류입니다. 반대로 많은 사람이 반대한다고 해서 어떤 주장을 인정할 수 없다고 하는 경우도 동일한 오류가 될 수 있습니다.

'청소년 아르바이트는 바람직하다'를 주장하기 위해 전체 국민 70%가 청소년 아르바이트의 필요성을 인정했다는 설문 조사 결과를 제시한 후, 대다수가 필요하다고 하므로 그것은 바람직하다고 주장한다면 오류에 해당할 수도 있습니다. 오히려 소수의 의견이 도덕적으로나 인간적으로 더 바람직할 수도 있다는 가능성을 간과한 것입니다.

8) 의도 확대의 오류

상대방이 의도한 내용을 고의로 확대 해석하여 의도하지 않은 내용을 제시하면서 반박하는 경우에 범하게 되는 오류입니다. 상대측의 주장과 그것을 강화하기 위해 제시한 근거를 연결하는 연결 고리를 찾아 반론할 때 범할 수 있는 오류입니다. 설명은 정확히 주장과 근거를 연결하는 객관적이고 논리적인 문장이어야 하는데 이를 주관적으로 확대 해석하여 의도하지 않은 것을 의도했다고 몰아세우는 경우가 여기에 속합니다.

실제로 아르바이트에 참여하는 청소년들은 일탈을 하기 위해 활동을 하는 것이 아니며 과소비를 하려고 의도하지도 않았는데 '청소년 아르바이트는 일탈의 원인이며 과소비의 원인이다'라고 주장하여 청소년 아르바이트가 바람직하지 않다고 주장한다면 이 오류를 범한 것입니다.

9) 잘못된 인과 관계의 오류

겉으로는 원인과 결과의 관계로 연결되어 있는 것으로 보이나 실은 두 사실 간에 인과적 관련성이 없는 경우로 논증을 구성할 때 생기는 오류입니다. 이는 단순히 먼저 일어나고 나중에 일어난 일, 즉 선후 관계를 원인과 결과로 재구성한 데서 오는 오류입니다. '까마귀 날자 배 떨어진다'는 속담과 같은 경우입니다. 흔히 생활 속에서 징크스라고 하는 것들도 이 오류가 될 수 있습니다.

'청소년 아르바이트는 청소년들의 유흥비, 술과 담배 구입비 등을 증가시키기 때문에 바람직하지 않다'라는 주장은 바람직하지 않다는 결론의 원인으로 청소년들이 유흥비나 술, 담배 구입비로 돈을 많이 사용한다는 것을 들었는데, 이는 청소년이 아르바이트를 많이 하기 때문에 유흥비, 술 담배 구입비가 증가하는 것인지, 유흥비를 많이 쓰거나 술과 담배를 많이 하는 학생이 아르바이트를 많이 하는 것인지 뚜렷한 인과 관계를 밝힐 수 없기 때문에 잘못된 인과 관계로 논증을 구성한 것이 될 수 있습니다.

- **논점 일탈의 오류** 주어진 논제와는 관련 없는 논증을 만드는 경우의 오류
  - 예 '청소년 아르바이트는 바람직하다'는 논제에 대한 토론에서 '현실에서 청소년 아르바이트가 가능하냐'쪽으로 토론하는 경우

- **허수아비 논증의 오류** 상대가 주장한 내용을 의도적으로 자기에게 유리하게 바꾼 오류
  - 예 '청소년 아르바이트는 바람직하다'에 대해 찬성 측이 학교 경제 프로그램으로 부족한 부분을 채울 수 있어 바람직하다고 했을 때, '상대는 학교 경제 프로그램이 필요 없다고 주장했다'고 반론하는 경우

- **인신공격의 오류** 논리적인 반론이 아니라 상대측의 인격이나 정황 등의 약점을 이용한 경우의 오류
  - 예 '청소년 아르바이트는 바람직하다'고 주장하는 사람에게 '청소년을 생산 활동에 내몰아 학습권을 보장하지 않는 무책임한 사람'이라고 대응하는 경우

- **발생적 오류** 생성될 당시의 문제를 어느 상황에나 진리로 받아들여 주장하는 경우의 오류
  - 예 '청소년 아르바이트는 바람직하다'는 논제에 대해 '본래 아르바이트는 비행 청소년의 유흥비나 생활비를 마련하기 위해 시작되었으므로 현재 목적으로 하든 바람직하지 못하다'고 주장하는 경우

- **성급한 일반화의 오류** 충분하지 못한 근거로 주장을 세운 경우의 오류
  - 예 가정 형편이 어려워 아르바이트를 하는 학생이 4%가량인데 '아르바이트는 청소년의 생계 유지에 매우 중요한 활동이다'라고 주장하는 경우

- **권위에 호소하는 오류** 해당 논제와 관련이 없는 전문가의 말을 근거로 인용하는 오류
  - 예 '청소년 아르바이트가 바람직하지 않다'고 주장하기 위해 '청소년 대부분이 아르바이트로 생계를 유지하며 일탈한다'는 경찰의 말을 근거로 '경찰도 청소년 아르바이트가 바람직하지 않다고 보기 때문에 청소년 아르바이트는 바람직하지 않다'고 주장하는 경우

- **군중 심리에 호소하는 오류** 다수의 주장을 근거로 결론을 이끌어 내는 오류
  - 예 전체 국민 70%가 청소년 아르바이트의 필요성을 인정했다는 설문 조사 결과를 제시한 후, '대다수 국민이 청소년 아르바이트가 필요하다고 하므로 바람직하다'고 주장하는 경우

- **의도 확대의 오류** 상대측이 주장할 때 근거나 설명으로 전혀 의도하지 않은 것을 의도한 것으로 몰아세우는 오류
  - 예 실제로 청소년이 일탈을 하기 위한 목적으로 아르바이트를 하는 것도 아닌데 '청소년 아르바이트는 청소년 일탈의 원인이기 때문에 청소년 아르바이트는 바람직하지 않다'고 주장하는 경우

- **잘못된 인과 관계의 오류** 근거와 주장을 인과 관계가 아닌 대상으로 연결하며 인과 관계라고 내세우는 오류
  - 예 '청소년 아르바이트는 청소년들의 유흥비 등을 증가시키기 때문에 바람직하지 않다'라며 인과관계를 뚜렷하게 밝힐 수 없는 주장을 하는 경우

실제 아이들이 토론을 할 때 이런 오류를 많이 범하며 그럴 경우 다른 학생들이 발견하고 지적하는 경우가 많은가요?

실제 토론에서 학생들은 오류를 자주 범합니다. 그러나 상대 학생들이 이를 적절하게 분석하여 반론하는 경우는 많지 않습니다. 그 이유는 상대방이 제시하는 주장과 근거, 연결 고리, 사례 부분을 하나의 논증 구조로 판단하는 능력이 부족하기 때문이라고 봅니다. 즉 주장, 근거, 연결 고리, 사례 등을 각각 별도로 듣고 그중 두드러지는 부분만 주목하는 것이죠. 각 요소들을 하나의 논증 구조로 묶어 판단하는 훈련을 하다 보면 이 점이 많이 개선됩니다.

실제로 오류를 잘 가려낼 수 있는 방법은 없나요?

일단 어떤 것들이 오류가 되는지를 아는 것이 중요합니다. 그리고 상대측 주장을 메모할 때 앞에서 배운 논증 구조의 모형대로 도식화하는 것이 효과적입니다. 일단 주장—근거—연결 고리와 사례를 도식화하여 메모합니다. 그런 다음에 주장과 근거, 근거와 연결 고리, 주장과 연결 고리가 연관성이 있는지를 살피고, 사례가 있으면 그것이 세 요소 중에서 어느 것의 사례인지 점검해 보는 것이 좋습니다. 수업 맛보기에서 제시하는 반론하기 연습 방법도 도움이 될 것입니다.

수업
맛보기

|주제| 반론 연습하기
|학습 목표| 상대측 주장(논증)을 듣고 반론 요소를 이용하여 반론할 수 있다.
|준비물| 타이머, 반론 카드(양식), 메모지 1, 메모지 2

학습 단계	지도 방법
도입 (5분)	**학습 도달점 확인** • 사실성, 관련성, 충분성을 설명한다. • 부작용, 새 방안 찾기를 간단히 설명한다.

활동 1
(10분)
	① 학생을 3, 4명 모둠으로 편성한다. (사전 편성 후 계속 활용 가능)
	② 반론 카드를 배부한다.
	   ㉠ 반론 카드를 인쇄하여 학생들에게 나눠 주고 ③의 주장문을 들으며 각각의 논증 구조의 '사실성, 관련성, 충분성' 등에 대해 찾을 수 있는 반론 요소를 모두 찾아 적게 안내한다.
	   ㉡ 각각의 논증 구조에 대해 '부작용, 새 방안' 등에 대해 찾을 수 있는 반론 요소를 모두 찾아 적게 안내한다.
	③ 상대측 입론이나 주장문을 제시한다.
	   실제 토론 기록이나 책에 나온 자료를 제시하면 된다. 이때 학생 한 명을 지명하여 입론문이나 주장문을 실제 상황처럼 읽게 한다.

활동 2
(20분)
	① 학생들에게 작성하는 시간을 준다.
	   반드시 듣는 것과 동시에 반론 표를 작성하게 한다. 개별 작성 후 모둠별로 협의하게 하여 아직 숙달되지 않은 학생들도 적극적으로 참여할 수 있는 지도 방법이 되도록 한다.
	② 학생들에게 발표를 시킨다.
	   모둠별로 찾아낸 문제들을 대표가 발표하게 한다. 발표자는 실제 토론 현장에서 반론을 하도록 한다.

정리 (15분)	• 교사가 피드백을 한다. 발표한 내용에 대한 교사의 평가가 이루어져야 한다. 그 전에 동료 학생들의 피드백 기회를 주는 것도 매우 좋다. 학생들끼리 더 찾아낸 오류에 대해 이야기를 나누고 그 이후 교사가 최종 평가를 한다.
유의 사항	반론도 논증 구조를 중심으로 자기 측 주장을 만들어야 하므로 상대측의 주장을 듣고 반론 요소를 찾은 다음에 '주장, 근거, 연결 고리'의 구조로 구성하여 발표하도록 한다.

논제	학교는 토요일에 휴무를 해야 한다	
상대측 주장	• 근거 1: 학생들은 다양한 자기 계발을 할 수 있다. • 근거의 근거 1: 학생들은 자신이 취미 활동이나 관심 분야를 위해 시간을 쓸 수 있기 때문이다. • 근거 2: 교사들의 수업 질이 더 좋아진다. • 근거의 근거 2: 수업 준비 시간이 늘어나기 때문이다. • 사례: 교사들은 수업에 대해 더 연구하고, 학습 자료를 만들고, 테스트 용지 등을 만든다.	
반론	근거 1	근거 2
사실성	학생들이 토요일에 취미 활동을 위해 시간을 많이 투자하는 것은 사실이 아니다.	교사들이 토요일에 수업을 위해 사용하는 시간은 늘지 않았다.
관련성	학생들이 취미 생활을 한다고 자기 계발이 이루어지는 것은 아니다.	수업 준비 시간이 늘어난다고 수업의 질이 좋아진다는 보장은 없다.
충분성	토요일에 취미 생활을 하겠다는 학생의 비율이 적어 자기 계발로 이어질 근거가 되지 못한다.	토요일 휴무가 되면 수업 준비 시간을 늘리겠다는 교사들의 비율이 적어서 수업의 질이 좋아질 것이란 주장을 이끌어 내기 어렵다.
부작용 불이익	일탈 행위나 무의미한 시간 허비로 흐를 수 있다. 오락이나 놀이로 시간을 쓸 수 있다.	교사들이 그 시간에도 학교 일을 한다면 오히려 학교 내 활동의 질이 떨어질 수도 있다.
새 방안 대안	휴무를 하지 말고 자기 계발을 할 수 있는 프로그램을 만들어 학생들이 학교에 등교하게 하자.	휴무로 교사의 수업 연구 질을 높이지 말고 연수 프로그램, 공동 연수 프로그램 등을 확대 개발하자.

읽고 반론하기

신문 사설, 실제 학생 발표문, 논설문의 일부 등을 읽고 반론 연습을 한다. 토론 프로그램이나 토론 활동 상황을 기록한 자료를 반론 연습의 주장으로 사용하는 것이 좋다.

1) 예시 자료 제시

▶ 논제 − 인간이 이타적인 행위를 하는 이유는 이기심 때문이다.

　근거로는 첫째 남을 도움으로써 얻는 자기만족이 더 크기 때문이다. 사람들은 남을 도움으로써 뿌듯함과 보람을 느끼는데, 여기서 느끼는 만족감 때문에 이타적인 행위를 하려고 한다. 이 행위는 일종의 이기심에서 비롯되었다고 할 수 있다. 예를 들어 봉사 활동을 하는 사람들을 생각해 보자. 봉사 활동을 하는 것은 분명 이타적인 행위이다. 그러나 봉사 활동을 하는 사람들은 이런 활동을 하면서 생기는 자기 나름의 뿌듯함 때문에 하는 것이므로 이 또한 이기심에서 비롯되었다고 할 수 있다. 사람들은 이기심 때문이 아닌 순수한 동기에서부터 나왔다고 하지만, 그 동기마저 자신이 그 일을 함으로써 얻는 만족감이 있기에 시작하는 것이므로 이기심에서 나왔다고 할 수 있다.

　두 번째로 인간은 합리적인 사람, 즉 이치에 따라 사고하고 행동하는 존재이다. 인간이 이타적인 행위를 하는 것은 미래에 자기 자신에게 닥칠지 모르는 상황에 대비하려는 동기에서 비롯되었기 때문이라고 할 수 있다. 따라서 이타적인 행위를 하는 것이 이기심 때문이라고 할 수 있다. 사람들이 미래의 상황에 대비하게 되는 이유는 사회가 점점 각박해지고 이기적 전략만으로는 이 사회에서 살아남기가 어렵기 때문이다. 그래서 사람들은 협동하며 사회에 남게 되는데 이는 우리의 삶에서 호혜성의 원칙이 적용되는 것이다. 이것에 대한 예를 들자면 사냥을 하지 못한 다른 흡혈박쥐에게 피를 게워서까지 주는 흡혈박쥐의 행위는 순수하게 배고픈 박쥐를 돕기 위해서가 아니라 자신에게도 닥칠지 모를 사냥의 실패를 대비하려는 동기에서 진화된 것이라고 한다. 이렇듯 인간이나 동물이 이타적인 행위를 하는 것은 인간 내면에 있는 이기심 때문이다. 점점 각박해져 가고 사람들의 인심도 없어지는 이 사회에서 때론 이기심을 버리고 이타적인 행위를 하는 것이 좀 더 나은 사회를 만들고 진실되게 서로를 믿는 사회가 되지 않을까 하고 생각해 본다.

2) 예시 자료의 논증 구조 정리하기

주장	인간이 이타적인 행위를 하는 이유는 이기심 때문이다.	
근거	남을 도움으로써 얻는 자기만족이 더 크기 때문이다.	미래에 자기 자신에게 닥칠지 모르는 상황에 대비하려는 동기에서 비롯되었기 때문이다.
설명	사람들은 남을 도움으로써 뿌듯함과 보람을 느끼는데, 여기에서 만족감을 느낀다.	인간은 합리적인 존재이다. 자신에게 어떤 것이 유리한지 안다.
사례	봉사 활동을 하는 사람들은 이런 활동을 하면서 자기 나름대로의 뿌듯함을 느끼기 때문에 봉사 활동을 하는 것이다.	호혜성의 원칙이란 것이 있다. 사냥을 하지 못한 다른 흡혈박쥐에게 피를 게워서까지 주는 흡혈박쥐의 행위는 순수하게 배고픈 박쥐를 돕기 위해서가 아니라 자신에게도 닥칠지 모를 사냥의 실패를 대비하려는 동기에서 진화된 행위이다.

3) 반론 카드로 정리된 내용 반론하기

논제	인간이 이타적인 행위를 하는 이유는 이기심 때문이다.	
상대측 주장	• 근거 1: 남을 도움으로써 얻는 자기만족이 더 크기 때문이다. • 근거 2: 인간은 합리적인 사람, 즉 이치에 따라 사고하고 행동하는 존재이다. 인간이 이타적인 행위를 하는 것은 미래에 자기 자신에게 닥칠지 모르는 상황에 대비하려는 동기에서 비롯되었기 때문이라고 할 수 있다.	

반론	근거 1	근거 2
사실성	봉사 활동을 하는 학생들이 실제로 '자기 만족감'을 다른 의의보다 더 크게 느끼는지 점검	사람이 행동을 할 때 항상 미래를 염두에 두고 하는 확률이 높은 것이 사실인지 사례 확인
관련성	자기 만족감을 여기서 논의하는 부정적 개념의 이기심이라고 할 수 있는가?	흡혈박쥐의 사례가 인간의 행동에도 그대로 적용될 수 있는 요소인가?
충분성	사례에 해당하는 데이터를 충분히 제시하도록 요구	흡혈박쥐의 예가 이 주장의 대표적 사례가 될 수 있는가?
부작용 불이익	• 남을 돕는 활동이 반드시 자기 만족감을 얻지 못할 수도 있다는 점과 자신에게 피해가 생길 수도 있음을 지적 • 자기 만족감을 얻는 최선의 방법이 남을 돕는 것인가?	• 자신의 행위가 미래에 자기에게 반드시 이익으로 돌아오지 않을 수 있는데도 행위를 하는 이유는? • 미래 이익을 얻는 가장 좋은 방법이 남을 돕는 것인가?
새 방안 대안	자기 만족감을 얻기 위해 꼭 봉사 활동을 할 필요가 없음.	미래를 대비하는 방법으로 꼭 다른 사람을 도와주는 것이 가장 효율적인 방안인가?

듣고 반론하기

1) 반론 게임

① 하나의 논제에 대한 주장과 그에 대한 반론을 한 항목씩(주장-근거-연결 고리-사례) 카드(종이)에 인쇄한다.

② 이렇게 만들어진 카드를 참여한 학생에게 무작위로 배부한다.

③ 서로 교실을 자유롭게 돌아다니며 양측 간에 반론이 성립되는 항목을 가진 학생끼리 모이게 한다.

④ 모인 학생들은 실제로 주어진 자료를 가지고 발표하며 반론의 분위기를 익힌다.

⑤ 좀 더 숙달된 학생들의 경우 쟁점 카드를 만들어 주장-근거-사례 카드와 함께 섞어 하나의 논증 단위로 팀을 이루게 하고 반대 측과 만나 모둠을 지어 반론을 연습하게 할 수도 있다.

2) 수능 언어 영역 듣기 평가를 활용한 반론 연습

① 수능 언어 영역 듣기 문제에서 토론 상황이 있는 것을 찾아 대본을 준비한다.

② 대본을 들려준다.

③ 대본의 내용을 논증 구조에 맞게 정리한다.

최종 발언으로 판정단의 마음을 사로잡는다

질문 22 ▸ 최종 발언은 왜 중요할까요?

최종 발언은 최종 변론, 정리 발언, 최종 입장 정리 등의 용어로 표현된다. 논술문으로 보면 결론에 해당하고, 재판 과정에서는 변호인의 최후 변론에 해당된다. 토론에서는 양측의 입장을 마지막으로 정리하고 마무리하는 시간이다. 단순히 정리만 하는 것이 아니라 판정단에게 자기 측의 주장이 더 논리적이며 설득력이 있음을 최종적으로 각인시키는 단계로 볼 수 있다.

최종 발언을 구성하는 핵심 요소는 자기 측의 입장과 근거를 다시 한 번 요약하고, 앞서 진행된 토론에서 형성되었던 쟁점을 정리하면서 자기 측의 주장과 근거가 설득력이 있음을 강조하는 것입니다. 이렇게 함으로써 판정단은 토론의 내용과 흐름을 더 잘 이해하고 정리할 수 있게 됩니다. 한마디로 최종 발언은 판정단에게 친절해야 합니다. 그 이유는 최종 발언이 모든 토론의 과정 중에서 마지막으로 발언하는 시간이기 때문입니다. 마지막 발언이기 때문에 앞에서 발언한 내용(입론-확인 질문-반론)보다 판정단이 더 잘 기억하게 됩니다. 따라서, 입론과 반론 시간에 토론을 원하는 만큼 잘하지 못했다고 할지라도 마지막 최종 발언을 통해 판정단에게 자기 측의 입장을 각인시킬 수 있습니다. 만일 토론의 과정이 지루했거나 쟁점 형성이 잘 되지 못해 판정단이 토론의 흐름을 잘 파악하지 못했다면 더욱 그렇습니다.

또한 토론의 모든 과정이 중요하지만 최종 발언은 마지막에 예화나 비유, 인용문을 통해 판정단에게 깊은 인상을 남겨서 설득을 이끌어 낼 수 있다는 점에서 그 의미가 큽니다. 예화나 비유, 인용문은 판정단의 이해를 돕고, 딱딱하고 어렵게 느낄수 있는 논증 과정 속에서 문제 상황에 대한 공감을 불러일으켜 판정단을 설득하기에 유리합니다.

뇌 신경학자인 올리버 색스는 그의 저서 "화성의 인류학자"에서 신경 의학 관련 문헌에도 소개되었던 한 판사의 이야기를 하였습니다. 포탄 파편이 머리에 박혀 전두엽에 손상을 입은 이 판사는 아무런 감정도 느끼지 못하게 되었습니다. 사람들은 감정이 없어지면 편견까지 사라져 좀 더 공정한 판결을 내릴 수 있을 것으로 내다보았지만 그는 결국 판사의 자리에서 물러났습니다. 이성뿐만 아니라 감정까지 동원해야 정의를 구현할 수 있는데, 이해 당사자의 동기에 공감할 수 없게 되었으니 판사로서 자질이 없다는 이유에서였습니다.

토론의 판정 역시 이성만으로 이루어지는 것이 아니라 감정과 이성을 통합한 합리적인 과정을 거치기 때문에 이와 같은 설득적인 표현 방법을 익혀 둘 필요가 있습니다. 특히, 양측 토론이 팽팽하여 판정단이 판정을 내리기 어려울 경우, 판정단은 가슴을 울리는 최종 발언에 마음이 움직일 수밖에 없습니다.

다음은 무면허 의료 행위로 기소된 한국판 화타 ○○○ 할아버지를 변호하는 최후 변론문의 일부입니다. 최종 발언의 성격과 흡사한 법정의 최후 변론문을 살펴봄으로써 최종 발언의 중요성을 다시 한 번 확인해 봅시다.

▶ **최후 변론문**

  현대 의학은 암을 치료하지 못합니다. 당뇨도, 중풍도, 치매도, 만성 폐쇄성 폐 질환도, 파킨슨병도, 베체트병도 치료하지 못합니다. 심지어 오래된 위장병도 만성이라서 난치라고 말하는데, 사실상 치료하지 못하는 경우가 많습니다. 현대 의학은 암이나 당뇨, 치매, 파킨슨병이 왜 생기는지조차 모릅니다. 현대 의학은 인간 질병의 고작 20%만 다스릴 수 있을 뿐이고, 특히 내과나 정신과 질환은 치료 가능한 영역이 극히 드뭅니다. 〈중략〉 그런데 의사들은 아는 것을 안다, 모르는 것을 모른다고 말하지 않습니다. 원리를 모르지만 명백히 관찰되는 현상을 무시합니다. 더 나아가, 자신들의 의학으로 원리를 알 수 없는 의술은 처벌하고 매장해 버립니다. 이것은 과학이 아닙니다. 생명에 대한 폭력에 불과합니다. 〈중략〉

우리 대법원은 범죄 사실이 인정되더라도, 사회 상규에 반하지 않으면 무죄를 선고하여야 한다고 판시하였습니다. 여기서 말하는 사회 상규란, 법질서 전체의 정신이요, 사회 윤리이고, 사회 통념과 같은 것이라고 판시하였습니다. 이를 보다 간단한 말로 표현하면, 민심이나 천심으로 나타낼 수가 있겠습니다. 즉 피고인이 수많은 사람들의 생명을 구한 행위가 비록 의료 관련법에 위반되지만, 그 행위가 민심과 천심에 부합한다면 이는 죄가 되지 않는다고 보아야 할 것으로 사료됩니다. 피고인의 치료 행위는 대법원이 판시한 사회 상규의 요건에도 모두 부합합니다.

우선, 피고인의 행위는 인간의 생명과 신체를 옹호한 것이었기에 그 목적의 정당성이 인정됩니다. 피고인은 무해한 천연 약재만을 사용하여 치료를 하였고 외과적 수술 등 어떠한 침습 행위도 없었으며, 이 법정에서 어떠한 부작용의 사례도 드러난 바 없으므로 수단의 상당성 또한 인정됩니다. 인간의 생명과 건강은 이 우주만큼의 무게를 가진 것이어서 어떠한 법익과도 비교될 수 없기에, 피고인의 행위는 법익 균형성 또한 인정됩니다. 또한 피고인을 찾아온 대부분의 사람들은 의사나 한의사로부터 더 이상은 방법이 없다고 버림받고 피고인은 이들을 치료하여 그 생명을 구해 주었기에, 피고인의 행위는 긴급성과 보충성 또한 인정됩니다. 〈중략〉

마시고 싶은 물을 마시고 원하는 소주를 마실 권리, 과외를 받을 권리는 헌법상 기본권으로 보호하면서, 의사도 한의사도 고칠 수 없다 하여, 살아나고자 피고인을 찾은 사람들의 의료 선택권은 전혀 보호하지 않고, 오히려 처벌 대상으로 삼는 기막힌 상황이 벌어지고 있습니다. 대한민국의 죄는 이러한 악법과 잘못된 법 적용으로 국민의 건강권과 생명권을 침해한 것입니다. 피고인의 죄는 고통과 죽음의 공포에 시달리는 국민들에게 약을 준 것뿐입니다.

마지막으로 피고인의 생명 의술 살리기 환자 모임 대표 한 분의 글을 낭독함으로써 변론을 마치도록 하겠습니다.

누구나 자기 생명을 지키기 위해 최선의 노력을 하는 것은 당연한 이치요, 최선의 선택을 하는 것은 자신의 생명을 지키기 위함입니다. 부디 저희 소원이 이루어지도록 도와주십시오.

대한민국 유명하다는 어느 곳에서도 고치지 못해 삶과 가정은 만신창이가 되었고 꺼져 가는 생명의 불씨를 부여잡고 안간힘을 쓰는 저희들입니다.

이제 마지막으로 ○○○ 할아버지께 치료받기를 원하니 제발 도와주십시오.

이렇게 눈물로서 호소 드립니다. 저희는 ○○○ 할아버지께 치료받다 무슨 일이 생겨도 아무런 여한이 없습니다. 또 할아버님께서 고쳐만 주신다면 다시 태어난 삶 값지고 보람되게 열심히 살겠습니다. 제발 더 늦기 전에 제 생명과 삶을 위해 선택할 수 있도록 도와주십시오.

생명 의술 살리기 환자 모임 일동 대표 공학 박사 △△△

그러나 불행하게도 이 글을 쓴 △△△ 교수님은 지난주에 사망하셨습니다. 존경하는 재판장님께, 그리고 재판부에 간절히 호소합니다. 살고 싶어 몸부림치는 저 절박한 생명의 소리에 귀 기울여 주셔서 피고인에게 무죄를 선고하여 주시기 바랍니다.

이 최후 변론문의 내용 중 마지막 부분에 나오는 내용은 인용문을 활용해서 깊은 인상을 남긴 좋은 사례입니다. 논리적인 과정을 통한 설득과 함께 효과적인 예시나 인용문을 활용한 발언은 듣는 사람들로 하여금 공감하게 하여 설득력을 높여 줍니다. 따라서 최종 발언은 판정단에게 자기 측의 주장과 근거가 상대측보다 더 설득력이 있음을 마지막으로 각인시킬 수 있는 좋은 기회가 되는 것입니다.

교실 LINK

입론에서 언급하지 않은 새로운 근거나 주장을 최종 발언에서 해도 되나요?

입론에서 언급하지 않은 새로운 주장이나 근거를 최종 발언에서 제시하면 안 됩니다. 왜냐하면 최종 발언이 끝나면 더 이상 반론을 펼칠 수가 없기 때문입니다. 그런데도 불구하고 숨겨 놓았다는 듯이 새로운 주장을 한다면 토론의 공정한 정신을 위배하는 것으로 볼 수 있습니다. 특히 찬성 측 최종 발언자는 토론을 승리로 이끌고 싶은 마음이 앞서 상대측에 치명적인 일격을 가하기 위해 새로운 근거나 주장을 제기하는 경우가 있습니다. 하지만 제시한 주장과 근거가 정확한지 여부를 떠나, 이와 같이 상대의 반론을 봉쇄한 채 주장을 제시하는 것은 정당하게 승부하려는 자세라고 볼 수 없습니다.

질문 23 최종 발언의 구체적인 내용과 방법은 무엇인가요?

최종 발언의 구성 요소에는 반론하기, 자기 측의 입장 강조하기, 토론 과정 및 발언 내용 정리하기, 예화나 비유, 인용문을 활용한 깊은 인상 남기기 등이 있다. 일반적으로 학생들은 최종 발언을 자기 측의 입장을 다시 한 번 정리하는 것 정도로 이해하는데, 좀 더 적극적이고 설득력 있는 표현을 활용하는 것이 요구된다.

1) 반론하기

최종 발언이긴 하지만 여전히 상대측 주장에 대해서 반론의 여지가 있다면 철저히 반론해야 합니다. 이때, 앞에서 언급된 반론을 되풀이하기보다는 반론을 펼치지 못했거나 재반론이 필요한 부분에 대해서 집중적으로 반론해야 합니다. 반론의 방법에 대해서는 chapter 6의 내용을 다시 한 번 확인해 봅시다.

| 사례 |

반대 측 최종 발언	찬성 측 최종 발언
아르바이트를 하면서 낭비와 같은 부정적인 소비 습관을 형성하기보다는 소비 교육, 경제 관련 교육 활동을 하며 바람직한 경제 습관을 형성하는 것이 훨씬 더 유익하다고 볼 수 있습니다.	아르바이트를 통해서 낭비와 같은 부정적인 소비 습관을 형성한다고 하셨는데, 이는 아르바이트를 해서 번 돈 때문에 부정적인 소비 습관이 형성되는 것인지, 용돈 등을 받아서 소비하는 일반적인 소비 형태에서도 형성되는 것인지 그 인과 관계가 분명하지 않음을 다시 한 번 밝힙니다.

2) 자기 측의 입장과 근거 강조하기

입론에서부터 최종 발언에 이르기까지 진행되었던 자기 측의 입장과 근거를 간단하게 요약하면서 핵심이 되는 내용을 강조해야 합니다. 토론은 여러 단계를 통해 입장의 정당성을 검증받는 과정을 거치게 되기 때문에, 토론 과정을 종합하여 판정단에게 자기 측의 입장과 근거를 효과적으로 다시 알릴 필요가 있습니다. 다음과 같은 문장을 활용하여 자기 측의 입장과 근거를 강조하는 최종 발언을 구성할 수 있습니다.

"저희 측의 입장을 다시 한 번 말씀드리겠습니다. 저희 측은 앞서 입론에서 말씀 드렸듯이 ~ 논제에 대해서 ~한 근거로 ~의 입장임을 다시 한 번 강조합니다.

| 사례 |

찬성 측 입론	찬성 측 최종 발언
1. 학생으로 경제 활동을 할 수 있는 가장 현실적인 수단은 아르바이트입니다. 2. 아르바이트는 사전 경험으로 사회 적응력을 길러 줍니다. 3. 아르바이트를 통해서 돈의 소중함을 알게 되어 건전한 소비 습관을 형성합니다.	저희 찬성 측의 입장을 다시 한 번 정리하겠습니다. 저희 찬성 측은 앞서 입론에서도 말씀드렸듯이 '청소년 아르바이트는 바람직하다'는 논제에 대해서 학생으로서 할 수 있는 가장 현실적인 경제 활동이고, 사회 적응력을 기를 수 있는 사전 경험이 되며, 돈의 소중함을 알게 되어 건전한 소비 습관을 형성할 수 있다는 세 가지의 근거로 청소년 아르바이트가 바람직함을 다시 한 번 강조합니다.

3) 쟁점을 중심으로 발언 내용 정리하기

토론은 진행되는 내용이 많고 복잡하기 때문에 판정단이 토론 과정에서 토론자들이 발언한 내용을 모두 이해하거나 기억하지 못할 수도 있습니다. 따라서 최종 발언에서는 토론의 전체적인 진행 과정을 정리하여 제시할 필요가 있습니다. 이는 판정단의 토론 이해를 도울 뿐 아니라 토론에 참여하는 모든 사람이 토론 내용을 제대로 공유하기 위해 필요한 과정입니다. 토론의 내용은 쟁점을 중심으로 요약하되 단순한 요약에 그쳐서는 안 되고, 상대방보다 자신의 주장과 반론이 더 효과적이었음을 드러내는 의도를 반영하여 정리해야 합니다. 쟁점을 정리할 경우에는 상대방이 성실히 반론하지 않은 쟁점을 부각할 뿐만 아니라, 토론이 한쪽 방향으로 치우치게 되어 충분히 논의가 되지 않은 채 묻힌 쟁점에 대해서도 언급할 필요가 있습니다. 이를 종합, 정리하여 최종 발언에서 제시할 경우 토론의 전체적인 흐름 속에서 자기 측의 주장이 상대적으로 우위에 있음을 설득력 있게 증명할 수 있습니다. 다음과 같은 문장을 활용하여 쟁점을 정리하는 훈련을 할 수 있습니다.

"저희 측의 ~한 근거에 대해서 상대측은 ~ 입장을 보여 A라는 쟁점이 형성되었습니다. 하지만 상대측이 말씀하신 ~한 입장에 대해서는 저희 측에서 ~ 내용을 토대로 상대측의 근거가 적합하지 않음을 지적한 바 있습니다. 또한 저희 측에서 ~한 근거를 들어 ~한 입장을 나타냈음에도 불구하고 상대측은 여기에 대해서 명확한 근거를 들어 반박하지 못하였습니다. 따라서 저희 측의 ~한 근거는 설득력이 있는 것으로 판단합니다."

| 사례 |

반대 측 1차 반론

아르바이트로 번 돈을 유흥비, 술과 담배로 소비하는 비중이 낮다고 하더라도 그것이 청소년들에게 유해한 소비라면 바람직한 것이라 할 수 없습니다. 그리고 신발과 옷 등에 필요 이상으로 돈을 사용한다면 낭비라고 할 수 있습니다.

찬성 측 2차 반론

유흥비, 술과 담배 소비에 사용되는 것이 청소년에게 유해한 것은 맞지만, 아르바이트 때문에 술과 담배 소비가 늘어나는 것인지, 술과 담배 소비가 많은 학생들이 아르바이트를 하는 것인지 인과 관계를 밝힐 수 없습니다. 용돈을 받아서도 얼마든지 할 수 있는 소비 형태입니다. 따라서 아르바이트가 문제가 되는 것은 아닙니다.

찬성 측 최종 발언

저희 측에서 제시한 '아르바이트를 통해서 돈의 소중함을 알게 되어 건전한 소비 습관을 형성한다'는 근거에 대해서 반대 측은 '아르바이트로 번 돈을 유흥비, 술과 담배로 소비하는 비중이 낮다고 하더라도 그것이 청소년들에게 유해한 소비라면 부정적인 소비 습관이다'는 주장을 펴 아르바이트로 번 돈이 건전한 소비 습관을 형성하는지에 관한 쟁점이 형성되었습니다. 하지만, 반대 측이 말씀하신 아르바이트로 번 돈을 부정적으로 소비하는 습관이 아르바이트로 번 돈으로 형성된 것인지 용돈 등의 소비로도 일어날 수 있는 것인지 그 인과 관계가 분명하지 않음을 밝혀 상대측의 주장이 적합하지 않음을 지적한 바 있습니다. 따라서 저희 측이 주장한 '힘들게 번 돈의 소중함을 알게 되어 건전한 소비 습관이 형성된다'는 것은 설득력이 있는 것으로 판단합니다.

4) 예화나 비유, 인용문을 활용하여 깊은 인상 남기기

최종 발언에 활용할 적절한 예화나 비유, 인용문을 찾는 것은 쉽지 않습니다. 적절한 예화나 비유, 인용문을 활용하려면 평소의 다양한 경험과 독서가 뒷받침되어야 합니다. 논술이나 토론에서 독서를 강조하는 이유도 여기에 있습니다. 적절한 예화나 비유, 인용문을 효과적으로 활용하면 판정단에게 깊은 인상을 남길 수 있기 때문에, 평소 이와 관련한 자료를 정리해 두는 것도 좋습니다. 토론과 논술이 강조되면서 시중에 나온 예화, 비유, 인용문 관련 서적을 참고해도 도움을 받을 수 있을 것입니다.

최종 발언에 활용할 예화, 비유, 인용문의 내용 역시 신뢰성이 있어야 합니다. 따라서 잘 알려지지 않은 내용이나 출처가 정확하지 않은 내용, 편견이 담긴 내용보다, 그 논제와 직접적 관련이 있는 내용이나 잘 알려져 있고 존경받는 사람들의 명언이나 전문가의 견해 등을 활용해야 합니다.

찬성 측 최종 발언

미국의 사상가이자 시인인 에머슨은 '인생은 하나의 경험이다. 경험이 많을수록 더 좋은 사람이 된다'고 하였고, 영국의 철학자 존 로크는 '어떠한 사람의 지식도 그 사람의 경험을 초월하는 것은 없다'고 하였습니다. 또한, 로렌스는 '어른들이 자기가 겪은 경험으로 젊은이를 가르치고 교훈을 주려고 하지만, 아직 경험을 갖지 못한 젊은이들에게는 별로 실감이 가지 않는다'고 했습니다. 바로 훈계보다는 젊은이 스스로 경험하고 발견하는 것이 중요함을 역설한 것이죠.

우리는 학교 현장에서 많은 것을 배웁니다. 하지만, 배우는 모든 것이 교훈으로 남는 것은 아닙니다. 오히려 실수해 가며 부딪히며 배우는 것이 더 오래 남고 살아 있는 지식이 될 것입니다. 아르바이트를 통해서 경험한 사회의 한 장면은 글과 가르침으로 배운 것보다 훨씬 더 가치가 있을 것입니다.

한눈에 정리

| 최종 발언을 하는 방법 |

• 반론하지 못하였거나 재반론이 필요한 부분 반론하기

• 자기 측의 입장과 근거 다시 한 번 강조하기

• 쟁점을 중심으로 발언 내용 정리하기

• 예화나 비유, 인용문을 활용하여 깊은 인상 남기기

교실 LINK

최종 발언에서 사용하는 예화나 비유, 인용문은 상대측의 공격을 받기 쉽지 않나요?

공격을 받을 수 있습니다. 특히, 예화가 주장의 내용과 일치하지 않거나 일반화할 수 없을 경우, 비유가 적절하지 않았을 경우는 상대측에 반론의 기회를 제공하게 됩니다. 하지만 최종 발언의 특성상 발언 이후에는 상대측이 더 이상 표현의 효과에 대해서는 반박할 기회가 없기 때문에 표현의 효과를 높이기 위해 적절한 표현을 적극적으로 활용할 필요가 있습니다.

최종 발언을 잘하려면 어떻게 해야 할까요?

토론 방식 중에는 최종 발언이 없는 토론 방식도 있다. 최종 발언에 대해서 설명하고 있는 책도 많지 않다. 그러다 보니 최종 발언을 잘하려면 어떻게 해야 하는지 감이 잘 잡히지 않는다. 최종 발언을 잘하고 싶은데 어떻게 해야 할까? 질문 23에서 살펴본 최종 발언의 방법을 중심으로 체계적으로 연습한 후에, 다음의 몇 가지 정보를 추가한다면 더욱 훌륭한 최종 발언이 될 것이다.

첫째, 판정단의 이해를 돕기 위해서 친절하게 설명하듯이 말해야 할 필요가 있습니다.

토론 내용이 너무 어렵거나 토론자의 말이 빨라서 이해를 잘 못했다면 판정단은 판정에 어려움을 겪게 되고 결국 좋은 점수를 줄 수가 없습니다. 토론자들은 많은 시간을 들여 토론을 준비했기 때문에 다른 사람들도 토론의 내용을 쉽게 이해할 수 있으리라 생각하지만 토론 내용을 처음 접한 판정단의 입장에서는 토론의 모든 내용을 빠르게 이해하는 것이 쉽지 않습니다. 최종 발언은 토론자가 자기 측의 주장과 근거를 발언할 수 있는 마지막 기회이기도 하지만 판정단의 입장에서 보면 토론의 내용을 이해할 수 있는 마지막 기회이기도 합니다. 한 번 더 판정단의 입장에서 생각한 후에 판정단이 이해하기 쉽고 정리하기 쉽게 내용을 구성해야 합니다.

둘째, 숨 고르기가 필요합니다.

토론을 하다 보면 제한된 시간 안에 많은 내용을 쏟아 내야 한다는 압박감과 이겨야 한다는 승부욕이 앞서 긴장된 상태에서 숨 가쁘게 진행되는 경우가 허다합니다. 이렇게 급박한 과정을 거쳐 토론이 진행되었다면 마지막을 장식할 최종 발언만큼은 여유를 가지고 발언합시다. 자칫 서두르다 보면 주어진 시간을 활용하지도 못하고 의도하지 않은 성급한 마무리를 하게 되어 판정단에게 '두서가 없이 전달만 했다'는 인상을 줄 수 있습니다. 최종 발언에서는 주어진 시간을 최대한 활용하여 긴장감과 압박감에서 벗어나 여유로운 마무리를 해야 합니다.

셋째, 진솔한 발언으로 신뢰감을 주어야 합니다.

토론에 처음 참여하는 대부분 학생들은 엄숙한 분위기와 시간제한 등의 이유로 긴장한 나머지 토론 과정 내내 자신이 해야 할 말만 생각하게 되고 자신의 발언 시간에 준비한 말만 늘어놓는 경우가 많습니다. 그러다 보면 딱딱하고 건조한 발언만 계속될 수 있습니다. 이런 경직된 분위기 속에서 누군가를 설득하는 것은 어렵습니다. 때로는 진솔한 모습을 보여 주어 공감을 유발할 필요가 있습니다. 솔직하게 이번 토론이 어렵다고 말할 수 있고, 상대측의 우수함을 인정할 수도 있으며 자신의 부족함을 인정할 수도 있습니다. 그렇다고 해서 이것이 패배를 인정한다는 것은 아닙니다. 오히려 여유로운 자신감의 표현으로 비춰질 수 있습니다. 많은 경우에 토론을 하는 토론자도 감정을 지닌 인간임을 느낄 수 있게 했을 때 판정단의 마음도 한결 여유로워집니다. 판정단 역시 감정을 지닌 인간임을 기억합시다.

넷째, 준비한 최종 발언을 그대로 읽지 않아야 합니다.

최종 발언에서는 미리 준비한 내용을 읽어 내려가듯이 발언하는 것이 아니라 앞에서 진행되었던 입론과 반론의 내용을 토대로 남아 있는 반론을 하고 입장을 강조하고 정리해야 합니다. 그런데 앞에서 발언한 내용과 상관없이 예상해서 준비한 원고 그대로를 읽어 내려가는 최종 발언은 앞에서 논의되었던 토론의 내용과 관련이 없어서 판정단의 눈살을 찌푸리게 만듭니다. 최종 발언을 맡은 학생은 토론자들 중에서 가장 집중해서 토론의 내용을 듣고 이해한 후 내용을 정리하고 발언할 수 있어야 합니다. 미리 준비된 최종 발언의 내용은 토론에서 큰 의미가 없습니다.

"변호사처럼 설득하라"의 저자 데이비드 뎀시는 '말은 갈고 닦아야 하는 기술'이라고 했습니다. 처음부터 말을 잘하는 사람은 없습니다. 토론을 잘하기 위해서는 토론이나 화법에 관련된 책을 읽는 것도 도움이 되지만 토론을 계속 해 보고 꾸준하게 연습하는 것이 더 중요합니다. 최종 발언을 잘하는 것도 마찬가지입니다. 입론, 반론도 어렵지만 토론 전체의 발언 내용을 분석, 정리해야 할 뿐만 아니라 창의적인 발언까지 해야 하는 최종 발언을 잘하는 것은 더욱 어렵습니다. 처음부터 잘할 수 있는 것이 아니기 때문에 꾸준한 노력과 연습이 필요합니다.

| 최종 발언을 잘하는 방법 |

• 판정단이 이해할 수 있게 쉽게 발언해야 한다.

• 여유를 갖고 발언해야 한다.

• 진솔한 모습으로 신뢰감을 주어야 한다.

• 준비된 최종 발언을 그대로 읽지 말아야 한다.

교실 LINK

최종 발언에서는 시간 활용이 중요한 것 같은데 시간 활용은 어떻게 해야 할까요?

다른 발언도 마찬가지겠지만 최종 발언은 특히 마지막 발언이기 때문에 주어진 시간을 최대한 활용하여 인상 깊은 마무리가 되게 해야 합니다. 앞서 제시한 최종 발언의 내용 요소로 반론하기, 강조하기, 쟁점 정리하기, 깊은 인상 남기기 등이 있는데, 이 내용을 모두 반영하면서 짧은 시간 안에 효과적으로 발언할 수 있어야 합니다. 다음은 각 내용 요소에 따라 적절하게 시간 배분을 한 사례입니다. 최종 발언 시간에 따라 주어진 시간은 변동 가능합니다. 표를 참고하여 발언 시간을 안배하는 연습을 해 봅시다.

최종 발언의 내용 요소	발언 할애 시간(3분일 경우)
반론하기	30초
강조하기 · 쟁점 정리하기	2분
깊은 인상 남기기	30초

수업
맛보기

| 주제 | 최종 발언의 지도 방법
| 학습 목표 | 최종 발언의 구성 요소를 따로 떼어서 제한 시간에 맞추어 연습하게 한다.
| 준비물 | 토론 개요 표, 타이머

학습 단계	지도 방법
강의 (10분)	① 최종 발언의 중요성을 인식시킨다. ② 최종 발언의 구성 요소 네 가지를 설명한다. ③ 2명씩 짝을 지어 제한 시간에 맞춰 최종 발언의 구성 요소인 반론하기-강조하기-정리하기-깊은 인상 남기기 순서를 단계별로 연습한다. ④ 구성 요소별로 연습이 완료되면 최종 발언 전체를 연결해서 연습한다.
활동 (30분)	단계별 연습하기 ① 토론 개요 표 전체를 읽어 본다. ② 토론 개요 표에 있는 반대 측 최종 발언을 읽고 남아 있는 반론에 대하여 '반론하기'를 연습한다. (30초) ③ 토론 개요 표에 있는 찬성 측 입론을 읽고 자기 측의 입장과 근거에 대하여 '강조하기'를 연습한다. (30초) ④ 토론 개요 표에 있는 양측의 반론을 읽고 형성된 쟁점을 중심으로 '발언 내용 정리하기'를 연습한다. (1분 30초) ⑤ 논제에 맞는 예화나 비유, 인용문을 찾아서 '깊은 인상 남기기'를 연습한다. (30초) ⑥ 앞에서 연습한 내용을 한꺼번에 묶어서 전체 최종 발언을 연습한다. (3분) ※ 각 연습 단계마다 모델이 될 만한 몇몇 학생의 발언을 발표하게 하여 사례를 공유한다.
정리 (10분)	• 단순한 기계적인 연습이라는 생각을 하며 연습의 의미를 잘 파악하지 못한 학생들에게는 말하기 발언 연습의 중요성을 설명해 준다. 처음부터 최종 발언을 잘 하는 학생은 별로 없기 때문에 일정 수준에 이를 때까지는 이런 구조화된 발언 연습을 하는 것이 필요함을 설명한다. • 발언의 내용을 분석하여 잘 정리하는 학생들이나 창의적인 아이디어가 돋보이는 학생들을 적극적으로 칭찬하고 격려한다. 또한, 발언을 어려워하는 학생들에게는 잘할 수 있는 부분부터 조금씩 천천히 연습할 수 있게 지도한다.

올바른 판정은 토론의 질을 높인다

질문 25   토론이 끝난 뒤에 판정을 꼭 해야 하나요?

토론이 끝나면 판정을 통해 승리와 패배를 구분하는 경우가 대부분인데 판정이 꼭 필요한 요소인가? 토론도 하나의 교육적 방법이라고 한다면 굳이 승패를 구분하여 학생들에게 패배감을 느끼게 할 필요가 있을까?

토론을 교육에 접목하는 가장 큰 이유는 다른 사람들과 의사소통을 하며 비판적 사고, 분석적 사고 등의 고등 사고력이 향상될 수 있기 때문입니다. 토론자는 상대의 논증을 비판적으로 들으면서 그 의도를 파악하고 분석한 뒤 자신의 주장을 검토해야 효과적인 반론을 펼칠 수 있습니다. 토론의 이런 성격 때문에 토론은 의사소통 능력 및 고등 사고력을 향상시킬 수 있다고 합니다.

그런데 토론에서 고등 사고력 형성은 토론자뿐만 아니라 토론을 지켜보는 모든 사람들과도 관련이 있습니다. 찬반 양측이 치열하게 대립하고 있는 논쟁의 장(場)을 제3자의 입장에서 객관적으로 점검하는 판정관이 있다고 합시다. 판정관은 한쪽의 입장에서 상대를 설득하는 토론자만큼 고등 사고력이 요구됩니다. 시시비비를 객관적으로 가려야 하기 때문이지요.

판정은 고등 사고력을 형성하는 측면에서도 필요하지만, 토론 자체의 목적을 달성하기 위해서도 꼭 필요합니다. 토론은 대립하고 갈등하는 문제 상황을 해결하기 위한 방법으로, 상대방을 설득하는 데에 목적이 있습니다. 궁극적으로 설득의 대상은 객관적인 입장에 서 있는 제3자인데, 치열하게 설득 논쟁을 한 결과 누가 더 잘했는지 판정하는 것은 토론을 돌아보는 중요한 과정입니다.

따라서 판정관은 시비 판단을 잘하여야 합니다. 설득하는 내용의 옳고 그름을 따지기 위해서는 지금 논의되고 있는 쟁점이 무엇인지, 쟁점은 논제와 관련이 있는지, 쟁점에서 찬반 양측이 주장하는 내용은 무엇인지, 양측이 제기하는 논거가 사실인지, 논거를 뒷받침하는 사례는 적절한지 등을 계속 판단해야 합니다. 이렇게 사고하고 판단하는 과정을 '판정'(judgement)이라고 합니다. 즉 판정은 찬반 양측의 논증을 객관적으로 평가하고 승패를 구분하는 과정입니다.

따라서 판정관은 토론이 전개되는 순간순간마다 토론자가 제기한 논증이 건전하고 타당한지를 판단해야 합니다. 건전하고 타당한 논증이란 근거가 사실이며 주장과 근거가 논리적으로 충분히 관련성이 있는 것을 말합니다.

그런데 판정관은 승패를 구분 짓는 토론 대회에서만 중요한 것이 아닙니다. 교실 토론에서도 판정은 다음과 같은 이유 때문에 교육적으로 매우 가치가 있습니다.

첫째, 교실 토론의 질을 높일 수 있기 때문입니다. 많은 교사들이 수업 시간에 토론을 시켜 보면 학생들이 준비를 잘 안 해 온다고 호소합니다. 이럴 때는 교사가 판정단을 세우고 토론이 끝난 뒤 이들에게 평가를 하게 해 보면 토론자들은 판정단이 없을 때보다 더 철저하게 준비합니다. 토론 과정에 판정 순서를 넣으면 토론자들은 자신의 발언에 강한 책임감을 느끼게 됩니다. 자신의 발언 하나하나를 세심히 듣고 시비를 가리려는 판정관이 있기 때문입니다. 그러므로 토론자들은 스스로 자신의 주장이 객관적으로 타당한지, 논리적인지를 따져 보고 오류를 줄이고자 최선을 다할 것입니다.

둘째, '다인수 학급'이라는 우리의 교실 상황 때문입니다. 3인 1팀으로 구성하여 찬반 토론을 벌이면 여섯 명의 학생 외 대부분은 그 모습을 관찰만 하게 됩니다. 물론 관찰을 하면서도 많이 보고 배울 수 있겠지만, 그 수업은 토론에 참여하는 소수의 학생을 위한 것으로 전락할 가능성이 높습니다. 토론하는 학생들만 수업의 주체가 되고 대부분의 학생은 객체가 되는 것입니다. 하지만 판정 과정을 토론에 넣고 토론하지 않는 학생들을 판정단으로 삼으면, 여섯 명의 토론자는 상대측이 아닌 판정단을 설득해야 합니다. 겉으로는 상대방을 설득하는 것처럼 보이지만 실제적으로는 판정단을 설득하는 형태가 되는 것이지요. 그렇게 되면 수업의 주체는 소수의 토론 학생에서 다수의 청중으로 바뀌게 됩니다. 즉 교실 토론 과정에 판정을 넣게 되면 다인수 학급에서도 모든 학생들이 함께하는 토론 수업이 될 수 있습니다.

교실 토론에서 판정 과정이 이렇게 중요함에도 불구하고 토론에서 패배한 학생들이 혹 토론에 대해 부정적인 감정을 갖지는 않을까요? 토론에서 승패를 구분하게 되면 승리한 팀은 그 기쁨이 이루 말할 수 없겠지만 패배한 팀은 열심히 준비했는데도 상대측에게 져서 억울하다는 감정을 가질 수 있습니다. 흔히 있는 경우입니다. 실제로 토론 대회나 토론 수업에서 패배를 경험한 학생들이 다시 토론을 하지 않으려고 하는 현상이 많이 발생합니다.

그러나 그 문제의 원인이 판정 그 자체에 있다고 할 수 없습니다. 학생들이 다시 토론을 하지 않으려는 이유는 판정 결과에 납득할 수 없기 때문이지 판정 과정 자체를 부정하는 것이 아니기 때문입니다. 그리고 왜 토론을 하는지 토론의 의의에 대해서는 모르고 단순히 '경기' 정도로만 인식한 것도 또 하나의 이유가 될 수가 있습니다. 그러므로 토론의 의의를 먼저 알아야 합니다. 올바르고 합리적인 판정이 이루어진다면 오히려 자기 측이 패배한 이유에 대한 피드백을 받을 수 있으므로, 지더라도 더 많은 것을 얻을 수 있습니다. 따라서 바람직하고 합리적인 판정 기준을 학생들과 공유하고 그 원칙에 따라 판정하는 연습을 한다면 토론 수업을 더 의미 있고 재미있게 할 수 있을 것입니다.

| 판정의 의미와 필요성, 조건 |

판정의 의미	찬반 양측의 논증을 객관적으로 평가하고 승패를 구분하는 과정
교실 토론에서 판정의 필요성	- 고등 사고력이 향상됨. - 교실 토론의 질을 높일 수 있음. - 다인수 학급에서 참여식 수업을 가능하게 함.
판정의 조건	바람직하고 합리적인 판정 기준을 세우고 공유하여 그 원칙에 따라 판정함.

교실 LINK

토론 수업을 설계했는데 토론에 앞서 판정단에게 무엇을 준비시켜야 하나요?

우선, 각 학급에서 선정된 판정단에게 토론 전에 논제에 대해 찬성, 반대 측이 제기할 것 같은 핵심 근거에 대한 논증 구조를 작성해 오게 합니다. 논증 구조를 낯설어할 경우에는 모둠별로 논제와 관련된 개념 지도를 그려 보게 한다거나 개요를 쓰게 하는 것으로 대체할 수 있습니다.

그리고 토론 하루 전에 판정단 회의를 열어 예상되는 쟁점 다섯 개 정도를 정한 뒤 순위를 정해 보게 합니다. 그러면 논제를 쟁점을 중심으로 이해할 수 있고, 순위를 정하는 과정에서 핵심 쟁점과 부차적 쟁점을 판단하는 능력을 기를 수 있습니다.

토론자를 제외한 나머지 학생들은 모두 판정단이 되나요?

꼭 그렇지 않습니다. 판정단은 10명 내외로 선정하고 나머지 학생들은 청중 또는 배심원의 역할을 하게 할 수 있습니다. 청중은 사전에 배부된 토론 기록지를 작성해서 제출하게 하기도 합니다. 그리고 배심원들은 토론 전후에 논제에 대한 찬반 의견을 투표하게 하여 그 결과를 판정에 반영할 수 있습니다. 또 청중과 배심원 모두 토론자에게 질문할 기회를 줄 수도 있습니다.

질문 26 토론을 판정하는 원칙은 어떻게 세워야 하나요?

승패를 구분 짓는 토론에서 판정의 원칙과 기준을 세우는 일은 아주 중요하다. 판정은 입증과 반증이 오고 간 토론에서 찬성과 반대 측 중에서 어느 쪽이 더 잘했는지를 구분하여 선언하는 과정이다. 이때 승패를 구분하는 기준은 공정하고 합리적이어야 한다. 그럼 합리적이면서 공정한 판정 원칙은 어떻게 세워야 할까?

입증의 책임과 반증의 의무

토론은 주어진 논제에 입장이 다른 찬반 양측이 서로의 주장을 듣고 생각하며 상대를 설득하는 의사소통 유형입니다. 찬성 측은 논제가 옳음을 주장합니다. 따라서 찬성 측은 논제가 주장이 됩니다. 가령 '청소년 아르바이트는 바람직하다'가 논제라면 찬성 측 주장은 논제와 동일한 '청소년 아르바이트는 바람직하다'입니다. 찬성 측은 이 주장이 옳음을 여러 근거를 들어 입증해야 합니다. 이를 '입증의 책임(The burden of proof)'이라고 합니다.

반면 반대 측은 찬성 측 주장이 틀렸음을 증명해야 하는 의무를 지닙니다. 이를 두고 반대는 '반증의 의무(The burden of rebuttal)'를 갖고 있다고 합니다. 그런데 토론 수업을 시작하는 많은 교사들이 겪는 시행착오 중의 하나가 반증의 의무와 관련된 해석입니다. 반증의 의무는 찬성 측 주장이 틀렸음을 증거를 들어 반대하는 것이지 '논제에 반대하는 이유를 입증'하는 것이 아닙니다. 이처럼 토론의 판정은 '찬성 측은 입증을 잘했는가', '반대 측은 반증을 잘했는가'를 살펴보는 것, 바로 여기에서 출발합니다.

판정 원칙

토론의 판정에 대해서는 다양한 철학적 관점이 존재합니다. 이 책에서는 찬성 측의 입증이 강화된 프닉스 토론 모형에 기초하여 교사의 판정을 도울 수 있는 원칙을 제안하겠습니다.

1) 판정 원칙 1; 선입견을 버리고 찬성 측의 입증 구조를 파악하라

사람이 자신의 주관을 모두 버린 상태에서 문제 상황을 객관적으로 판단하는 것은 여간 어려운 일이 아닙니다. 평소에 '학생은 모름지기 공부를 하는 것이 가장 중요하다'라고 생각한 사람이 있다고 합시다. 이 생각은 논리적 추론이 아니라 아르바이트를 하느라 공부를 소홀히 한 채 건강도 나빠진 주변의 많은 청소년들을 본 경험으로 생긴 주관적 신념이라고 합시다. 이런 그가 '청소년 아르바이트는 바람직하다'라는 논제에 대한 토론을 판정하게 된다면 그에게 객관적인 판정을 기대할 수 있을까요?

공정하고 합리적인 판정을 방해하는 요소들은 많습니다. 토론자가 열심히 발언하는데 갑자기 누가 큰 소리로 계속 기침하거나, 토론자가 쓰는 용어가 너무 어려워 이해하지 못하는 경우 등이 있겠습니다. 하지만 가장 큰 방해 요소를 꼽자면 판정관이 토론 자체를 판정하지 않고 자신의 생각에 따라 판정하는 경우입니다. '자, 나는 이러저러한 이유로 찬성 측이 옳다고 생각한다. 그러니 찬성 측에서 내가 생각한 이유와 얼마나 같은 것을 대는지 점검해 보자. 반대 측은 내가 생각하는 이 이유를 얼마나 잘 반박하는지 지켜보겠다'와 같은 마음가짐으로 판정하는 경우가 많습니다. 판정관이 이런 자세를 취할 때 제대로 판정을 할 수 없습니다. 판정의 기준이 찬반 양측의 주장과 근거에 있지 않고 자신의 주장과 근거에 있기 때문입니다. 그러므로 판정관은 자신의 선입견을 가능하면 최대한 배제해야 합니다.

문제는 방법입니다. 토론 판정에서 어떻게 하면 선입견을 배제할 수 있을까요? 자신의 견해를 배제하는 좋은 방법은 토론 전체 흐름을 쟁점을 중심으로 파악해 보는 데 있습니다. 판정관 스스로가 예상하여 설정한 찬성 근거를 버리고 나면 찬성 토론자가 제기한 근거만 남게 됩니다. 이 근거를 상대측이 반대했을 때 충돌이 생기는데, 이 부분을 쟁점이라고 합니다. 쟁점을 파악하려면 우선 찬성 측이 어떤 근거로 주장을 뒷받침하는지를 알아야 합니다. 즉 찬성 측이 증명하고자 하는 바가 무엇인지 파악하라는 것입니다. 이때 교사가 학생들에게 제공할 수 있는 것이 토론 흐름 표입니다. 토론 흐름 표는 토론자별로 일정한 여백이 있습니다. 판정관은 거기에 발언자들의 주요 주장, 근거, 연결 고리 등을 정리할 수 있습니다. 이 표에 따라 판정을 하면 토론 과정에서 쟁점이 언제 어떻게 생기게 되었고 어떤 과정으로 정리되었는지 등을 쉽게 알아볼 수 있습니다.

그런데 이런 토론 흐름 표를 활용하여 쟁점을 중심으로 판정한다고 해서 완벽하게 판정관의 선입견이 배제되는 것은 아닙니다. 판정관이 파악한 쟁점을 놓고 찬성 측과 반대 측이 한 논증 중에서 어느 쪽이 더 설득력이 있는지를 판단해야 하는데 이때에도 선입견이 발생할 수 있기 때문입니다. 이때 선입견을 버리고 합리적으로 판단하는 능력은 논리적 사고력, 분석적 사고력, 비판적 사고력 등이 동원되어야 하므로 단 한 번의 토론으로 크게 신장되지는 않습니다. 따라서 교사는 현재 학생들의 판정 실력이 수준이 낮다고 실망하지 말고 판정 능력이 향상된 부분을 구체적으로 찾아 칭찬을 많이 해 주는 것이 필요합니다.

2) 판정 원칙 2; 반대 측이 제대로 반증하고 있는지 확인해라

앞서 찬성 측은 '입증의 책임'을, 반대 측은 '반증의 의무'를 다해야 한다고 했습니다. 이 원칙에 따르면 반대 측 1 토론자의 역할이 매우 중요합니다. 가령 '청소년 아르바이트는 바람직하다'는 논제에 찬성 측 1 토론자가 '학생으로 경제 활동을 할 수 있는 가장 현실적인 수단이 아르바이트이기 때문이다' 라는 근거를 들었다고 합시다. 이에 맞서 반대 측 1 토론자가 다음의 예처럼 반증하였다고 합시다.

| 예 |

〔반대〕

- 예 ①: 청소년 아르바이트는 바람직하지 않다. 청소년 시기에 아르바이트를 하게 되면 공부 시간이 줄어들어 학생의 역할을 다하지 못하기 때문이다.
- 예 ②: 청소년 아르바이트는 바람직하다는 찬성 측 주장이 틀렸다. 학생으로 경제 활동을 할 수 있는 가장 현실적인 수단은 아르바이트가 아니기 때문이다.
- 예 ③: 청소년 아르바이트는 바람직하다는 찬성 측 주장이 틀렸다. 아르바이트가 학생으로 경제 활동을 할 수 있는 가장 현실적인 수단이라고 하더라도 아르바이트가 바람직한 것은 아니기 때문이다.

예 ①, ②, ③은 뒷받침하는 사례들이 적절하여 논증이 모두 건전하고 타당하다고 해 봅시다. 이 경우 판정은 어떻게 하면 될까요? 결론부터 이야기하면 예 ①의 방법으로 논증을 전개한 반대 측은 아무리 논증이 타당하다고 하더라도 패배하게 됩니다.

논리를 튼튼히 세우면 토론에서 이기는 것이 아닌가 하는 생각을 할 수 있지만 꼭 그렇지는 않습니다. 적을 향해 당겨야 할 방아쇠를 허공을 향해 쏜다고 해서 전쟁에서 이길 수 없는 것과 마찬가지입니다. 왜 예 ①처럼 논증하면 패배하게 되는 걸까요? 그 이유는 반대 측은 본연의 임무를 수행하지 않았기 때문입니다. 즉 '반증'을 안 했기 때문입니다. 반대 측은 찬성 측이 제기한 '학생으로 경제 활동을 할 수 있는 가장 현실적인 수단이 아르바이트이기 때문에 청소년 아르바이트는 바람직하다'는 논증을 반박하지 않고 '아르바이트를 하면 공부 시간이 줄어들기 때문에 청소년 아르바이트는 바람직하지 않다' 고 주장하였습니다. 즉 반대 측은 찬성 측이 설정한 기둥을 부수려는 '반증'을 하지 않고 논제에 반대하는 새로운 기둥을 세우는 '입증'을 한 것입니다. 반대 측은 찬성 측이 제기한 논증을 부정하는 '반증' 역할을 하는 것이 우선이지 논제 자체를 바꿔서 '입증'까지 할 필요는 없습니다.

> **잠깐!**
>
> '입증의 책임'은 토론에서 먼저 발언하게 되는 찬성 측의 고유한 역할이며, '반증의 의무'는 반대 측의 고유한 역할이다. 하지만 반대 측이 찬성 측 입증에 대한 반증을 한 후에는 새로운 근거를 들어 입증하고 여기에 찬성 측이 반증하는 형태로 토론이 전개되기도 한다.

'찬성 논증을 부정하는 것이나 논제에 반대하는 근거를 드는 것이 같은 말이 아닌가'라고 의문을 제기할 수 있습니다. 하지만 두 경우의 토론은 아주 다르게 전개될 것입니다. 왜 그럴까요? 만약 예 ①처럼 '반증'을 하지 않고 '입증'을 한다면 '청소년 아르바이트는 바람직하다'는 논제에 대한 찬반 토론이 아니라 '청소년 아르바이트는 바람직하다'라는 논제와 '청소년 아르바이트는 바람직하지 않다'는 두 개의 논제로 토론이 진행될 것입니다. 논제가 두 개가 되면 토론은 양측이 각각의 논제를 찬성하게 되는 소위 '찬찬 토론'으로 전개됩니다. 토론은 문제를 제기하여 변화를 추구하려는 찬성 측이 입증하고 변화보다 현실을 고수하려는 반대 측이 반증하는 형태로 소통하며 논제를 합리적으로 해결하려는 공동 노력입니다. 그런데 이렇게 찬찬 토론을 벌이게 되면 쟁점이 발생하지 않고 서로 소통도 없이 자신의 주장만 옳다고 입증하게 될 것이므로 평행선으로 달리게 되는 토론이 될 가능성이 높습니다.

또 다른 예를 볼까요? 살인 혐의로 구속된 피의자를 조사한 검사가 판사에게 다음과 같이 구형을 합니다.

존경하는 재판장님, 이 피의자는 A, B, C라는 이유로 형법 ○○조에 의거하여 살인죄가 성립되므로 저는 징역 15년의 형벌을 요청합니다.

이 경우 변호사는 어떻게 변론해야 자신의 의뢰인을 잘 변호할 수 있을까요? 다음의 변론을 봅시다.

- 변론 ① : 이 피의자의 행위는 A, B, C라는 이유로 살인죄가 되지 않습니다.
- 변론 ② : 살인죄가 되더라도 징역 15년은 과합니다.
- 변론 ③ : 이 피의자는 D, E, F라는 이유로 살인을 저지를 사람이 아닙니다.

어느 변론이 가장 못한 것 같습니까? 그렇습니다. 변론 ③입니다. 변론 ③은 'A, B, C의 이유로 인한 살인죄 성립'에 대해 반대했다고 할 수 없습니다. 아무리 D, E, F라는 이유가 사실이고 타당하다고 하더라도 A, B, C가 거짓이고 타당하지 못하다라는 점을 증명할 수 없기 때문입니다.

재판에서 검사가 변호사의 변론에 반론하지 않거나 변호사가 검사의 기소 이유를 무시하고 변론을 하게 되면 판사가 군이 필요 없게 되지 않겠습니까? 왜냐하면 검사는 'A, B, C라는 이유로 살인죄다'라는 명제를 찬성하고 변호사는 'D, E, F라는 이유로 살인죄가 아니다'라며 양측이 자신들의 명제를 찬성하는 찬찬 토론이 진행되기 때문입니다. 한 걸음 더 나아가 만약 검사가 'D, E, F 이유만으로는 무죄로 하기 힘들다'라는 식으로 반론을 펼치게 된다면 이제 검사가 반증을 하고 변호사가 (무죄임을) 입증하는 재판이 진행됩니다. 이 경우는 찬반 토론이 아니라 반찬 토론이 되는 것이지요. 검사 측이 반찬 토론을 아무리 잘해도 피의자가 유죄라는 증거가 타당하고 건전한지를 설득시키지 못한다면 기소는 실패할 수밖에 없습니다. 쉽게 말해 잘해 봐야 본전인 셈입니다.

검사는 '피의자의 행위는 ~ 때문에 범죄로 성립된다'라는 주장을 입증해야 하고 변호사는 '피의자의 행위는 ~ 때문에 범죄로 성립되지 않는다'라고 반증해야 하는 것처럼 찬성 측은 입증하고 반대 측은 반증해야 토론이 잘 진행됩니다.

실제 학생들의 토론을 관찰해 보면 찬반 토론이 아닌 찬찬 토론이나 반찬 토론으로 전개되는 형태가 많습니다. 이렇게 잘못 전개되는 책임은 주로 반대 측 첫 번째 토론자에게 있는데 그 이유는 반대 측 첫 번째 토론자가 자신의 발언을 준비하면서 찬성 1 토론자처럼 입론문을 미리 써서 낭독하려고 하기 때문입니다. 반대 측 입론을 이렇게 찬성 측 입론과 독립적으로 제시하게 되면 논제를 해석하는 관점이 다른 입장 속에서 찬찬 토론이나 반찬 토론이 진행될 것입니다. 때로는 반대 측의 입론이 찬성 측의 입론과 우연히 대립되어 쟁점이 형성될 수도 있겠지만, 이 쟁점은 상대 주장을 반대하고 상대의 공격으로부터 방어해서 생겨난 것이 아닌 미리 준비한 원고를 낭독한 것이므로 반론 순서에서는 쟁점이 심화, 발전되지 못하고 약화되는 토론이 될 수 있습니다. 서로가 쟁점을 찾지 못하게 되면 자신의 필요에 따라 골라서 상대 주장을 반론하는 등의 난잡한 토론이 전개됩니다. 따라서 지도 교사는 제기한 근거에 대한 반론을 반대 측 1 토론자가 찬성 측 1 토론자가 우선적으로 제기하게 하고, 그래도 발언 시간이 남는다면 새로운 근거를 들어 주장할 수 있게 지도하시면 좋습니다.

3) 판정 원칙 3; 형성된 쟁점이 논제와 관련성이 있는지 검토하라

토론은 쟁점 싸움입니다. 쟁점이란 찬성 측이 제기한 논증에 반대 측이 반론을 제기하여 생긴 접점입니다. 찬성 측이 다음과 같이 입론을 했다고 합시다.

| 예 |

"① 철수는 반장이 되어야 합니다. ② 왜냐하면 그는 성실하기 때문입니다. ③ 저는 지난 몇 년 동안 철수와 같은 반이었는데 철수는 청소시간에 늘 다른 친구들이 하기 싫은 분리수거를 혼자 도맡아 해 왔습니다. ④ 성실한 사람이 반장이 되는 것은 바람직합니다. ⑤ 지금까지 훌륭한 세계적인 지도자들의 공통점은 성실했기 때문이지요."

이 경우 주장은 ①이고 근거는 ②입니다. ③은 근거의 근거로 ②가 사실임을 입증하는 구체적인 사례입니다. ④는 주장과 근거를 연결 짓는 고리이며 ⑤는 연결 고리(④)를 뒷받침하는 사례입니다. 이때 반대 측이 입론에서 다음과 같이 반증하였다고 합시다.

| 예 |

ⓐ 철수는 성실하지 않습니다. 그는 항상 청소 시간에 맡은 구역을 청소하지 않고 축구를 하고 놉니다.

ⓑ 철수는 성실하지만 성실하다고 해서 반장이 되는 것은 바람직하지 않습니다. 반장은 다수로 이뤄진 학급을 이끌어 가야 하므로 성실성보다 리더십이 뛰어나야 합니다.

ⓒ 철수가 성실하고 성실한 사람이 반장이 되어야 하는 것이 옳다고 하더라도 철수가 반장이 되면 우리 학급에 심각한 문제가 생깁니다. 철수는 두 달 뒤에 전학을 갑니다. 철수가 전학을 가면 학급 반장을 새로 선출해야 하는 불편을 겪으니 차라리 철수보다 영희가 반장을 하는 것이 낫습니다.

ⓓ 영수는 작년에 반장이 되어 반 전체 학생들에게 피자를 사 주었습니다. 하지만 철수는 그렇지 않았습니다. 따라서 영수가 반장이 되어야 합니다.

이 논증에서 ⓐ는 근거(②)의 진실성에 문제를 삼습니다. ⓑ는 근거는 비록 사실이지만 주장과 근거를 연결하는 고리(④)를 부정하고 있습니다. ⓒ는 근거(②)와 연결 고리(④) 모두를 인정하지만 주장(①)이 성립되면 발생하는 부작용과 대안을 제시한 경우입니다.

여기서 쟁점이 형성되었나요? 어떤 쟁점인가요? 쟁점은 첫째, '철수는 정말 성실한가'(ⓐ↔②), 둘째, '반장은 성실한 사람이 되어야 하는가'(ⓑ↔④), 셋째, '반장이 될 자질이 있는 철수가 전학이 예정되어 있어 생기는 불편함 때문에 영희가 반장이 되어야 하는가'(ⓒ↔①)입니다.

그런데 쟁점이 되지 못하는 반대 측 근거는 무엇인가요? ⓓ입니다. ⓓ는 겉으로 보면 반장은 철수가 아니라 영수가 되어야 한다는 주장으로 쟁점이 될 것처럼 보이지만 사실 찬성 측의 주장, 근거, 연결 고리에 대해 반증한 것이 아니므로 충돌을 일으킨 쟁점이라고 할 수 없습니다. 토론에서 판정은 쟁점이 중심이 되어야 하므로 판정관은 반대 측이 제기한 ⓓ는 무시해도 좋습니다.

이렇게 쟁점을 우선적으로 파악해서 쟁점을 형성하지 않는 발언을 제거하면 판정의 첫 번째 열쇠를 얻을 수 있습니다. 쟁점을 파악한 뒤에는 형성된 쟁점이 논제와 얼마나 관련성이 있는지를 판단해 보면 판정의 큰 줄기를 잡을 수 있습니다. 예에서 형성된 쟁점을 봅시다. 세 개의 쟁점 모두는 논제 '철수는 반장이 되어야 한다'와 얼마나 깊은 관련이 있을까요?

첫째 쟁점인 '철수의 성실성 사실 유무'(ⓐ)와 둘째 쟁점인 '반장의 자질이 성실성에 있는지 여부'(ⓑ)는 찬성 주장인 '철수는 반장이 되어야 한다'는 논제를 참 또는 거짓이 되게 하는 핵심 쟁점입니다. 그러나 셋째 쟁점인 '반장이 될 자질이 있는 철수가 전학이 예정되어 있어 생기는 불편함 때문에 영희가 반장이 되어야 하는가'(ⓒ)는 '철수'가 반장이 되어야 하는 논제와는 관련이 다소 떨어져 보입니다. 반대 측은 철수가 성실하고, 성실한 사람이 반장이 되는 것이 옳다고 인정했습니다. 다만 부작용을 지적한 것이지요. 다시 말해 지금 논제는 '철수가 반장이 되면 발생하는 문제점이 있는가, 없는가'가 아니라 '철수가 반장이 되는 것이 바람직한가'에 있습니다. 따라서 첫째 쟁점과 둘째 쟁점에 비해 이 쟁점은 논제와 관련성이 떨어집니다. 만약 반대 측이 첫째, 둘째 쟁점을 형성하지 못하고 세 번째 쟁점으로만 토론을 벌인다면, 찬성 측이 제기한 논증은 여전히 살아 있게 되므로 반증이 약한 반대 측이 불리합니다. 결국 교사는 학생들에게 반대 측의 반론 전략을 설명할 때 직접적으로 하는 반론을 우선적으로 한 뒤, 간접적으로 하는 반론을 보완적으로 적용하는 방향으로 지도하는 것이 좋습니다.

판정관은 토론의 쟁점을 파악하고 논제 관련성을 검토한 뒤에 반대 측이 얼마나 찬성 측 논증을 다각도로 공격하였고 찬성 측이 얼마나 적절한 사례를 들어 논리적 오류 없이 방어했는지를 판정하면 됩니다. 즉 근거가 살아남게 되는지 죽게 되는지를 판단하는 것이지요.

4) 판정 원칙 4; 찬성 측 입론 근거의 양과 질을 검토하라

논제와 관련된 쟁점을 파악하면 토론 결과 '찬성 측이 제기한 입론 근거가 반대 측으로부터 공격을 받고도 얼마나 살아남았는지'를 검토해야 합니다. 그런 뒤에 판정관은 살아남은 근거의 양과 질을 동시에 봐야 합니다. 만약 찬성 측이 A, B, C라는 세 개의 근거를 제시하여 모두 쟁점이 되어서 다음과 같이 토론이 전개되었다고 생각해 봅시다.

① 반대 측이 A를 완벽히 공격하고 B, C는 공격하지 못한 경우
② 반대 측이 B와 C를 완벽히 공격하고 A를 공격하지 못한 경우

①과 ②에 대해 생각해 봅시다. ①은 찬성 측이 낸 근거 세 개(A, B, C) 중 한 개(A)는 반대 측이 확실히 공격해서 무너졌지만 나머지 근거 두 개(B, C)는 엄연히 살아 있습니다. 그런데 ②는 근거 두 개(B, C)는 반대 측이 확실히 공격해서 무너졌고 나머지 근거 한 개(A)만 살아 있습니다. 각각의 경우 판정을 어떻게 해야 할까요?

양적 기준으로만 볼 경우 ①에서는 반대 측이 근거 세 개 중에 한 개만 공격했기 때문에 찬성 측이 승리, ②에서는 반대 측이 두 개를 공격했기 때문에 반대 측이 승리한다고 생각할 수 있습니다. 그러나 반드시 그렇지는 않습니다. 왜냐하면 근거의 질도 함께 검토해야 하기 때문입니다. 만약 ①에서 반대 측이 공격한 찬성 측 근거 (prima facie case)가 으뜸 근거인 경우에는 한 개만 공격해도 반대 측이 승리할 수 있습니다. 거꾸로 ②에서 반대 측이 공격하지 못한 한 개의 근거가 으뜸 근거일 경우에는 찬성 측이 두 개의 근거를 공격당하고도 승리할 수 있습니다. 으뜸 근거란 다른 근거들을 모두 성립시켜 줄 수 있는 핵심 근거입니다. 찬성 측은 주장을 뒷받침하는 근거를 병렬적으로 균형 있게 나열하여 근거의 중요성을 모두 똑같이 다룰 수도 있습니다. 가령 '청소년 아르바이트는 바람직하다'라는 주장의 찬성 근거를 '경제적 측면'과 '교육적 측면', '문화적 측면' 등으로 균형 있게 다룰 경우 모두 중요성이 같다고 할 수 있습니다. 그러나 찬성 측이 '경제적 측면'을 여러 사례를 들어 강조하고 '교육적 측면'과 '문화적 측면'은 부가적 이득으로 논증하였다면 으뜸 근거는 '경제적 측면'이 될 수 있습니다.

또한 찬성 측은 근거를 종속적으로 나열할 수 있는데, 하나의 논증을 강화하기

위하여 근거의 근거, 연결 고리의 근거 등을 드는 경우입니다. 가령 '청소년 아르바이트는 바람직하다'라는 주장에 대한 '청소년 아르바이트는 경제적 자립심을 높인다'라는 찬성 근거를 강화하기 위하여 경제적 자립심을 높여야 하는 이유(근거의 근거)나 경제적 자립심이 높아지면 청소년 아르바이트가 바람직해지는 이유를 각종 통계 자료로 설명했다고 합시다. 많은 사례와 이유, 통계 자료 중에 주장을 뒷받침하는 연결 강도가 가장 큰 것이 으뜸 근거라 할 수 있습니다.

이렇게 봤을 때 근거의 중요성을 구분하여 으뜸 근거를 판단하는 것이 판정관마다 다를 수 있습니다. 따라서 으뜸 근거를 판단하는 것은 판정관의 고유한 의무이자 재량적 영역이라고 할 수 있습니다. 그래서 판정 결과는 늘 만장일치로 나지 않을 수 있습니다. 따라서 판정관 수를 홀수로 구성하여 다른 이견을 가진 판정관과 으뜸 근거의 성립 유무에 대해 토론해 보는 것은 판정을 또 하나의 토론으로 이어지게 하는 교육적 효과라 할 수 있습니다. 따라서 판정단 대표가 판정 결과를 발표할 때 판정단 전체 의견과 입장이 다른 소수 의견도 소개하게 하는 것이 판정을 통해 토론 전체를 돌아볼 수 있다는 측면에서 교육적으로 바람직합니다.

한눈에 정리

| 판정 원칙 1 |

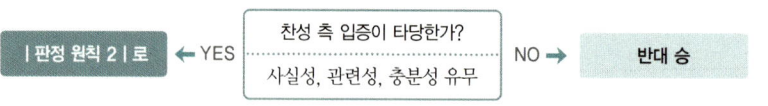

| 판정 원칙 2 | 로 ← YES — 찬성 측 입증이 타당한가? / 사실성, 관련성, 충분성 유무 — NO → 반대 승

| 판정 원칙 2 |

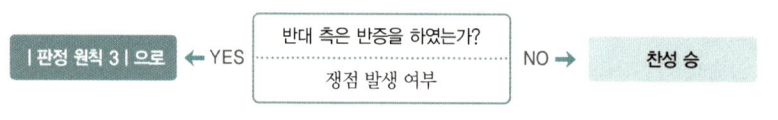

| 판정 원칙 3 | 으로 ← YES — 반대 측은 반증을 하였는가? / 쟁점 발생 여부 — NO → 찬성 승

| 판정 원칙 3 |

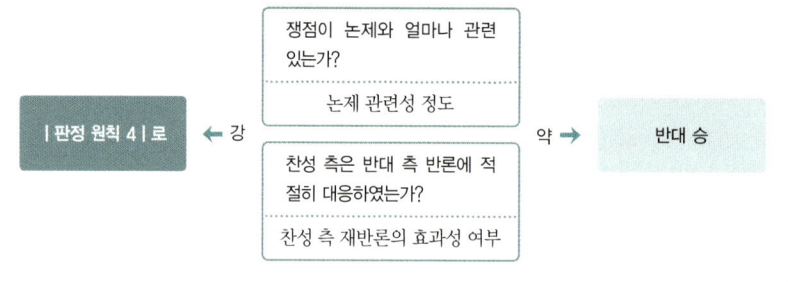

| 판정 원칙 4 | 로 ← 강 — 쟁점이 논제와 얼마나 관련 있는가? / 논제 관련성 정도 — 약 → 반대 승

찬성 측은 반대 측 반론에 적절히 대응하였는가? / 찬성 측 재반론의 효과성 여부

| 판정 원칙 4 |

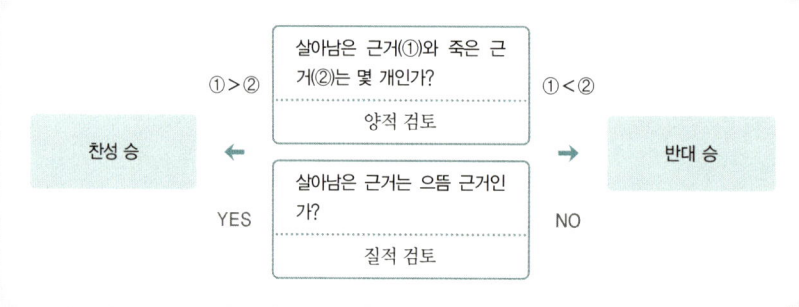

찬성 승 ← ①>② — 살아남은 근거(①)와 죽은 근거(②)는 몇 개인가? / 양적 검토 — ①<② → 반대 승

YES — 살아남은 근거는 으뜸 근거인가? / 질적 검토 — NO

판정에서 나타날 수 있는 경우의 수를 좀 더 줄여서 생각해 볼 수 없나요? 좀 더 단순하게 판정을 하려면 어떤 기준으로 하면 좋을까요?

판정을 좀 더 쉽게 할 수 있는 방법이 있습니다. 다음과 같은 경우의 수를 생각해 볼 수 있습니다.

상황	찬성 측	반대 측	결과
①	입증을 잘한 경우	반증을 잘한 경우	찬성 승
②	입증을 잘 못한 경우	반증을 잘한 경우	반대 승
③	입증을 잘한 경우	반증을 잘 못한 경우	찬성 승
④	입증을 잘 못한 경우	반증을 잘 못한 경우	반대 승

②와 ③처럼 양측 중 한쪽이 잘 못하고 한쪽이 잘하면 당연히 잘한 쪽이 승리합니다. 그런데 ①과 ④처럼 양측 모두가 잘 못하거나 잘한 경우에는 어떻게 판정하면 좋을까요? 양측이 모두 잘한 상황 ①에 대해 생각해 봅시다. 양측이 모두 잘한 경우는 찬성 측이 세운 기둥, 즉 논증이 탄탄하였고 반대 측도 이 논증을 대상으로 공격을 잘하여 누가 더 잘했는지 판단하기가 곤란한 경우라 할 수 있습니다. 이 경우에는 찬성 측이 승리입니다. 판단하기가 곤란할 정도라면 찬성 측이 내세운 논증이 여전히 살아남았기 때문이지요.

상황 ④를 생각해 봅시다. 이 경우에는 양측이 너무 못해서 어느 쪽이 승리했다고 해야 할지 구분이 안 가는 경우입니다. 왜 이러한 일이 생겨났을까요? 우선 논제는 변화 지향적인 속성을 가집니다. 따라서 논제를 찬성하는 측이 현 상황의 문제점을 들춰내는 문제 제기가 적절해야 반대 측이 반증을 할 수 있습니다. 따라서 찬성 측이 입증을 못했기에 반대 측이 반증할 것이 별로 없어서 반증을 못한 경우가 많으므로 그 책임은 입증 책임이 있는 찬성 측에 물어야 하겠지요. 쉽게 말해 반대 측이 잘해서 이긴 것이 아니라 찬성 측이 못해서 이기게 된 것이지요.

토론 판정에서 논증 이외의 요소, 가령 성량, 자세, 시선 처리 등의 태도나 팀워크는 고려하지 않나요?

토론에서 논증 외적인 요소도 당연히 판정의 대상이 됩니다. 적절하고 품위 있는 태도도 상대를 설득하는 데에 영향을 주기 때문입니다. 다음과 같이 시선 처리, 자세, 복장, 예의 등을 평가할 수 있습니다. 대체적으로 논증과 태도 평가의 비율은 8:2 정도가 적당한 듯합니다.

1. 시선이 청중에게 골고루, 적당하게 배분되었는가?
2. 손동작, 몸동작이 지나치게 부산스럽거나 어색하지 않았는가?
3. 복장이 적절하고 자세가 자연스러웠는가?
4. 청중과 심판에게 정중하고 예의 바르게 대했는가?

토론에서는 팀워크도 중요합니다. 팀워크가 좋다는 말은 팀원 사이의 역할 분담이 잘되어 팀원 간 협동의 효과가 크다는 뜻입니다. 따라서 팀워크는 토론자별로 역할 구분이 명확하게 되었는지를 기준으로 삼아 판단하면 됩니다. 첫 번째 토론자의 입론 내용을 반론자가 중언부언하지는 않는지, 자기 측이 확인 질문한 내용을 심화하여 반론을 펼치는지, 자기 측의 토론자가 발언한 내용을 부정하지는 않는지, 최종 발언자가 단순히 입론을 반복하지는 않는지 등이 팀워크를 판단하는 구체적인 기준이라 할 수 있습니다.

좀 더 구체적이고 다양한 판정 사례를 알 수 있을까요?

토론 대회 판정관들이나 토론 교육을 하고 있는 교사들도 판정하기 어려운 구체적인 사례가 많이 발생한다. 판정에서 주로 다뤄지는 곤란한 사례들을 일반화해 보면 '팀워크냐 개인기냐', '양측 모두 논제 해석을 잘못한 경우는?', '최우수 토론자의 자질은?', '논거의 타당성을 결정하기 힘든 경우는?', '토론 내용이 너무 전문적인 경우에는?', '개인적인 경험을 바탕으로 토론하는 경우에는?', '논증이 추상적인 경우는?' 등이 있다.

다음 사례들은 민사고 토론 교육 연수를 이수한 교사들의 자율 연구 모임인 '한국 토론 교육 연구회'(http://cafe.daum.net/kmladebate)의 인터넷 게시판상에서 전개된 이야기를 모아 정리한 것입니다.

1) 팀워크냐 개인기냐

토론에서 가 팀은 앞에 세 발언자가 발언을 굉장히 잘했는데 정리자가 많은 실수를 했고, 나 팀은 앞의 세 발언자는 별로 잘하지 못했는데 정리자가 그 실수들을 모두 무마할 만큼 훌륭한 발언을 했을 때, 어느 팀이 승리했다고 해야 할까요?

• A 교사 : 승리한 팀이 단 한 명의 토론 실력에만 지나치게 의존하고 있는 경우, 해당 팀에게 점수를 주는 것이 공정한지 고민하게 될 때가 많습니다. 토론에 있어서 팀워크 또한 중요한 측면일 뿐만 아니라, 결정적으로 상대측의 전반적 실력보다 승리한 팀의 나머지 세 명의 토론 실력이 부족한 경우가 많기 때문입니다.

• B 교사 : 저는 정리자의 비중이 팀에서 25%에 지나지 않는다고 생각합니다. 아무리 잘해도 100점 만점에 25점인 것이죠. 엄연히 팀플레이 성격이 강한 토론 모형에서 1인의 1회 발언으로 승패가 난다면 더 세심한 판정 기준이 있어야 하겠지요. 따라서 대회에서는 기존의 판정 표보다 더 계량적인 방법이 필요할 것 같습니다. 1팀 4인 기준으로 1인 최대 스코어가 전체 점수의 25% 이상 넘어서지 않게 말입니다.

- C 교사: 가 팀의 세 발언자가 발언을 '굉장히' 잘했다면 그 팀의 승리입니다. 왜냐하면 첫째, 가 팀은 세 명이 잘했고, 나 팀은 한 명만 잘했기 때문입니다. 둘째, 나 팀의 정리자가 '훌륭한 발언'을 했다 하더라도 그것은 '훌륭한 정리'가 아닌 자기 발언에 불과하기 때문입니다. 앞의 세 발언자가 별로 잘하지 못했는데 훌륭한 정리가 나올 수가 없을 것 같습니다.

- D 교사: 단순히 한 사람과 팀이냐는 질문이라면 당연히 팀워크가 중요한 팀전에서는 팀원들의 주장이 논리적으로 엮여 공고하게 되는 구조여야 하지 않을까 싶습니다. 한 개인의 우수성은 팀의 주장을 명확히 하는 데에 일조했을지는 모르나, 개인한 사람이 뛰어난 전달력과 논리성이 있다고 해서 팀이 승리했다고 하는 것은 적절하지 않다는 생각입니다. 또한 B 선생님의 말씀대로 개인당 점수의 상한치를 두는 것도 한 방법일 듯합니다. 우수한 개인은 그날 토론 대회의 최우수 토론자상을 받는 것이 바람직하지 않을까요? 팀 우승과 상관없이 말입니다.

2) 양측 모두 논제 해석을 잘못한 경우

양측 모두 논제를 잘못 이해한 상황에서 논점에서 일탈된 토론을 했을 때, 어떻게 판정을 내려야 할까요? 개념 정의가 찬성과 반대 측이 다르고, 서로 반박이 오가도 의견이 수렴되지 않고 각자 다른 개념에 대해서 토론이 계속 진행될 경우 서로의 논거 반박이 개념 정의에 부딪치는 경우가 많아 판정하기 힘들 때가 있습니다.

- A 교사: 이럴 때가 가장 많은 것 같습니다. 끝까지 이어지는 개념 싸움…. 그러다 마지막 정리자에서 서로 그럴듯한 토론이 시작되는 듯해 보이지만 끝나고 마는 경우가 많았습니다. 이럴 경우에는 변화를 추구하는 찬성 측이 깔아 놓은 개념 정의를 반대 측이 받아들이지 않고 새로운 개념을 이용할 경우 찬성 측에게 승리를 줄수 있습니다. 저도 토론의 정신에 비추어 봤을 때, 타당하다고 생각합니다. 다만 서로 논점에서 일탈될 수 없도록 찬반 양측이 공유할 수 있는 내용이 있어야 한다고 생각합니다. 토론에서 제기될 만한 개념을 사전에 공지를 하거나 또는 논제가 구체적인 문제 상황에서 도출된 것이라면 논점 일탈을 그나마 줄일 수 있지 않을까 생각됩니다.

• B 교사 : 1. 개념 정의의 타당성이 두 팀이 비슷할 경우 → 논리와 반박으로 승패 결정합니다. 2. 개념 정의의 타당성이 두 팀이 차이 날 경우(−못함, △보통, ＋잘함) 개념 정의, 논리 반박에서 각기 1)−− → 반대 승 2)−△ → 반대 승 3)−＋ → 반대 승 4) ＋− → 찬성 승 5) ＋△ → 찬성 승 6) ＋＋ → 찬성 승 이때 3)에서 반대가 승이고 4)에서 찬성이 승인 이유는 개념 정의에서 4)가 좀 더 타당하더라도 이는 상대적일 뿐으로 절대적으로는 개념 정의가 잘못되어서 완전한 ＋가 아니기 때문입니다.

• C 교사 : 논제 해석의 문제도 토론에서 중요한 핵심 가운데 하나입니다. 대개 이 논제 해석은 3가지로 나눕니다. 넓은 해석, 중간 해석, 좁은 해석이지요. 넓은 해석은 논제를 자유롭게 해석할 수 있는 경우입니다. 예컨대 '덮어 두어야 한다(Bury it)'는 논제는 무엇을 어떻게 하자는 것인지 매우 포괄적으로 해석할 수 있습니다. 유명인의 스캔들을 덮어 두자는 것인지, 숭례문 방화 사건의 책임을 덮어 두자는 것인지, 아니면 3반 아이를 때린 2반 아이의 사건을 덮어 두자는 것인지 대단히 넓게 해석할 수 있습니다. 넓은 해석의 경우입니다. 좁은 해석은 'EU와의 FTA 협약을 체결해야 한다'는 논제 등을 예로 들 수 있습니다. 이 경우 찬성이나 반대 측이 달리 해석할 여지가 매우 좁지요. 중간 해석은 그 가운데 쯤입니다. "학교 당국은 이번 사건을 덮어야 한다."는 논제는 중간 정도의 해석이 가능합니다. 우리나라는 아직 토론 초창기라서 주로 좁은 해석을 하는 논제가 많이 쓰입니다. 그러나 세계적으로 보자면 꼭 그런 것은 아닙니다. 넓은 해석이나 중간 해석도 논제로 제시됩니다. 이를 결정하는 것은 찬성 측 첫 번째 발제자입니다. 논제를 어떻게 해석할 것인지, 구체적 사례를 통해 제한하려 하지요. 자기 팀에 유리하게 해석하려는 것은 당연합니다. 문제는 반대 측이 이 해석을 받을 것이냐 아니면 거부할 것이냐지요. 이건 좀 논란의 여지가 있습니다. 그러나 토론의 정신은 일단 받아들이도록 요구합니다. 찬성 측이 도전한 것이므로 반대는 이를 수용하는 것이 떳떳하다는 것이지요. 싸울 장소를 택할 권리는 도전자인 찬성 측에 있다는 논리입니다. 반대 측은 그곳이 어디라도 가서 싸울 준비가 되어 있어야 한다는 것입니다. 물론 반대 측이 다른 장소, 즉 다른 해석을 들고 나올 수 있습니다. 반대 측 첫 토론자가 시도할 수 있습니다. 그러나 찬성 측이 자신의 해석을 고집한다면 그때 반대 측은 찬성을 받아들여야 한다는 것입

니다. 그 후, 어느 쪽이 잘했는지는 판정의 몫입니다. 판정자는 이런 상황을 감안해서 조정할 수 있다는 것이 토론의 정신입니다.

- D 교사: 이 점에서 찬성 측 입론자의 개념 정리나 배경의 정리가 굉장히 중요하다고 생각합니다. 복합적으로 한다는 것이 상당히 고차원적이더라구요.

- E 교사: 가장 적절한 토론의 시작은 논제를 뜯어서 파악하고 해석할 줄 아는 것이라고 생각합니다. 그렇기 때문에 불가피하게 개념 정의에서 부딪칠 수도 있고요. 개념 정의만 내리다가 끝이 날 수밖에 없는 경우라면 주장이라고 말하는 것들이 근거와 데이터를 가지고 있기보다는 단언으로 이끌어 가는 경우가 대부분이지 않을 듯싶습니다. 주장이 아닌 대부분의 단언들로 토론이 이루어진다면 아무리 로직이 기본인 토론이지만 보편타당한 레토릭으로 평가할 수밖에 없지 않을까 싶습니다. 또한 토론은 문자 언어가 아닌 음성 언어이기 때문에 설득 스피치의 능력도 평가에 포함이 되어야 하지 않을까 합니다.

3) 시간 조건을 어긴 최우수 토론자의 경우

최우수 토론자상을 주고 싶은 발언자가 있는데 시간이 정해진 시간보다 많이 모자랄 경우 어떻게 해야 할까요? 이 학생을 주지 말고 발언은 조금 부족했지만 시간을 엄수한 학생에게 최우수 토론자상을 주어야 하나요?

- A 교사: 그렇습니다. 시간 엄수는 공정한 토론의 생명이라고 생각합니다. 정해진 시간 이후의 모든 발언은 무효로 하는 것이 좋을 듯합니다. 하지만 재미나 기회를 더하기 위해서는 소위 '찬스'라는 제도도 생각해 봄 직합니다. 가령 각 팀별 네 명이 찬스를 한 번 쓸 수 있는데, 그 용도는 발언 시에 30초를 더 쓸 수 있으며 발언 시작 전에 '찬스'라고 적힌 팻말을 잠시 보여 주고 시작하는 방법으로 할 수 있습니다. 왜냐하면 상대측의 앞 발언자가 댄 근거들이 너무 빈약하여 취사선택할 수도 없고, 자기 측의 논거도 더 강화해야 하는 경우가 있기 때문입니다. 이럴 경우 발언 시간 연장이라는 기회를 한 번씩 줄 수 있지 않을까 합니다.

- B 교사: 재미있는 아이디어입니다. 수업 시간에 충분히 활용할 수 있다고 생각합니다. 흥미를 돋우어 토론을 더 긴장감 있게 할 테니까요. 양쪽에 공정한 기회를 부여

한다면 별문제 없으리라고 생각합니다. 좋은 생각입니다.

- C 교사 : 의회 토론에서 그런 제도를 하나 만들어도 굉장히 재미있을 것 같습니다.
- D 교사 : 최우수 토론자라면 당연히 시간도 엄수할 수 있어야 한다고 생각합니다. 토론은 정해진 시간에 얼마나 논리적으로 자신의 주장을 피력하느냐가 중요합니다. 근거와 데이터를 제시하는 것은 당연하구요. 시간을 제대로 쓰지 못했다면 자료 준비가 덜 되었거나 순발력 있는 정리를 못한 것이고, 시간을 초과한다면 자신의 자료 중에서 불필요한 것을 찾아 버리지 못하거나 핵심을 제대로 정리하지 못한 것이라 생각합니다. 이를 최우수 토론자라 할 수는 없지 않을까요? 토론 대회 때는 발제자가 시간을 어떻게 관리하느냐가 정말 중요합니다.
- E 교사 : 저도 수업 시간에 찬스를 좀 사용해 보아야겠습니다. 딱딱한 토론 수업을 힘들어하는 학생들에게 재미를 더할 수 있어 좋을 것 같습니다.
- F 교사 : 발언은 조금 부족했지만 시간을 엄수한 학생에게 최우수 토론자상을 줍니다. 왜냐면 상대측이 '정해진 시간보다 많이 모자랄' 경우이므로 나머지 시간을 다 채운다면 단점이 드러날 소지가 있기 때문입니다. 그러나 정해진 시간보다 '약간' 모자랐다면 반대로 상을 줍니다.
- G 교사 : 토론에서 시간을 준수하는 것은 중요하지만, 수상을 염두에 둔다면 논술처럼 정해진 시간 ±10%로 상을 주는 기준을 정하면 좋겠습니다. 4분에서 24초 초과나 미만은 수상할 수 있지만, 그 미만이나 초과는 제외하고, 차선의 학생에게 주는 것이 좋겠습니다. 따라서 최우수 토론자가 정해진 시간의 10% 내외에서 발언하였다면 수상자가 되지만, 그 조건을 어기면 발언 내용은 조금 부족했지만 시간을 엄수한 학생에게 주는 것이 어떨까 합니다.

4) 논거의 타당성을 판정하기 어려운 경우

양측의 사회 과학 고전이나 현실 사례에 대한 해석이 달라 서로의 논거를 뒷받침할 때, 어느 쪽의 인용이 더 타당한지 판정하는 과정에서 판정자의 배경이나 가치관이 영향을 끼칠까 걱정이 앞설 때가 많습니다.

- A 교사 : 학생들의 경우보다 성인들의 경우에 스키마가 고정된 분들이 많아서 저도

많이 힘들었습니다.

- B 교사: 해석이 다를 때, 그리고 어느 한 쪽이 잘못 해석하고 있을 때, 그 해석이 잘못 되었음은 일차적으로 상대측 토론자가 반론으로 입증해야 할 일입니다. 만약 입증이 안 된 채 자기 해석대로 평행선을 달릴 경우, 그 분야에 전문가인 판정관이라면 자기 판단으로 옳고 그름을 판정할 수 있으나, 비전문가인 판정관이라면 옳고 그름의 판단을 유보하고 논증 면에서만 판정해야 한다고 생각해요.

5) 토론 내용이 너무 전문적일 경우

혼자만 느꼈을지도 모르지만, 아이들이 법전을 찾아 헌법을 근거로 들며 논쟁할 때 어느 쪽이 승리했다고 해야 할지 어려운 경우가 많았습니다. 특히 '개인의 자유와 국가의 제한'과 같은 주제는 이러한 점이 심했습니다. 교사도 잘 모르는 주제는 어떻게 판정해야 하나요?

- A 교사: 저도 예전에 '청소년 성범죄자의 신상 공개 시 얼굴도 공개하자'라는 토론이 굉장히 힘들었던 기억이 납니다. 저 나름대로 심각성, 지속성, 필요성, 해결성 등 여러 가지 측면에서 문제를 다루어 보았습니다.
- B 교사: 두 논거의 상하위 관계 또는 사문화 등에 따른 적용 우선순위가 있을 것입니다. 이는 토론자끼리 논증해야겠지요. 그렇게 안 되면 판정관이 판정해야 하는데 그러기 위해서는 판정관도 주제에 대한 사전 연구를 해야 하겠지요. 즉 토론자뿐만 아니라 판정자도 주제 연구를 해야 하겠지요.

6) 개인적 생활 사례를 예로 드는 경우

학생들이 토론 과정에서 자신의 주장을 뒷받침하기 위해 일상생활의 경험을 예로 드는 경우가 있습니다. 그런데 일상생활을 예로 들면 이해하기 쉬운 장점도 있지만 보편성이 떨어진다는 단점도 있습니다. 일상생활을 예로 드는 학생을 어떻게 평가해야 할까요? 또 일상생활의 예 중에서 적절한 것은 어떤 것이고 부적절한 것은 무엇일까요?

- A 교사 : 저는 문제가 되지 않는다고 봅니다. 특히 학습자일 경우에는요. 일상생활이냐 아니면 학문적이냐(?)가 문제가 아니라 그 예가 과연 주장을 강화할 수 있는 것인지, 관련성이 있는지가 중요한 것이 아닌가 하고 생각합니다. 근데 혹시 이런 사례는 어떻게 될까요? 학생이 자기 일상생활의 예를 사례 제시가 아닌 유추의 방법으로 쓸 때 말입니다. 유추의 방법으로 드는 일상생활의 예는 주장의 설득력을 높일지언정, 엄밀한 논증과는 따로 떼어 놓고 생각해야 된다고 봅니다.

- B 교사 : 저는 상당히 문제가 된다고 생각합니다. 개인적인 생활 사례뿐만 아니라 인터넷에 떠도는 사이트에서 퍼온 글도 모두 논리적 근거가 제시되지 않기 때문에 토론에서는 인정되지 않는다고 봅니다. 굉장히 많이 저지르는 실수이고, 또 교차 질문이나 반박에서 거의 허점으로 지적되는 사항들입니다. 토론에서의 모든 논증은 증거에 근거하여야 하고, 증거가 없는 주장은 자기의 신념에 입각한 단언에 지나지 않는다고 생각합니다.

- C 교사 : 개인적인 사례는 객관화하는 것이 좋겠지요. 개인적 사례는 바람직하지 않다고 봐요. 보편화시켜야지요. 개인적 사례를 든다는 것은 토론 주제를 위한 자료 탐색이 부족하기 때문이라 생각해요.

7) 논증이 추상적일 경우

'포도밭과 여우'라는 동화가 있습니다. 여우가 포도를 따려고 노력하다가 포기한다는 내용인데, 여우의 결정을 지지하는 학생들은 '열심히 노력해도 실패할 수 있다'라고 주장했고 여우를 비판하는 학생들은 '열심히 노력하면 성공할 수도 있다'라고 말했습니다. 그런데 서로 '~할 수도 있다'라는 표현을 쓰면서 가능성만을 주장합니다. 이럴 때 어떻게 평가해야 하나요?

- A 교사 : 이 이야기는 비유입니다. 이 비유가 우리 사회 현실에서 어떤 문제를 빗댄 것인지를 따져서 그 문제에 대한 현실적 가능성을 논해야겠지요. 비유는 비유를 위한 것이 아니라, 현실 문제 해결을 위한 것이니까요. 즉 문제가 되고 있는 현실 문제에서 '열심히 노력해도 실패할 수밖에 없는가?' 또는 '열심히 노력하면 성공할 수 있는가?'를 논쟁해야겠지요.

준비된 교사가
토론 수업을 즐긴다

질문 28 토론 수업을 계획하는 단계에서 할 일이 무엇인
가요?

토론 수업은 크게 '계획', '실행', '평가' 단계로 나눌 수 있다. 그중 토론 수업을 계획하는 단계는 완벽한 토론을 하기 위한 첫 단추에 해당한다. 이 단계가 철저하게 준비될수록 토론 수업을 성공적으로 이끌 가능성도 높아진다. 그럼 이 단계에서 교사가 해야 하는 일은 무엇이 있을까?

토론 수업은 계획된 수업이어야 합니다. 교사가 해당 학기에 토론 수업을 하기로 생각했다면 우선 학기 초에 교과 교육 과정을 중심으로 토론이 필요한 특정 단원을 재구성해야 합니다. 그리고 토론 논제를 선정한 뒤 이를 학생들에게 제시합니다. 그리고 학급별로 학생들의 모둠과 역할을 정하고 제시된 논제에 따라 자료를 준비해서 토론할 수 있게 합니다. 토론 수업에 대한 모든 계획은 학생들에게 미리 공지하여 충분히 준비할 수 있게 해야 합니다.

논제 정하기

토론은 주어진 논제에 대립하는 입장을 가진 집단이 민주적 의사소통을 통하여 해결을 모색하는 말하기 유형입니다. 학습 목표를 달성하기 위해 이러한 성격을 지닌 토론을 교수·학습 방법으로 택한 수업을 토론 수업 혹은 토론식 수업이라고 합니다. 따라서 토론 수업은 수업의 다양한 방법 중의 하나로 생각해 보아야 합니다. 때에 따라서는 토론 학습법보다 강의식 수업, 프로젝트 학습법, 협동 학습법, 토의 학습법 등이 효과적일 수 있습니다. 그렇다면 다른 수업 방법에 비해 토론 수업이 어떤 경우에 효과적일 수 있을까요? 일반적으로 토론 수업은 정답이 없는 문제를 고민하게 하는 데에 효과적입니다. 정답이 없는 문제란 단 하나의 해법만이 존재하지 않거나 가치관이나 입장에 따라 다르게 생각할 수 있는 문제입니다. 토론식 수업은 서로 다른 입장에 따라 문제를 인식하는 상이한 사유 방식을 경험해 보면서 문제를 좀 더 다각적으로 검토할 수 있기 때문에 학교 교육을 선진화시킬 수 있는 방법으로 인식되고 있습니다.

이런 토론 수업을 하기 위해 교사가 가장 먼저 해야 하는 일은 학습 목표에 맞는 논제를 정하는 일입니다. 논제 선정과 관련한 내용은 chapter 2를 참고하면 됩니다.

논제를 정할 때는 교사가 주도적으로 나서서 결정을 해도 되지만 어느 정도 토론에 익숙해지면 학생들과 함께 상의해서 논제를 결정할 수도 있습니다. 학생들과 상의하는 과정을 거치게 되면 학생의 관심과 흥미를 직접 반영할 수도 있고 학생들은 자신들이 정한 논제에 책임감을 느껴 더욱 적극적으로 토론에 임할 수 있게 됩니다.

모둠 조직과 역할 분담

1) 모둠 조직

논제가 정해졌으면 실전 토론에 앞서 모둠을 구성해야 합니다. 모둠은 토론 형태에 따라, 학생 수에 따라 다르지만 일반적으로 4명이나 6명으로 구성하는 것이 효과적입니다. 인원이 너무 적을 경우(2, 3명)에는 자기 역할에 대한 책임감은 생기지만 지나치게 많은 역할을 담당해야 하는 부담감이 클 수 있습니다. 반대로 인원이 너무 많으면(6명 이상) 역할에 대한 부담감은 줄어드는 반면 서로간의 의사소통이 원활하지 않게 될 수도 있습니다. 이 책에서는 프닉스 모형(3대 3 토론 모형)을 선택하고 있으므로 그에 따라 모둠을 구성해 보는 것도 좋겠습니다.

그럼, 토론 모둠을 어떻게 조직할 수 있는지 살펴볼까요? 첫 번째로 제비뽑기, 사다리 타기 등의 방법을 사용하여 무작위로 구성하는 방법이 있습니다. 이 방법의 장점은 가장 쉽고 빠르게 조직을 구성할 수 있다는 것입니다. 그리고 학생들 또한 이 방법이 가장 공평하다고 생각하기 때문에 불만을 별로 드러내지 않습니다. 하지만 무작위로 섞기 때문에 학업 성취도가 낮은 학생들로만 구성될 수도 있고, 모둠이 토론에 소극적일 수도 있습니다. 이런 경우 수준 높은 토론을 기대하기 어려울 수도 있습니다. 이러한 단점을 보완하기 위해 처음부터 어느 정도 집단을 나눠 놓고 각각의 집단에서 무작위로 뽑아 모둠을 구성하면 좋습니다. 이렇게 하면 팀의 수준이 비슷해지는 효과가 있겠지요. 무작위로 4인 1모둠을 구성하는 경우 미리 집단을 '리더십을 가진 학생', '발표력이 좋은 학생', '책임감이 강한 학생', '친화력이 있는 학생' 등의 네 개로 정해 반 학생들을 해당하는 집단에 배치합니다. 거기에서 한 명씩 뽑아 한 모둠을 구성한다면 비슷한 수준을 지닌 모둠이 조직될 수 있을 것입니다. 교사가 학생들을 잘 파악해서 미리 집단을 조정하면 좋겠지만, 그것이 어려울 경우 학생들의 추천을 받아 구성할 수도 있습니다.

두 번째로 학생들의 희망에 따라 구성하는 방법이 있습니다. 예를 들어 친한 친구끼리, 논제에 대한 찬성과 반대가 갈리는 학생끼리, 흥미와 관심이 비슷한 사람끼리 등의 기준에 따라 모둠을 구성하는 것입니다. 이 방법은 학생들이 자발적으로 구성하는 것을 원칙으로 하는데, 토론에 대한 책임감이 높아져 토론에 적극적으로 참여하게 됩니다. 따라서 활발한 토론을 기대할 수 있겠지요. 하지만 친한 친구끼리 모둠을 이루다 보면 소외되는 학생이 생길 우려가 있습니다. 이렇게 소외된 학생끼리 조직된 모둠은 아무래도 사기가 떨어지고 의욕이 없기 때문에 좋은 토론을 할 수 없는 것이 사실입니다. 그리고 논제에 대한 찬반 입장으로 나누어 구성했을 때 그 논제에 관심이 많은 학생과 관심이 적은 학생으로 구분되어 원활한 토론이 이루어지지 않을 수도 있고요. 또 학생들이 찬성과 반대 중에서 어느 한쪽으로 치우칠 수도 있습니다. 이럴 때에는 교사가 적절히 개입해 조정해야 할 것입니다.

또한 현실적으로 한 시간에 모든 학생이 토론에 참여할 수는 없습니다. 따라서 학기 초에 토론 모둠을 미리 정해 두고, 매시간 나누어 수업을 하는 것도 한 방법이 됩니다. 예를 들어 일곱 개의 모둠이 만들어졌다면, 이번 단원 수업에서 네 개 모둠이 먼저 토론을 하고, 다음 단원 수업에 나머지 세 개 모둠이 토론을 하는 식으로 나누어 진행하면 됩니다.

2) 역할 분담

모둠을 조직했으면 다음은 학생들의 역할을 분담해야 합니다. 자신의 역할을 충실하게 감당하는 것은 팀워크를 높이는 일이기도 합니다. 토론 수업을 하다 보면 "○○○는 아무것도 하지 않아요.", "○○○ 좀 바꿔 주세요."라고 불만을 토로하는 학생들이 꼭 있습니다. 토론에서 팀워크는 그 팀의 승패를 좌우할 만큼 중요한 일이기 때문에 토론 전부터 이런 불만을 가지고 출발하는 팀은 좋은 토론을 할 수 없겠죠. 따라서 교사는 토론자가 하는 역할을 충분히 설명해 주어 학생들이 적절하게 역할을 맡게 지도해야 합니다.

토론에서 입론자, 반론자, 최종 발언자를 어떤 학생으로 할 것인지는 소소한 일 같지만 그래도 세심하게 준비하면 도움이 되는 부분이 큽니다. 찬성 측 입론자는 처음으로 발언을 하는 학생이기 때문에 입론자의 모습이 곧 팀의 첫인상이 될 수도 있습니다. 그래서 입론을 하는 학생은 표현력이 우수한 학생이 하는 것이 좋습니다. 또 찬성 측 입론은 이미 준비된 것을 발언하는 것이므로 그 팀에서 논리적 순발력이 가장 약하다고 생각되는 학생이 하는 것이 유리할 수도 있습니다. 반면 반대 측 첫 번째 입론자 및 양측의 반론자는 상대측의 주장을 듣고 반박을 해야 하기 때문에 모둠에서 가장 순발력 있고 논리적인 학생이 담당하게 하는 것이 좋겠죠. 최종 발언자는 토론 전체를 쟁점을 중심으로 파악할 수 있는 시각을 가진 학생에게 유리한 역할입니다.

토의에 비해 토론은 정해진 규칙과 절차에 따라 진행되므로 사회자의 역할이 크지 않습니다. 사회자 역할은 처음에는 교사가 맡아서 시범을 보이고 토론이 어느

'사회자 모둠' 구성

수업을 하다 보면 사회자 혼자서 모든 일을 처리하기가 힘들다. 따라서 네 명 정도로 구성된 '사회자 모둠'을 따로 조직하는 것도 좋다. 이들은 사회, 계측, 토론 내용 기록, 유인물(판정지, 배심원 기록지, 투표용지 등) 배포 및 수거의 일 등을 하게 되는데, 토론을 원활하게 이끄는 하나의 방법이 될 수 있다.

정도 익숙해지면 학생들의 자발적인 참여를 높일 수 있기 때문에 학생들이 그 역할을 맡는 것이 좋습니다.

사회자는 토론 시작 전에 칠판에 논제와 토론 진행 순서를 적습니다. 그리고 찬반 양측의 토론자 명단을 발언 순서에 따라 적어 둡니다. 그렇게 하면 토론에 참여하지 않는 학생들도 쉽게 토론의 진행 상황을 알고 참여할 수 있습니다. 사회자는 토론 시작을 알리고 논제 및 토론자를 소개하며, 발언 순서와 시간 등 토론 절차와 규칙을 간단히 설명하는 역할을 합니다.

판정단은 토론이 시작되면 미리 받은 평가 표의 기준에 따라 토론을 지켜보며 토론의 승패를 정합니다. 공정한 판단을 하기 위해서는 토론 전에 토론자들이 나누어 준 토론 개요 표를 보면서 논제의 성립 배경이나 예상되는 쟁점 등에 대해 사전에 준비해야 합니다. 또 판정을 할 때에는 양측의 주장을 귀 기울여 들으면서 주장은 분명한지, 논거는 타당한지, 사례는 적절한지 등을 평가하면 됩니다. 또 토론은 말하기가 중요한 만큼 토론자가 알아듣기 쉽게 말을 잘하는지, 예의 바른 태도를 취하고 있는지 등도 함께 평가해야 합니다. 그리고 결과만을 말하지 말고 판정 결과가 나온 이유나 근거 등을 밝혀 주어, 이후에 더욱 나은 토론을 준비하게 할 필요가 있습니다. 평가 표는 토론이 끝난 바로 그 시간 안에 제출하여 결과에 대해 논의하게 하는 것이 학생들을 좀 더 토론에 집중하게 하는 데에 도움이 됩니다.

자료 조사 및 정리

1) 예비 토의 과정

예비 토의란 토론 수업을 하기 전에 찬성과 반대 측이 논제에 대해 자유 토의를 하면서 논제를 분석하고 주된 쟁점을 찾아보는 것을 말합니다. 쟁점을 만드는 과정에 대해서는 chapter 2에서 자세히 소개하였으므로 여기서는 예비 토의 과정에 관해서만 서술하겠습니다. 예비 토의를 하는 순서는 다음과 같습니다.

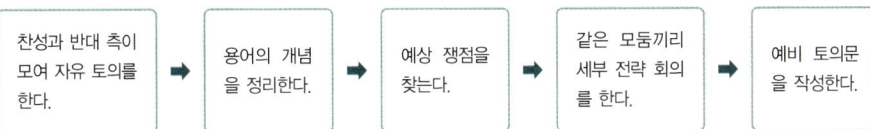

| 찬성과 반대 측이 모여 자유 토의를 한다. | → | 용어의 개념을 정리한다. | → | 예상 쟁점을 찾는다. | → | 같은 모둠끼리 세부 전략 회의를 한다. | → | 예비 토의문을 작성한다. |

교사는 우선 학생들에게 예비 토의가 왜 필요한지를 설명해 주어야 합니다. 본격적인 토론에 앞서 예비 토의를 해 보는 가장 주된 이유는 쟁점을 공유하기 위해서입니다. 이 과정을 거치지 않으면 자칫 토론에서 쟁점을 형성하지 못하고 각자의 주장만 하다 끝나 버릴 수도 있습니다. 따라서 토론 수업을 하기 전 준비 단계에서 찬성 측과 반대 측이 자유 토의 형식으로 논제에 대해 먼저 하고 싶은 이야기를 충분히 나누게 해야 합니다. 그런 다음 찬반 측이 함께 논제를 분석하고 주된 쟁점을 찾아보게 합니다. 학생들은 이 과정을 통해 무엇을 쟁점으로 삼아야 하고 어떠한 자료를 찾아야 할지를 알게 됩니다. 이러한 예비 토의를 통해 예상 쟁점을 효과적으로 찾으려면 자유로운 분위기 속에서 충분히 대화하는 것이 중요합니다. 따라서 교사는 자유로운 분위기를 조성해 주고, 충분히 논의할 시간을 줄 수 있게 준비해야 합니다. 이때 교사는 찬반 측이 모두 모여 용어를 정리하고 예상 쟁점을 찾은 후에, 모둠별로 흩어져 세부 전략 회의를 하며 토론 준비를 할 수 있게 지도합니다. 예비 토의 이후 찬성과 반대 측 각각이 전략 회의를 해야 할 필요가 있기 때문에 실전 토론 전까지 찬성과 반대 측이 더 이상 만나지 못하게 할 필요도 있습니다.

하지만 현실적으로 예비 토의 활동까지 수업 시간에 다루기에는 시간적으로 부담이 될 수도 있습니다. 이런 경우 수업 이외의 시간을 활용하여 토론 모둠별로 만나야 합니다. 이런 예비 토의 과정을 가지기 힘들 경우 교사는 융통성을 발휘하여 같은 팀 내에서 가상으로 찬반 토론을 하게 할 수도 있습니다. '청소년 아르바이트는 바람직하다'는 논제에 대해 학생들이 예비 토의를 한 사례를 살펴보겠습니다.

| 사례 |

― 찬성 1: 우선, 돌아가면서 자신의 입장과 이유를 밝히도록 하겠습니다. 먼저 저는 찬성입니다. 저도 그렇지만 청소년들은 돈을 함부로 낭비하는 경우가 있는데 아르바이트를 통해 자신의 힘으로 힘들게 돈을 벌어 봄으로써 돈의 소중한 가치를 알

수 있기 때문입니다.

－찬성 2: 저도 찬성입니다. 실제로 제 친구는 경제적으로 매우 어려워서 아르바이트를 해서 번 돈으로 가정 경제에 도움을 주었습니다.

－반대 1: 저는 반대입니다. 청소년 아르바이트 관련 기사를 본 적이 있는데 그 기사에 따르면 대부분의 청소년들은 유흥비를 벌기 위해 아르바이트를 한다고 합니다. 그리고 번 돈을 무의미하게 낭비하는 경우도 많고요.

－찬성 1: 유흥비의 기준이 뭐죠? 예를 들어, 자신이 사용하는 휴대 전화 요금도 유흥비에 포함되는 건가요? 그걸 유흥비로 보기엔 좀 문제가 있지 않나요?

－반대 1: 그것 말고도 노래방에 가거나 PC방에 갈 때 쓰는 비용도 들어가겠네요.

－찬성 2: 청소년이 아르바이트를 해서 얻는 유익은 돈 말고 다른 것도 많이 있습니다. 예를 들면 평소 소극적이던 학생이 아르바이트 경험으로 대인 관계가 개선될 수도 있겠지요.

－반대 2: 정반대의 경우도 있지 않을까요? 오히려 나쁜 친구들과 어울려 술이나 담배를 배우게 될 수도 있어요.

이 예비 토의 과정을 보면 찬성 측과 반대 측의 의견 대립이 분명하게 나타나는 부분을 찾을 수 있습니다. 즉 '아르바이트를 통해 돈의 가치를 알게 된다'와 '아니다, 돈을 더 헤프게 쓰게 된다', 그리고 '아르바이트를 통해 대인 관계가 개선되는 등의 유익한 체험을 할 수 있다'와 '아니다, 오히려 나쁜 경험을 할 수 있다' 등이 그것입니다. 이 부분이 바로 본 토론을 할 때 부딪힐 것으로 예상되는 쟁점들입니다. 또한 '유흥비'에 대해서도 서로 입장의 차이가 있으므로 그 용어의 개념도 합의해야 합니다. 본격적인 토론에 앞서 이와 같은 예비 토의의 과정을 거치게 되면 찬성과 반대 모두가 공유된 쟁점과 확실한 용어의 개념을 가지고 토론에 임하기 때문에 좀 더 수준 높은 토론이 이루어집니다. 세부 전략 회의에서는 이렇게 예상 쟁점을 정리하고 추가로 예상되는 쟁점들도 생각해 보면 됩니다. 그중 자기 측을 승리로 이끌 가장 확실한 쟁점은 어떤 것들인지 상의해 봅니다. 이런 전략 회의를 거쳐 나온 의견을 예비 토의문을 작성하며 정리합니다. '청소년 아르바이트는 바람직하다'는 논제에 대해 학생들이 작성한 예비 토의문을 예로 들어 보겠습니다.

토론 논제	( )반 ( )모둠
청소년 아르바이트는 바람직하다	모둠원

용어 정리	〈사전적 의미〉 ① 아르바이트: 본래의 직업이 아닌, 임시로 하는 일을 의미하는 말이다. 주로 학생, 주부가 수입을 얻기 위해 시간제(Part timer)로 일하거나 직업인이 부업으로 일하는 경우가 많으며 단기 계약직을 뜻하기도 한다. 젊은이들 사이에서는 이를 짧게 줄여 '알바'라고도 한다. ② 청소년 아르바이트: 근로 기준법에서 '일하는 청소년'을 뜻하는 연소 근로자는 만 15세 이상 18세 미만의 사람이다. 따라서 청소년 아르바이트는 만 15세 이상 18세 미만의 사람이 임시로 하는 일로 정의한다.
주장과 하위 쟁점	찬성 측 주장 아르바이트를 하면, ① 돈의 소중함을 알게 된다. ② 가정 경제에 보탬이 된다. ③ 대인 관계가 개선된다.
	반대 측 주장 아르바이트를 하면, ① 불건전한 목적으로 아르바이트를 한다. ② 돈을 낭비하게 된다. ③ 나쁜 친구를 사귈 수 있다.
쟁점 만들기	① 경제관념 　돈의 소중함을 알게 된다. ↔ 돈을 낭비하게 된다. ② 대인 관계 　대인 관계가 개선된다. ↔ 나쁜 친구를 사귀게 된다. 〈예상되는 추가 쟁점〉 ③ 학업 성적 　공부의 계기가 된다. ↔ 학업 성적이 떨어진다. ④ 사회 경험 　진로를 결정하는 데에 도움이 된다. ↔ 악덕 고용주에게 이용당한다.

2) 자료 준비(Research)

예비 토의를 통해 예상 쟁점을 찾았다면, 자료를 수집할 계획을 세우고 구체적인 자료를 찾아야 합니다. 그런 다음에 토론의 전개 과정을 생각하며 찾은 자료 중에서 알맞은 것을 선택하고 배열해야 합니다. 이것은 많은 시간과 노력을 필요로 하는 어려운 일입니다. 하지만 충분하지 않고 적합하지 않은 자료로는 자신의 주장에 대한 신뢰감을 얻을 수 없고 합리적인 의사 결정을 하는 데에 도움을 줄 수 없습니다. 그렇기에 청중이나 판정단을 설득하기도 어려울 것입니다. 이렇듯 자료를 준비하는 것은 자신의 주장을 구체화하고 상대의 반론을 예상하며 재반박할 준비까지 포함하는 과정입니다.

근거 자료는 자신의 주장을 입증해 나가는 논증과 밀접한 관계가 있기 때문에 논증을 어떻게 전개할 것인가와 함께 맞물려 준비해야 합니다. 하지만 현실적으로 수업 시간에 논증 과정에 필요한 자료를 바로 찾아서 활용하는 것은 쉽지 않습니다. 따라서 교사는 토론 시간을 잘 고려하여 자료 준비를 충실히 할 수 있게 미리 시간을 주어야 합니다. 많은 양의 자료를 찾기보다 제한된 시간 안에 자기 측의 주장을 가장 잘 뒷받침할 수 있는 근거가 되는 자료를 찾고, 그 내용을 요약, 정리하여 논리적인 순서에 따라 배열하게 하는 것이 중요합니다.

① **자료 수집 계획**: 자료 수집은 다음과 같은 표를 활용하여 효과적으로 진행할 수 있습니다. '청소년 아르바이트는 바람직하다'라는 논제를 예로 들어 계획 표를 작성하는 요령을 살펴보겠습니다.

| 사례 |

자료 수집 계획	
논제	청소년 아르바이트는 바람직하다

쟁점별 자료 수집 계획	찬성 측 주장
	 ① 경제관념
	  − 돈의 소중함을 깨닫게 된 사례 수집
	  − 아르바이트 이후 변화된 경제 의식 조사
	 ② 대인관계
	  − 아르바이트로 성공한 사람들의 인터뷰 자료

	반대 측 주장
	 ① 경제관념
	  − 돈을 낭비하게 된 사례 수집
	  − 아르바이트로 번 돈의 사용처를 보여 주는 통계 자료 조사
	 ② 대인 관계
	  − 학생들의 아르바이트 경험 조사를 바탕으로 관련 사례 수집

이외 쟁점을 뒷받침할 자료

③ 학업 성적
 − 아르바이트 이후 성적 변화에 대한 통계 자료
 − 성적 변화를 보이는 학생의 사례 혹은 인터뷰 자료
④ 사회 경험
 − 아르바이트로 피해를 입은 학생의 사례를 보도한 뉴스
 − 아르바이트 관련 직업 교육을 홍보하는 영상이나 청소년 취업 경험이 미래 직업에 대한 기대나 성취도에 긍정적 영향을 미친다는 연구 자료

② **자료 조사 방법**: 온라인을 통해 자료를 찾아본 후, 인터넷상에서 자료화되어 있지 않은 것들을 오프라인상에서 확인하는 방법이 효율적입니다. 단 인터넷에 있는 자료는 정확성과 신뢰성이 떨어질 수 있으니, 단행본이나 논문 등 검증된 자료를 활용하는 것이 더 바람직합니다. 자료 조사는 다음의 방법을 써서 진행합니다.

ㄱ 인터넷 검색 창에서 논제의 핵심어로 찾는다.

ㄴ 언론사의 인터넷 사이트*, 인터넷 토론·토의방에서 핵심어로 찾는다.

ㄷ 학생들이 직접 겪은 사례를 모은다.

ㄹ 도서관에서 관련 서적을 찾아 읽는다.

ㅁ 논제와 관련된 분야에 대해 잘 아는 교사나 전문가와 인터뷰를 한다.

ㅂ 학생들에게 인터뷰나 설문 조사를 한다.

ㅅ 필요한 경우에는 관련 기관에 자료를 요청한다.

③ **자료 수집과 활용 전략**: 찬성 측과 반대 측은 예비 토의 과정을 거쳐 예상 쟁점을 찾고, 그에 따라 자기 측의 주장을 뒷받침해 줄 수 있는 근거가 되는 자료 수집 계획을 세웠습니다. 이제는 찬성 측과 반대 측 각각의 토론자들이 각자의 역할에 따라 구체적인 자료를 찾고 자료 수집 카드를 만들어 정리해야 합니다. 자료를 수집하고 활용하는 전략은 다음과 같습니다.

ㄱ 주장에 대해서 '왜'라는 질문을 계속하면서 관련 자료를 찾는다.

ㄴ 주장과 자료 간의 공통점을 찾아 근거로 활용한다.

ㄷ 경험적인 사례는 주장에 대한 사실로 활용한다.

ㄹ 주관적인 의견이 아님을 밝히려고 한다면 권위자의 말을 인용한다.

ㅁ 감정적인 설득을 하려고 하는 경우 적절한 유추를 사용한다.

ㅂ 객관적인 사실이라는 것을 밝히려면 통계치를 활용한다.

ㅅ 논제와 근거의 상관관계를 밝히려고 할 때는 인과적인 방법을 활용한다.

ㅇ 주장에 대한 반증 사례가 있는 경우 제한 조건을 둔다.

---

* 자료를 찾는 데에 도움이 될 만한 사이트로 한국 언론 재단이 운영하는 기사 검색 사이트인 'www.kinds. or.kr'이나 국회 도서관 사이트인 'www.nanet.go.kr' 등이 있다.

|예| 자료 수집 카드

논제	청소년 아르바이트는 바람직하다
입장	반대 측

자료 내용		
구분	빈도(명)	백분율
전단지 돌리기	54	29.3
패스트푸드점	14	7.6
편의점	5	2.7
상점에서 물건 팔기	13	7.1
선물 배달	5	2.7
주유소	8	4.3
사무 보조	17	9.2
건설 현장 일	9	4.9
이벤트 행사장	3	1.6
음식점 서빙	34	18.5
오토바이 배달	7	3.8
유흥업소	7	3.8
기타	8	4.3
합계	184	100

자료의 종류

학술 논문

자료의 출처

김정아, 청소년 아르바이트의 실태 및 지원 정책에 관한 연구, 국회 전자 도서관, 2002

관련 쟁점

아르바이트가 미래 직업 선택에 도움이 된다.

자료의 중요성

★★

★ 3개: 아주 중요하다.
★ 2개: 보통이다.
★ 1개: 중요도가 낮다.

활용 전략

학생들의 실제 아르바이트 종류가 제한되어 있어서 미래 직업 선택에 도움이 되지 않는다. 또한 유해한 환경에 노출될 수 있다는 점에서 보호받아야 하는 입장의 청소년에게 아르바이트가 도움이 되지 않는다고 주장하자.

자료 수집 카드를 작성할 때 유의할 사항은 다음과 같습니다.

첫째, 자료의 종류를 밝혀야 합니다. 구체적인 자료의 종류로 단행본, 논문, 보고서, 신문 기사, 전문가 인터뷰, 설문 조사, 동영상 자료(다큐멘터리, 시사 뉴스 등) 등이 있습니다.

둘째, 자료의 출처를 밝혀야 합니다. 단행본이나 논문의 경우는 서지 사항(저자, 책 제목, 출판사, 발행 연도 등)을 적고, 신문 기사의 경우는 신문 이름, 기사 제목, 글쓴이, 게재 연월일 등을 밝힙니다. 자료의 출처가 분명하지 않은 것은 오히려 자기주장의 신뢰성을 떨어뜨릴 수도 있습니다.

셋째, 자료를 관련 쟁점과 연결 지어야 합니다. 자료의 종류가 많아지면 어떤 쟁점과 관련이 있는지 구분이 어려운 경우가 생길 수 있으므로 쟁점별로 자료를 수집합니다.

넷째, 자료의 중요도를 평가해야 합니다. 자료의 양이 아무리 많다고 하더라도 토론은 제한된 시간 안에 자기 측의 입장을 설득해야 하는 것이므로 자료를 수집하는 과정에서 자료의 중요도를 평가해 보는 것이 좋습니다.

다섯째, 활용 전략을 기록해 두어야 합니다. 상대측 반론을 예상하면서, 어떤 시기에 어떤 쟁점을 이야기하고 있을 때 재반론의 근거로 사용할 수 있을 것인가에 대한 전략을 상세히 기록해 두면 좋습니다.

④ 자료 목록 정리: 개인이 모은 자료를 찬성 측과 반대 측 각각의 모둠장이 목록으로 정리하게 지도합니다. 자료 목록을 정리하게 되면 중복되거나 모순된 자료가 있는지 확인하여 자료의 질을 높일 수 있습니다. 그리고 어떠한 자료가 더 설득력을 가질 수 있는지를 확인하면서 더 나은 자료를 찾는 능동적 활동이 가능해져 구성원 전체가 상호 협력적으로 과제를 수행할 수 있게 됩니다.

| 자료 목록의 예시 | 논제: 청소년 아르바이트는 바람직하다

구분	자료 내용 및 내용	자료 종류 (웹 주소, 저자)	자료를 이용할 참여자	중요도 (상 중 하)
찬성	고교생 한 달 용돈 액수 비율	논문 자료	인수	중
	문제 해결력에 도움을 주는 아르바이트	신문 기사	인수	상
	저축 습관을 길러줘요	인터뷰	인수	중
	근로 보호법	법률	지원	상
	미국 청소년의 아르바이트 실태	통계 자료	지원	중
	청소년 금지 업종	통계 자료	지원	중
	알자 알자 청소년 아르바이트 홍보 영상	동영상	규석	하
	청소년 임금 관련 불이익 해소 방안	논문 자료	규석	상
반대	학업 성적과 아르바이트의 관계	논문 자료	수영	상
	부당 대우를 받는 청소년 아르바이트	인터뷰	하나	상
	불건전한 대행 아르바이트	방송 뉴스	하나	중
	아르바이트와 진로 선택의 관계 연구	논문 자료	수영	중
	청소년 아르바이트생 비율	통계 자료	경민	중
	청소년 아르바이트생 소비 형태	통계 자료	경민	상
	아르바이트로 인한 부모와의 갈등	신문 기사	경민	하

토론 개요 표 작성

자료 정리가 끝났으면 찬성 측과 반대 측 각각이 토론 개요 표를 작성하게 합니다. 토론 개요 표란 논제에 대한 쟁점, 논거, 증거들이 무엇인지를 포괄적으로 제시하는 논리적 지도입니다.

교사는 토론 전에 학생들에게 미리 개요 표를 작성하게 하고, 이를 바탕으로 각 모둠별로 토의하여 모둠별 토론 개요 표를 작성하게 지도합니다. 또 학생 전원이 논제에 대한 관심을 갖게 하는 것이 목적이므로, 수업 시간에 반 학생 전체가 논제에 대한 논점을 분석하게 한 다음 그것을 토론자에게 주어 토론에 참여하지 않는 나머지 반 학생들의 생각을 참고하여 토론 준비를 하게 합니다. 그런 다음 토론하기 직전에 토론하지 않는 학생들에게 양측이 준비한 토론 개요 표를 나누어 주면 좀 더 원활하게 토론을 진행할 수 있습니다. 토론 개요 표는 다음에 따라 만들 수 있습니다.

1) 토론 개요 표가 갖추어야 할 형식

① 쟁점을 중심으로 작성한다.
② 완전한 문장을 사용한다.
③ 일관된 기호 체계와 형식을 사용한다.
④ 중요도가 비슷한 항목은 같은 수준에 배열한다.
⑤ 항목들 간의 논리적 종속 관계를 따져서 배열한다.
⑥ 주장을 분명하게 지지하는 증거만을 포함시킨다.
⑦ 자료의 출처를 반드시 밝힌다.

2) 토론 개요 표 작성 순서

① 토론이 이루어지는 전체적인 배경(논제의 배경)을 확인한다.
② 논제가 무엇이며 해결해야 할 점(개선의 필요성)이 무엇인지 파악한다.
③ 용어의 개념 정의, 공유하는 기준과 주장, 확인된 사실 등 반박할 수 없는 공유점들이 무엇인지 파악한다.

④ 찬반의 논점과 근거가 무엇인지, 예상되는 반박과 이에 대한 대책을 파악한다.

⑤ 제시된 논제가 해결되면 얻을 수 있는 기대 효과를 설득력 있게 제시한다.

|사례| 토론 개요 표 - 논제 : 청소년 아르바이트는 바람직하다

	찬성 측	반대 측
논제 성립 배경	물질적, 경제적 풍요로 어려움을 모르고 자란 청소년들은 소비 지향적 문화에 길들여져 있다. 여러 가지 이유로 돈 가뭄에 시달리는 청소년들은 부족한 돈을 메우기 위해 아르바이트를 택한다. 하지만 이들을 보는 시선은 곱지 않다. 반면에 우리 사회는 여전히 학교를 다니면서 아르바이트를 하는 청소년들이 많이 있고, 이러한 청소년기의 경제 활동을 우호적으로 바라보는 사람들도 있다. 이들은 청소년기의 아르바이트 경험이 어떠한 직업 교육이나 경제 교육보다도 효과적이라고 주장하기도 한다.	
개념 정의	청소년 아르바이트(통칭 청소년 알바)란 원칙적으로 만 15세부터 18세까지의 청소년이 법이 허용하는 범위에서 일을 하는 것을 의미한다.	
입론(반론)	1. 학생으로 경제 활동을 할 수 있는 가장 현실적인 수단은 아르바이트입니다. 2. 아르바이트는 사전 경험으로 자립심과 책임감 형성 등 사회 적응력을 길러 주고 또 소극적 성격을 개선할 수 있습니다. 3. 아르바이트를 통해서 돈의 소중함을 알게 되어 건전한 소비 습관이 형성됩니다.	1. 아르바이트 외에도 부모님에게 받은 용돈이나 장학금도 하나의 소득이 될 수 있습니다. 더불어 경제 캠프 참가 및 금융 거래 등을 통해 간접적인 경제 활동 경험도 할 수 있습니다. 2. 아르바이트는 단순 업무이므로 자립심, 책임감을 기를 수 없습니다. 또 고용주의 부당한 대우를 받으면서 소극적인 성격을 개선하기는 어렵다고 봅니다. 3. 건전한 소비 습관 형성보다는 신발 · 옷 등의 구매에 돈을 낭비하게 되는 경우가 더 많습니다.
반론	1. 일한 대가로 부모님에게 용돈을 받는 경제 활동과 아르바이트를 통해 얻는 소득은 같다고 볼 수 없습니다. 가정 형편이 어려운 학생들에게는 아르바이트로 번 돈이 가장 현실적인 소득이 됩니다. 또한 경제 캠프 참가 등 간접적인 경제 활동 경험은 도움이 되지 않습니다. 2. 학교에서의 활동과 사회생활은 책임감의 차원이 다르다고 생각합니다. 또 부당한 대우에 맞서다 보면 소극적 성격을 개선할 수 있습니다. 그리고 현재 학생들을 위한 직업 체험 프로그램은 기회가 적고 실효성도 크지 않습니다. 3. 신발과 옷을 구매하는 것은 돈을 낭비하는 것이 아닙니다.	1. 가정 형편이 어려워서 아르바이트를 하는 학생들은 소수이며 대부분은 본인의 용돈 마련 때문입니다. 2. 청소년 시기에 사회 경험을 미리 할 필요가 없다고 생각합니다. 학교 교육 과정으로도 사회 적응력을 충분히 기를 수 있습니다. 3. 신발과 옷 등에 필요 이상으로 돈을 사용한다면 낭비라고 할 수 있습니다.
최종 발언	학생으로서 경제 활동을 할 수 있는 가장 현실적인 수단은 아르바이트임을 다시 한 번 주장합니다. 또한 아르바이트를 통해 자립심 · 책임감 등 사회 적응력을 기르고 건전한 소비 습관도 형성할 수 있습니다. 따라서 일부 청소년의 돈벌이 수단이 문제가 된다 하여 아르바이트 자체의 긍정적인 측면이 간과되어서는 안 된다고 생각합니다.	학교는 사회에 나아가기 위한 학생의 사회 활동이 이루어지는 곳으로, 학생의 전인 교육을 배울 수 있는 곳입니다. 따라서 아르바이트를 하면서 낭비와 같은 부정적인 소비 습관을 형성하기보다는 소비 교육, 경제 관련 교육 활동을 통해서 바람직한 경제 습관을 형성하는 것이 청소년기에는 훨씬 더 유익하다고 볼 수 있습니다.

| 논제 정하기 |

학습 목표에 맞는 논제를 제작함. 논제를 정할 때는 교사가 주도적으로 나서서 결정하거나 학생들과 함께 상의해서 결정할 수도 있음.

| 모둠 조직 방법 |

조직 기준	방법	장점	단점
무작위로 구성	제비뽑기, 사다리 타기 등	• 가장 쉽고 빠르게 조직을 구성할 수 있음. • 학생들이 가장 공평하다고 생각하는 방법임.	무작위로 구성되기 때문에 수준 높은 토론을 기대할 수 없음.
학생들의 희망에 따라 구성	친한 친구끼리, 논제에 대한 찬성과 반대, 흥미와 관심 등	• 토론에 적극적으로 참여하게 됨. • 활발한 토론을 기대할 수 있음.	• 소외되는 학생이 생길 수 있음. • 논제에 대한 찬반으로 구성했을 때 찬성과 반대 중 어느 한쪽으로 너무 치우칠 수 있음.

| 사회자와 판정단의 역할 |

사회자	정해진 규칙과 순서에 따라 토론을 진행함.
판정단	토론 평가 표에 따라 토론의 승패를 판정함.

| 자료 조사와 정리 과정 |

예비 토의		자료 조사		토론 개요 표 작성
토론 수업 전 논제에 대해 자유 토의를 하면서 논제를 분석하고 주된 쟁점을 찾아봄.	▶	자료 수집 ↓ 자료 목록 정리	▶	준비된 자료를 바탕으로 토론 개요 표를 작성함. 자료는 개요 표를 작성하며 계속 추가로 준비할 수 있음.

토론 수업을 실행하는 단계에서 교사가 할 일은 무엇일까요?

학습 목표에 맞는 논제를 제작하고 모둠과 역할을 정하여 자료 조사와 정리를 다 마쳤으면 토론 개요 표를 작성한다. 그리고 이제 그 개요 표를 참조하여 본격적으로 토론 수업을 진행하면 된다. 이 단계에서 토론을 직접 실행하는 것은 학생들이다. 그렇다면 교사가 할 일은 무엇일까?

자리 배치

토론 수업을 원활하게 진행하기 위해 교사는 우선 학생들의 자리를 토론 대형으로 배치해 앉게 합니다. 다음 그림을 보며 각자 역할을 분담한 학생들이 실제 토론할 때 어떻게 앉을지 살펴보겠습니다.

그림을 보면 판정단이 봤을 때 좌측에 찬성 측이, 우측에 반대 측이 자리합니다. 찬성 측이 판정단이 바라보는 위치에서 '좌측'에 앉는 것은 찬성 측의 주장이 기존 질서에 대한 개혁이나 변화를 추구하는 좌파의 성격을 지니기 때문입니다. 사회자는 칠판 앞쪽에서 판정단을 보고 앉으면 됩니다. 계측자를 둘 때에는 사회자 옆에 있게 하면 됩니다. 각 측의 토론자는 칠판 쪽에서부터 입론자, 반론자, 최종 발언자 순으로 앉으면 됩니다.

토론의 실행과 판정 지도

학생들이 지정된 자리에 앉으면 토론을 시작하기 전에 모두를 일어나게 한 뒤 판정단 대표가 다음 예와 같이 선서를 낭독하게 합니다. 이 과정을 통해 토론에 대한 책임감을 인식하고 객관적 입장에서 공정하게 판정하는 태도를 기를 수 있습니다.

> (한 손을 올리며) "선서, (다같이 "선서") 이번 토론에 앞서 홍길동 외 판정단 ○인은 토론자들의 논증을 객관적으로 판단하여 공정하게 판정하는 데 최선을 다하겠습니다. 판정단 대표 홍길동."

그리고 각 역할에 맞게 정해진 규칙과 순서에 따라 토론을 실행하게 지도합니다. 토론이 끝난 다음에는 토론자들을 밖으로 내보내고 판정단이 토론 결과에 대해 판정하게 합니다. 판정이 끝나면 판정단 대표가 판정 결과를 발표하면 됩니다.

교사 평가

교사는 학생들의 토론이 끝난 후 토론 전반에 대한 총평을 합니다. 총평은 반드시 판정 결과와 같을 필요는 없고, 승패를 구분 지을 필요도 없습니다. 하지만 교사는 토론이 전개되었던 전체적인 양상을 밝혀 주고 잘된 부분을 강조하고 개선해야할 부분을 간단히 알려 주어야 합니다. 그러기 위해서는 토론 시에 형성된 쟁점과 누락된 쟁점을 중심으로 토론의 흐름을 읽어 내는 동시에 학생 개개인에 대해 간단히 메모해 두어야 합니다. 총평을 할 때 교사는 '토론 전체적 흐름에서 부분으로', '형식보다 내용으로', '칭찬과 격려는 많이 하되 조언은 간결하게' 하면 됩니다. 다음은 5~8분 정도로 할 수 있는 총평 구조의 예입니다.

| 예 |

"오늘 토론 논제는 ~이었습니다. 찬성 측은 이 논제에 대한 근거로 첫째로 ~을(를), 둘째로 ~을(를), 셋째로 ~을(를) 제기하였습니다. 이에 대해 반대 측이 제기한 반론에 의해 다음 ~와(과) 같은 쟁점이 형성되어 큰 의미가 있었던 토론이었습니다. 그중에 선생님은 (학습 목표에 가장 잘 부합된) ○번째 쟁점을 다시 한 번 생각해 보았으면 합니다. (간단하게 학습 내용을 정리한다.)

찬성 측 1 토론자 ○○○ 학생은 ~ 점에서 자신의 역할을 정말 잘 수행했습니다. 앞으로도 더 발전할 것으로 믿습니다. 다만 ~할 때 ~ 하였다면 더 좋았을 수도 있었습니다.

반대 측 1 토론자 △△△ 학생은 ~ 한 점이 좋았습니다. 앞으로 ~ 부분에 더 신경 쓰면 좋겠습니다.

모두 수고했습니다.

한눈에 정리

| 자리 배치 |

자리 배치도를 참조해 각자의 역할에 따라 해당하는 자리에 앉게 함.

| 교사 평가 |

• 토론을 마친 후에 토론 전반에 걸친 총평을 함.
• 총평 시에 '토론 전체적 흐름에서 부분으로', '형식보다 내용으로', '칭찬과 격려는 많이 하되 조언은 간결하게' 함.

수행 평가에 활용할 평가 기준은 어떻게 만드 나요?

종래의 획일화되고 서열화된 교육에서 벗어나 교육 과정이 점차 다양화되고 특성 화되는 경향이 있다. 그리고 그러한 교육 과정의 중심에는 학생이 있다. 즉 기존의 교사 위주의 교육에서 벗어나 학습자 중심의 교육으로 전환되고 있는 것이 요즘 교육의 추세이며, 그런 교육의 일환으로 과목별 수행 평가 영역이 점차 큰 비중을 차지하고 있는 것이 사실이다. 그렇다면 토론 수업을 수행 평가에 활용할 때 평가 의 기준은 어떻게 세워야 할까?

교사 수준의 교육 과정을 구성할 때 일반적으로 교육 목표, 학습 경험의 선정과 조직, 교수·학습의 과정, 평가를 고려하여야 합니다. 그렇다면 교수·학습 방법 중 의 하나인 토론식 수업의 평가는 어떻게 하는 것이 좋을까요? 교사마다 평가 기준 을 가지고 평가 목표를 설정할 수 있지만 그 이전에 토론 수업이 갖는 일반적인 특 징을 잘 파악해 볼 필요가 있습니다.

토론은 의사소통이 중심이 되는 교육 방법이므로 '글'을 대상으로 평가하는 일반 적인 지필 고사나 논술 문제와 달리, '말'을 대상으로 평가해야 합니다. 따라서 평가 를 잘하려면 학생들이 말하는 것을 주의 깊게 듣고 말하는 장면을 잘 포착해야 합 니다. 게다가 이러한 말을 통해 의도한 바를 학생이 제대로 표현하였는지, 상대의 의도를 잘 파악하여 이해하였는지도 평가해야 하므로 교사들은 토론 수업을 평가 하기 어렵다고 말합니다.

학생 입장에서도 열심히 준비하였는데 토론 시 갑자기 기억이 나지 않거나, 알아 도 그것을 잘 표현해 내지 못해서 상대측에 비해 못했다고 평가받은 경우에는 토론 수업에 대한 두려움과 거부감이 생길 수도 있습니다. 그래서 일부 교사들은 토론하 는 과정이 즐겁고 유익해야 하는데 '평가'를 들이대면 학생들의 스트레스를 가중시 키므로 토론에서 평가는 필요하지 않다고 이야기하기도 합니다.

하지만 평가는 학생들의 능력을 점수화하여 줄 세우기 위한 것이 아니라 개별 학 생의 수준과 필요를 적극적으로 반영하여 좀 더 수준 높은 단계로 이끌어 줄 수 있는 것이어야 합니다. 따라서 교사는 학습자들이 학습 목표에 얼마나 잘 도달하였는지, 자신이 설계한 수업에서 활용한 교수·학습 방법이 적절했는지도 되돌아보아야 합니다. 이렇게 보았을 때 토론 수업을 한 교사는 학생들이 토론 수업을 통해서 도달하기 원했던 학습 목표를 잘 달성했는지를 쪽지 시험, 논술, 토론자 보고서, 판정 보고서, 토론 준비 보고서 등의 형태로 점검할 수 있습니다. 또한 토론 결과를 떠나 학생들이 토론을 얼마나 꼼꼼하게 준비하였는지에 대해 자료 조사 카드 등을 받아 평가할 수도 있습니다.

또 무엇보다 교사들은 학생들이 교과 내용을 잘 이해하는 것을 넘어 의사소통하는 능력을 키우기를 바라는 목적으로도 토론 수업을 실행합니다. 따라서 상대가 하는 발언을 얼마나 주의 깊게 듣고 비판적으로 사고하고 분석하여, 반론이나 질문으로 표현했는지도 평가해야 할 것입니다.

따라서 수행 평가의 영역으로는 토론 전, 토론 중, 토론 후 단계로 나누어 평가할 필요가 있습니다. 세 가지 단계의 평가 비율은 교수·학습 목적에 따라 재량껏 구성할 수 있습니다. 토론 전 평가는 토론을 마친 후에 학생들이 제출한 문서를 평가하는 경우가 많습니다. 이때 역할 분담, 자료의 조직화, 제출 기한 준수 등의 항목을 설정해 평가할 수 있습니다. 자신의 역할에 맞게 어떻게 노력했는지를 제출한 자료와 동료 평가로 확인하는 것을 중심으로 합니다.

토론 중 평가는 토론, 태도, 규칙 준수 등을 평가 요소로 제시할 수 있습니다. 토론은 입론, 반론, 최종 발언에 이르는 논리적 사고력뿐 아니라 입증과 반증을 효과적으로 제시하는 의사소통 능력 역시 평가합니다. 또한 태도 면에서는 토론자가 논증이 아닌 상대의 인격을 공격하지 않도록 주의하며 평가합니다. 그리고 규칙 준수란 토론의 형식적 절차를 알고 이를 효과적으로 운용하였는지 평가하는 것을 말합니다. 단순히 시간을 지켜 발언하였는지만을 확인하는 것이 아니라 자신의 역할에 맞게 토론을 이끌어 가는 능력이 있는지를 살펴봅니다.

토론 후 평가는 판정단의 판정 결과 제출과 이에 대한 설명이 효과적으로 이루어졌는지를 살펴보고 토론자들은 토론 결과를 반영한 보고서를 제출함으로써 토론을 통한 교과 내용에 심화된 이해를 도울 수 있습니다.

다음은 과정 평가와 의사소통 능력 평가의 기준 예시입니다.

영역	평가 내용(주제)	평가 기준(관점)	배점
토론 전 평가	역할 분담	자료 조사, 정리 등의 역할 배분이 잘 되었는가? 상호 평가를 거쳤는가?	5점
	자료의 조직화	관련 자료를 효과적으로 조직하였는가? 준비한 자료의 출처가 신뢰성 있는가?	
	제출 기한 준수	발표 전 기한 안에 내용 점검을 받았는가?	
토론 중 평가	토론	입론에서 효과적으로 주장의 타당성을 증명하였는가? 현재 논의되고 있는 내용을 파악하여 쟁점으로 부각시켰는가? 반론자는 앞의 발언자의 논거를 보완하여 주장을 강화하였는가? 자기 측의 확인 질문 내용을 효과적으로 활용하였는가? 논제에서 제기될 수 있는 핵심 쟁점을 예상하였는가? 찬반 양측 주장을 뒷받침할 근거를 잘 갖추었는가? 쟁점에 대한 논거를 뒷받침할 수 있는 사례를 검토하였는가? 다양한 각도에서 예상될 수 있는 반론을 고려하였는가? 상대측 주장의 근거를 바탕으로 교차 질문 및 반론을 제기하였는가? 상대측의 오류를 파악하여 비판하였는가?	10점
	태도	예의를 갖추었는가? 정확한 발음, 성량, 시선 처리로 토론하였는가?	
	규칙 준수	토론의 절차와 규칙을 준수하였는가? 발표 시간 범위를 준수하였는가?	
토론 후 평가	판정	자신이 내린 판정 결과를 논리적으로 설명하였는가?	5점
	보고서	보고서 제출 기한을 준수하였는가? 보고서 내용이 체계적이며 논리적인가?	

한눈에 정리

| 토론 수행 평가 기준 |

• 토론 전 평가에서는 역할 분담이 제대로 이루어졌는지, 자료는 조직화되었는지, 또 제출 기한은 지켰는지 등을 평가함.

• 토론 중 평가에서는 실제 토론의 내용과 태도, 규칙 준수 등을 평가함.

• 토론 후 평가에서는 판정단이 자신이 내린 판정의 결과를 논리적으로 설명하였는지, 토론자가 보고서를 논리적으로 썼는지, 제출 기한은 지켰는지 등을 평가함.

수업
맛보기

| 주제 | 토론 수업 실행하기

| 학습 목표 | '청소년 아르바이트는 바람직하다'라는 논제로 직접 토론을 해 봄으로써 올바른 토론
방식을 익힐 수 있다.

| 준비물 | 타이머, 토론 판정지

학습 단계	지도 방법
도입 (10분)	① 토론자, 사회자, 계측자가 자리에 앉게 지도한다. ② 논제(청소년 아르바이트는 바람직하다)를 설명한다. ③ 토론의 규칙과 순서를 설명한다. ④ 토론 판정지를 배부한다.
활동 (30분)	사회자는 다음의 순서에 따라 토론을 진행하게 한다. ① 사회자가 토론이 시작된 것을 알린 후 　안녕하십니까? 여기는 ○○ 학교 ○학년 ○반입니다. 지금부터 '청소년 아르바이트는 바람직하다'는 논제로 토론을 시작하겠습니다. 먼저 양측을 소개하겠습니다. 　찬성 측 토론자는 ○○○, ▽▽▽, ◇◇◇이며, 반대 측 토론자는 ○○○, △△△, ◇◇◇입니다. 　다음으로 토론 방식 및 규칙을 소개하겠습니다. 토론 방식은 프닉스식 토론 모형으로 하겠습니다. 양측의 입론 및 반론 발언 시간은 3분, 확인 질문 시간은 처음엔 2분이며, 그 다음에는 1분씩입니다. 최종 발언 시간은 3분입니다. 　종은 4회 칩니다. 발언 시작 시, 발언 종료 1분 전, 발언 종료 시에 한 번 치고 발언 종료 15초 후에는 2번 칩니다. 토론자들은 이에 유의하여 자신의 토론 시간을 잘 지켜 공정한 토론이 진행되도록 유의해 주시기 바랍니다. 　그럼 찬성 측의 첫 번째 입론은 제1 토론자인 ○○○ 학생부터 시작하겠습니다. 앞으로 나와 주십시오. 준비되셨습니까? 좋습니다. 발언 시간은 3분입니다. 그럼 자리에서 일어나 시작해 주십시오. ② 찬성 측 제1 토론자 입론 후 　예, 수고하셨습니다. ○분 ○○초 발언하셨습니다. 다음 ○ 번째 토론자께서 ○○을(를) 준비해 주시기 바랍니다. 준비되셨습니까? ③ 이하 토론 순서에 따라 동일하게 진행 ④ 찬성 측 제3 토론자의 최종 발언 후 　이상으로 토론이 모두 끝났습니다. 토론에 참여하신 모든 분들께 힘찬 박수를 쳐 주십시오. 판정단 여러분께서는 오늘 논제였던 '청소년 아르바이트는 바람직하다'에 대한 찬반 토론의 판정을 해 주시기 바랍니다. 판정이 끝났으면 판정단 대표께서 판정 결과를 말씀해 주십시오. ⑤ 판정단 대표의 판정 설명 후 　이번 토론에서 승리한 팀은 ○○ 측입니다. 이상으로 오늘의 토론을 마치겠습니다. 다시 한 번 찬성 측, 반대 측, 판정단에게 큰 박수 부탁합니다.
정리 (10분)	토론이 끝나면 교사가 간략하게 총평을 한다. • 토론 시 형성된 쟁점, 누락된 쟁점 등을 말해 준다. • 개개인이 잘못한 점보다 잘한 점을 많이 칭찬하고 격려하여 토론에 자신감을 갖게 해 준다.

| 제3부 |

토론의 실제

학생 토론 기록 표 /
학생 토론 요약 표

논제 1 청소년 아르바이트는 바람직하다

논제 성립 배경	한국의 청소년들은 중, 고교 시절에 대학을 가기 위해 공부만 해야 한다는 생각을 하고 있다. 그러나 최근에는 사람의 능력을 평가하지 않고 다양한 사회 경험을 해 본 것을 중시하여 평가하는 경향이 있다. 따라서 성인이 되기 전에 사회생활을 경험해 보는 것도 바람직하다. 청소년 시기에 공부만 열심히 한다고 해서 성인이 되어 훌륭한 사회인이 되는 것은 아니다. 공부만이 최선이라고 생각하는 청소년들은 부모가 어떻게 사회생활을 하며 돈을 벌어 가정을 돌보는지 잘 알지 못한다. 그러므로 청소년들이 공부를 하는 틈틈이 아르바이트를 해서 사회 적응력을 키우고, 성인으로서 갖추어야 할 인격 형성에 밑거름이 되는 자세를 미리 갖추는 것이 경쟁력이 될 수 있다. 공부의 목적은 미래의 건전한 사회생활을 준비하는 데 있다. 그런 만큼 청소년 시기에 아르바이트를 해 보는 경험은 바람직하기에 권장해야 한다.
개념 정의	1) **아르바이트**: 본래의 직업이 아닌, 임시로 하는 일을 의미한다. 주로 학생, 주부가 수입을 얻기 위해 시간제(Part timer)로 일하거나 직업인이 부업으로 일하는 경우가 많다. 젊은이들 사이에서는 이를 짧게 줄여 '알바'라고도 한다. 2) **청소년 아르바이트**: 근로 기준법에서 '일하는 청소년'을 뜻하는 연소 근로자는 만 15세 이상 18세 미만의 사람이다. 따라서 '청소년 아르바이트'는 만 15세 이상 18세 미만의 사람이 임시로 하는 일로 정의한다.
찬성 측 중심 가치	노동의 소중함, 경제 활동
반대 측 중심 가치	학습권 보장

찬성 측	반대 측

1. 입론

1) 학생으로서 경제 활동을 할 수 있는 가장 현실적인 수단이 아르바이트이다.
① 청소년 시기에 소득이 필요한 학생이 있습니다.
② 아르바이트는 학습과 병행할 수 있는 가장 현실적인 경제 활동 수단입니다.

2. 확인 질문

1) 청소년이 할 수 있는 경제 활동이 아르바이트만 있는가?
① 청소년 시기에 꼭 경제 활동을 해야 합니까?
→ 아니요. 아르바이트를 하는 것은 자신의 선택입니다. 모든 청소년들이 반드시 직접 체험할 필요도 없고 그렇다고 하지 말아야 할 이유도 없습니다.
② 말씀하신 경제 활동은 돈을 버는 행위를 말하는 것입니까?
→ 네.
③ 경제 활동을 하는 것이 아르바이트를 통해서만 가능하다고 보십니까?
→ 아니요.

2) 아르바이트는 사전 경험으로 사회 적응력을 길러 준다.
① 여러 사람과 대면하며 소극적인 성격을 개선할 수 있습니다.
② 직무를 수행하며 자립심과 책임감을 형성할 수 있습니다.
| 사례 | 미국에서는 학생 고용 교육 프로그램인 SEE(Student Educational Employment) 등으로 청소년에게 공공 근로 일자리를 제공합니다. 독일도 학교와 기업이 연계하여 직업 교육을 합니다. 우리나라에는 미국이나 독일과 같은 프로그램이 없기 때문에 아르바이트는 사회 적응력을 길러 줄 수 있는 좋은 기회가 됩니다.

2) 아르바이트를 통해서만 사회 적응력이 길러지는가?
① 아르바이트를 하지 않으면 사회 적응력이 길러지지 않습니까?
→ 꼭 그렇지는 않지만, 청소년 시기에는 아르바이트를 통해 사회 적응력이 길러진다고 생각합니다.
② 자립심과 책임감은 아르바이트를 해야지만 기를 수 있습니까?
→ 아니요. 하지만 아르바이트가 자립심과 책임감을 길러 주는 중요한 기회라고 생각합니다.

3) 아르바이트를 통해서 돈의 소중함을 알게 되어 건전한 소비 습관이 형성된다.
노력의 대가인 돈은 함부로 낭비하지 않습니다.
| 사례 | 세계에서 가장 부유한 사람으로 알려진 워런 버핏은 검소하게 생활하는 것으로 유명합니다. 점심으로 햄버거와 콜라를 즐겨 먹고 중고차를 직접 몰고 다니며 50년째 같은 집에서 산다고 합니다.

3) 아르바이트를 통해 건전한 소비 습관이 형성되는가?
용돈이 풍족해지면 오히려 돈을 낭비할 수 있다고 생각하지 않습니까?
→ 아니요.

4. 확인 질문

1) 아르바이트비와 용돈이 같은가?
사회에서 아르바이트를 하는 것과 집에서 부모님을 돕는 것이 같다고 생각하십니까?
→ 네.

3. 반론 및 입론

1) 아르바이트 외에도 경제 활동을 할 수 있는 수단이 있다.
① 학창 시절에 아르바이트 외에도 경제 활동을 할 수 있습니다. 집안일을 도와 부모님에게 받는 용돈, 장학금도 하나의 소득이 될 수 있습니다.

찬성 측	반대 측
	② 더불어 경제 캠프에 참가하거나 금융 거래를 하며 간접적인 경제 활동을 경험할 수도 있습니다.
2) 아르바이트보다 학교에서 하는 활동이 더 단순하지 않은가? ① 아르바이트를 단순 업무라고 보십니까? 　→ 네. ② 오히려 학교 동아리 활동이나 학급 활동이 더 단순하다고 생각하지 않습니까? 　→ 아니요. ③ 사회에서 다양한 사람들을 접하다 보면 성격이 개선될 수 있지 않을까요? 　→ 아니요. 다양한 사람을 만나더라도 성격이 개선된다는 보장이 없으며 아르바이트를 통해서 다양한 사람들을 만나는 것이 현실적으로 어렵다고 봅니다.	**2) 아르바이트는 사회 적응력을 길러 주기에 부족하다.** ① 고용주에게 부당한 대우를 받으면서 소극적인 성격을 개선하기는 어렵다고 봅니다. |사례| ○○ 조사에 따르면 임금 체불을 당한 경우가 ○%이고, 성희롱과 성범죄를 경험한 경우가 ○○%입니다. ② 아르바이트는 단순 업무이므로 자립심이나 책임감을 기르기 어렵습니다. |사례| ○○ 논문에 따르면 청소년 아르바이트 직종의 약 30%가 전단지 돌리기이며 18.5%가 음식점 서빙입니다. 　차라리 동아리 활동이나 학급 활동에 참여하여 맡은 역할을 수행함으로써 자립심과 책임감을 기를 수 있습니다. ③ 우리나라에도 미국의 SEE 못지않은 청소년 인턴제 같은 프로그램이 있습니다.
3) 신발과 옷을 사는 것을 낭비라고 할 수 있는가? ① 신발과 옷을 구매하는 것이 낭비입니까? 　→ 네, 낭비일 수도 있습니다. ② 이 자료는 어디에서 제시하였으며, 누구를 상대로 한 설문 조사입니까? 　→ 서울 YMCA 자료에 따른 것입니다.	**3) 아르바이트로 건전한 소비 습관이 형성되지 않는다.** ① 건전한 소비 습관을 형성하기보다 돈을 낭비하게 되는 경우가 더 많습니다. |사례| 아르바이트로 번 돈을 52.5%는 옷과 신발 구매, 9%는 유흥비, 10%는 술과 담배 구입에 쓴다고 합니다. ② 찬성 측이 사례로 든 워런 버핏의 검소한 소비 습관은 아르바이트를 통해 형성된 것이 아니기 때문에 논제와 연관이 없습니다.

5. 반론

1) 아르바이트를 하는 것이 가장 현실적인 도움이 된다.

① 일한 대가로 부모님께 용돈을 받는 것과 아르바이트를 통해 돈을 버는 것은 같다고 볼 수 없습니다.

② 가정 형편이 어려운 학생들에게는 아르바이트로 번 돈이 가장 현실적인 소득이 됩니다.

③ 또한 경제 캠프 참가 등의 간접적인 경제 활동 경험은 현실적인 실제로 도움이 되지 않습니다.

2) 아르바이트는 다른 활동보다 사회 적응력을 기르는 데 효과적이다.

6. 확인 질문

1) 가정 형편이 어려워 아르바이트를 하는 학생이 얼마나 되는가?

아르바이트를 하는 학생들 중 가정 형편이 어려운 학생들의 비율이 얼마나 된다고 생각합니까?

→ 정확하게는 잘 모르겠습니다.

2) 학교에서 하는 활동이 사회생활을 하는 데에 도움이 되지 않는가?

찬성 측	반대 측
① 학교에서의 동아리 활동이나 학급 활동과 사회생활은 차원이 다르다고 생각합니다. 학교의 활동은 제한된 소수의 활동이며 수동적인 활동이지만 아르바이트는 자신의 선택이기 때문에 책임감의 정도가 다릅니다. ② 부당한 대우에 맞서다 보면 소극적 성격을 개선할 수 있습니다. ③ 현재 학생들을 위한 직업 체험 프로그램은 존재하지만 그 기회가 많지 않고 실효성도 크지 않습니다.	① 학교와 사회의 활동은 차원이 다르다고 말씀하셨습니까? → 네. ② 학교 활동이 사회생활에 적응하는 데에 도움이 안 된다고 생각하십니까? → 전부 그런 것은 아닙니다. ③ 직업 체험 프로그램이 많지 않기 때문에 청소년 아르바이트가 불필요하다고 생각하십니까? → 저희는 불필요하다고 말한 적이 없습니다. 그런 직업 체험 프로그램 경험만으로는 기회가 적다는 것입니다.
3) 아르바이트로 번 돈을 낭비하게 된다는 것은 사실을 확대 해석한 경우이다. 신발과 옷을 구매하는 것은 돈을 낭비하는 것이 아닙니다. 반대 측에서 제시한 사례를 보면 유흥비, 술과 담배 소비 비중은 19%에 지나지 않았습니다. 그것으로 돈을 낭비한다고 보는 것은 사실을 지나치게 확대 해석한 경우입니다.	3) 수치가 낮더라도 아르바이트비를 좋지 않은 곳에 사용하면 유해하지 않은가? 아르바이트비가 유흥비, 술과 담배 구입에 사용되는 것은 그 수치와 상관없이 청소년에게 유해하다고 생각하지는 않습니까? → 유해합니다. 하지만 유해성 문제는 반론에 가서 다시 말씀드리겠습니다.

8. 확인 질문

1) 소수의 학생들에게라도 아르바이트가 현실적인 수단이 된다면 바람직하지 않은가?

본인의 용돈을 마련하려고 아르바이트를 하는 비중이 높다고 하더라도 소수의 학생들에게는 아르바이트가 가장 합리적이고 현실적인 수단이 아닙니까?
→ 네. 그렇지만 대다수 학생들이 아르바이트를 하는 동기에 주목해야 합니다.

2) 간접 경험으로 사회 적응력을 기를 수 있는가?
학교생활을 통한 간접 경험으로 사회 적응력을 충분히 기를 수 있다고 하셨습니다. 맞습니까?
→ 네.

3) 흡연 및 음주를 경험해 본 모든 학생이 아르바이트를 하는가?
① ○○에 따르면 청소년 평균 흡연 및 음주 경험이 전체 학생의 20% 가까이 된다고 합니다. 이 점 알고 계십니까?
→ 논제와 관련성이 떨어진다고 생각합니다.
② 아닙니다. 논제와 관련이 있다는 것을 다음 반론

7. 반론

1) 학생들이 어려운 가정 형편 때문에 아르바이트를 한다는 주장은 사실을 과장한 것이다.

| 사례 | ○○ 자료에 따르면 가정 형편이 어려워서 아르바이트를 하는 학생들은 아르바이트를 하는 전체 학생들의 4%가량에 불과하다고 합니다. 81%가량은 본인의 용돈을 마련하기 위해 아르바이트를 하는 것입니다.

따라서 가정 형편이 어려워 학생들이 아르바이트를 한다는 상대측 주장은 사실을 확대 해석하고 있는 것입니다.

2) 간접 경험을 하는 것도 중요하며, 그것을 통해 사회 적응력을 기를 수 있다.

청소년 시기에 사회 경험을 미리 할 필요가 없다고 생각합니다. 직접 경험뿐만 아니라 학교생활을 통한 간접 경험도 중요합니다. 또한 학교 교육 과정으로도 사회 적응력을 충분히 기를 수 있습니다.

3) 비중이 낮아도 유해한 소비는 바람직하지 않다.

① 아르바이트로 번 돈을 유흥비, 술과 담배로 소비하는 비중이 낮다고 하더라도 그것이 청소년들에게 유해한 소비라면 바람직하다고 할 수 없습니다.
② 그리고 신발과 옷 등에 필요 이상으로 돈을 사

찬성 측	반대 측

에서 입증하겠습니다. 흡연 및 음주 경험이 있는 모든 학생들이 아르바이트 경험이 있는 학생입니까?

→ 아니요.

용한다면 낭비라고 할 수 있습니다.

9. 2차 반론

1) 아르바이트를 해야 하는 학생이 소수지만 분명히 있다.

아르바이트가 필요한 이유는 다양할 수 있습니다. 최소한의 소득으로 생활에 실질적 도움이 꼭 필요한 사람에게는 아르바이트가 바람직하다고 할 수 있습니다. 모두는 아니지만 아르바이트의 필요를 느끼는 학생이 일정 비율 분명히 있습니다.

2) 학교에서 하는 경험으로는 사회 적응력을 기를 수 없다.

학교에서 하는 간접 경험만으로는 사회 적응력을 기를 수 없음을 다시 한 번 주장합니다. 왜냐하면 학교에서는 이론을 중심으로 배우지만 사회는 이론과 다르기 때문입니다.

3) 아르바이트의 부작용이라고 주장하는 내용이 아르바이트 때문인지 밝히기 어렵다.

아르바이트로 번 돈이 유흥비, 술과 담배 소비에 사용되는 것이 청소년에게 유해한 것은 맞지만, 아르바이트 때문에 술과 담배 소비가 늘어나는 것인지, 술과 담배 소비가 많은 학생들이 아르바이트를 하는 것인지 인과 관계를 밝힐 수 없습니다. 상대측이 주장하는 부작용은 용돈을 받아서도 얼마든지 할 수 있는 소비 형태입니다. 따라서 아르바이트가 문제의 원인은 아닙니다. 청소년들의 용돈 사례 실태를 사례로 들겠습니다.

| 사례 | 구리 YMCA 자료에 따르면 용돈의 34.2%를 신변 잡화 구입으로, 21%를 문화 활동으로, 19.1%를 간식비로 쓴다고 합니다.

10. 2차 반론

1) 아르바이트보다 공부를 하며 학교 제도를 적절히 이용하는 것이 바람직하다.

앞에서 언급했듯이 가정 형편이 어려운 학생들을 위해 장학금, 학비 감면 등 여러 사회 복지 제도가 마련되어 있습니다. 따라서 아르바이트 보를 하기보다 공부를 하면서 이러한 제도를 적절하게 이용하는 것이 더 실질적이고 현실적입니다.

2) 청소년기에 사회 현실을 미리 경험할 필요가 없다.

사회 현실은 청소년기 이후에 자연스럽게 익힐 수 있으므로 시간, 육체적 노동 등 많은 대가를 지불하면서까지 미리 경험할 필요는 없습니다.

3) 아르바이트가 낭비를 조장한다.

유흥비, 술과 담배 구입으로 돈을 소비하는 것도 바람직하지 않은 일이며, 인과 관계 문제를 떠나 필요 이상의 돈을 사용한 것은 분명히 낭비라고 할 수 있습니다. 아르바이트가 이러한 낭비를 더욱 조장한다고 보는 것입니다.

12. 최종 발언

1) 아르바이트 때문에 부정적인 소비 습관이 생긴다는 것은 인과 관계가 분명하지 않다.

아르바이트를 통해서 낭비와 같은 부정적인 소비 습관을 형성한다고 하셨는데, 이는 아르바이트를 해서 번 돈 때문에 부정적인 소비 습관이 형성되는 것인지, 용돈 등을 받아서 소비하는 일반적인 소비 형태에서도 형성되는 것인지 그 인과 관계가 분명하지 않음을 다시 한 번 밝힙니다.

11. 최종 발언

1) 아르바이트에 시간과 체력을 쏟다 보면 상대적으로 학업에 소홀하게 된다.

소득이 필요한 소수의 학생들의 경우를 들어 아르바이트가 바람직하다고 주장하는 것은 설득력이 떨어집니다. 또한, 소수가 아니더라도 다른 방법으로 해결할 수가 있고, 다시 되돌릴 수 없는 학창 시절에는 학업에 열중하는 것이 미래를 준비하는 것입니다.

찬성 측	반대 측
2) 일부 부작용 때문에 아르바이트의 긍정적인 측면이 간과되어서는 안 된다. ① 일부 청소년의 돈벌이 수단이 문제가 된다 하여 아르바이트 자체의 긍정적인 측면이 간과되어서는 안 된다고 생각합니다. 분명 필요한 부분이 존재한다면 그것은 적절한 활동이 될 수 있습니다. ② 비합리적인 소비를 하는 문제는 다른 교육 수단을 통해 의식을 바꾸는 것으로 해결해야 합니다. **3) 아르바이트는 학생이 할 수 있는 현실적인 경제 활동의 수단이며, 사회 적응력을 길러 주며 건전한 소비 습관을 형성하는 데 기여한다.** 따라서 청소년 아르바이트는 바람직합니다.	**2) 학교는 사회생활을 하기 위해 필요한 전인 교육을 가르치는 곳이다.** 학교는 사회에 나아가기 위한 학생의 사회 활동이므로 학생의 전인 교육을 배울 수 있는 곳입니다. 따라서, 아르바이트를 통해 사회 적응력을 기를 것이 아니라 학교에서 하는 동아리 활동이나 체험 학습을 통해서도 얼마든지 사회 적응력을 기를 수 있습니다. **3) 간접적인 경제 활동으로 바람직한 경제 습관을 형성하는 것이 더 유익하다.** 아르바이트를 하면서 낭비와 같은 부정적인 소비 습관을 형성하기보다는 소비 교육, 경제 관련 교육 활동을 통해서 바람직한 경제 습관을 형성하는 것이 훨씬 더 유익하다고 볼 수 있습니다.

논제 2 · 미용을 위한 성형 수술은 바람직하다

논제 성립 배경	현대 사회에서 성형 수술을 하는 사람이 증가함에 따라 사람의 미적인 욕구를 채우기 위해서 신체의 일부를 변형시키는 것이 진정 옳은 가에 대한 사람들의 생각이 대립하고 있다.
개념 정의	성형 수술: 상해 또는 선천적 기형으로 인한 인체의 변형이나 미관상 보기 흉한 신체의 부분을 외과적으로 교정·회복시키는 수술을 의미한다.
찬성 측 중심 가치	자유권 침해, 자신의 단점 극복
반대 측 중심 가치	부작용 우려, 외모 지상주의의 확산 우려

찬성 측	반대 측
1. 입론	**2. 확인 질문**

찬성 측

1. 입론

1) 성형 수술의 범위를 '미용을 위한 목적으로 시행하는 수술'로 한정하려 한다.

이 토론에서는 '미용을 위한 성형 수술'을 사고나 질병으로 인해 심하게 훼손된 신체의 일부를 복원하기 위한 정형외과적 수술이 아니라 미용을 위한 목적으로 시행하는 수술에 한정하여 그에 대해 다루려고 합니다.

2) 자신의 신체를 가꾸는 것은 개인의 행복 추구에 해당한다.

① 개인의 행복 추구권은 본질적인 기본권으로, 헌법에서 보장하고 있습니다.

② 자신의 행복을 추구하는 것은 타인에게 피해를 주지 않습니다.

3) 현대 사회는 외모가 개인의 능력이라고 간주되고 있다.

현대 사회에서는 외모가 그 사람의 경쟁력이 됩니다. 따라서 성형 수술은 생존을 위한 수단이라고 할 수 있습니다.

| 사례 | ○○ 일보에 실린 최근 연구 결과에 따르면, 한 회사의 사람들을 외모로 평가한 후에 받

반대 측

2. 확인 질문

1) 미용을 위한 성형 수술의 범위가 어디까지라고 보는가?

① 얼굴을 포함한 전신 성형의 경우도 성형 수술에 포함합니까?

→ 미용을 위한 성형은 포함됩니다.

② 눈썹 문신이나 피부 관리도 포함합니까?

→ 그렇습니다.

2) 성형 수술이 행복 추구의 보편성에 해당하는가?

① 모든 사람이 추구하는 궁극적인 삶의 목표는 행복 추구라고 생각하십니까?

→ 네.

② 개인마다 행복 추구의 기준이 다르다고 생각하는데 동의하십니까?

→ 네.

③ 그렇다면 사람에 따라 성형 수술을 불행으로 생각하는 사람도 있을 것 같은데 이런 사람들에게는 바람직하지 않은 것 아닌가요?

→ 물론 특정 사람에게는 성형 수술이 바람직하지 않을 수도 있지만, 문제는 성형 수술을 하기 원하고 또 실제로 하는 사람들이 늘어나고 있다는 점입니다. 그 점을 강조하고 싶습니다.

3) 외모가 경쟁력이 되는 현실이 바람직한가?

① 현대 사회는 외모가 경쟁력이라고 하셨습니다. 한 개인의 능력을 평가할 때 외모로만 판단할 수 없습니다. 맞습니까?

→ 네.

② 사람의 됨됨이를 고려하지 않고 외모로만 판단하는 사회 현상이 바람직하다고 생각하십니까?

찬성 측	반대 측
는 연봉을 비교해 본 결과 잘생긴 사람이 그렇지 않은 사람보다 연봉이 약 1억 원가량 높았다고 합니다.	→ 외모로만 판단하는 건 물론 문제가 있습니다만 외모가 경쟁력이 된 현실에 주목해 주십시오. ③ 네, 제가 질문 드린 바는 외모가 경쟁력이 된 현실이 바람직하냐는 것입니다.

4. 확인 질문

1) 사회적 현상의 바람직함 여부는 시대적, 개인적 상황에 따라 달라질 수 있지 않은가?

① 어떤 사회 현상이 바람직하다는 기준은 시대 상황에 따라 변할 수 있다고 점에 동의하십니까?
→ 네.
그렇다면 외모에 대한 인식 역시 시대에 따라 달라진다고 볼 수 있겠네요. 현대 사회에서는 외모가 경쟁력으로 인정받고 있습니다.

② 만약 얼굴에 심각한 흉터가 났을 경우 흉터를 제거하지 않는다면 행복할 수 있겠습니까?
→ 상대측은 지나치게 논제를 넓게 해석하고 있습니다. 심각한 흉터가 난 경우에 하는 수술은 미용을 위한 성형 수술이라기보다 정형외과적 목적의 성형 수술로 봐야 할 것입니다.

2) 외모가 개인의 능력이라면 가꿀 수 있지 않은가?

① 현대 사회에서 외모가 능력이 된 것은 인정하십니까?
→ 네, 인정합니다. 하지만 이것이 바람직하지 않다는 것이 저희 측의 주장입니다.

② 네. 그렇다면 외모보다 내면이 중요하다는 것입니까?
→ 그렇지 않습니다. 외모만큼 내면적 가치도 중요하다는 것이지요.

③ 네. 알겠습니다. 내면적 요소도 개인의 능력이기 때문에 중요하다는 것에 동의하십니까?
→ 네.

④ 상대측은 내면과 외모가 모두 중요하다고 하면서도 외모를 가꾸려는 현상이 바람직하지 않다고 주장하고 있습니다. 외모가 경쟁력이 되었기에 중요하다면, 이것을 좀 더 잘 가꾸려고 하는 것이 바람직하지 않다는 주장에는 논리적인 모순이 있음을 지적합니다.

3) 지나치게 극단적인 사례를 들어 주장을 일반화하는 것이 아닌가?

선풍기 아줌마의 사례는 방송을 보고 알게 되셨죠?
→ 네.
방송이 된다는 것은 그만큼 일반적이지 않고 특수

3. 반론 및 입론

1) 모든 사람들에게는 행복 추구권이 있다는 것과 미용을 위한 성형 수술이 바람직하다는 것은 별개이다.

자신을 가꾸는 것은 개인의 자유이기 때문에 이것을 인정하자는 주장과 성형 수술 현상이 과연 바람직한가를 따지는 것은 별개의 문제입니다.

2) 현대 사회에서 외모가 개인의 능력으로 간주되는 현상은 바람직하지 않다.

① 능력이 중시되어야 하는 사회에서 능력이 아닌 외모 같은 조건으로 유리한 대접을 받는 것은 다소 긍정적이지 못한 현상이라고 볼 수 있고 이것이 긍정적인 바라고 주장하는 것에 대해서는 동의하지 않습니다.

② 외모가 개인의 능력으로 간주되는 현상은 자칫 청소년들에게 악영향을 미칠 수 있습니다. 외모 지상주의가 만연한 사회에서 청소년들은 자칫 공부보다 외모를 더 중시하여 학업을 소홀히할 수도 있습니다.

3) 성형 수술에 집착하다 안 좋은 결과가 생겨 정신적인 피해를 입는 경우가 있다.

인간의 미적 욕구는 본능에 가까워 그것을 완전하게 충족하는 것은 불가능합니다. 따라서 미용을 위한 성형 수술도 과도하게 할 수 있습니다. 이런 경

찬성 측	반대 측
한 사례이기 때문이 아닙니까? 선풍기 아줌마의 사례는 너무 극단적이고 일반적이지 않은 사례라고 생각합니다.	우에는 성형 수술로 외모를 가꾸려다 정신적인 피해까지 생길 수 있습니다. | 사례 | '선풍기 아줌마' ○○○ 씨는 정상적인 외모를 갖고 있었음에도 불구하고 자신이 기형이라고 생각해서 성형 수술을 반복적으로 하였습니다. 그 결과 정신 분열 질환의 일종인 '신체 변형 장애'를 갖게 되었습니다.

5. 반론

1) 성형 수술은 행복을 추구하려고 하는 행동 중 하나이다.

모든 사람은 행복을 추구할 권리가 있다는 헌법 조항은 모든 인간이 행복을 추구하려는 것이 정당하다는 뜻입니다. 성형 수술을 통해 행복을 추구하려는 사람들이 많기 때문에, 행복 추구권을 언급하는 것은 논제에서 벗어나지 않습니다.

2) 성형 수술을 해서 콤플렉스를 극복하면 자신감을 가질 수 있다.

① 성형 수술을 통해 자신의 신체적 콤플렉스를 극복하려는 것은 비판받을 행동이 아닙니다. 성형 수술은 콤플렉스를 극복하기 위한 자기 관리 방법입니다.

② 취업이나 대인 관계 개선 등의 중요한 이유로 성형 수술을 받으려는 사람들이 많습니다.

\| 사례 \| 성형외과 전문의 ○○○에 따르면 요즘 성형외과를 찾는 주된 이유는 얼굴의 흉터, 날카로운 눈매나 인상으로 취직이나 대인 관계에 어려움이 있는 사람들이며 그 중 40%가 남성이라고 합니다.

6. 확인 질문

1) 행복을 추구하려고 하는 방향이 옳은 것일까?

행복을 추구하는 방법은 다양합니다. 그런데 많은 사람들이 그 행복을 외모를 가꾸는 것으로 추구한다면 그것이 바람직한 일일까요?

→ 네. 행복을 추구하는 방법 역시 시대에 따라 달라질 수 있다고 봅니다.

2) 성형 수술을 한다고 해서 외모에 대한 열등감을 완전하게 없앨 수 있을까?

① 외모에 대한 콤플렉스를 극복하여 자신감을 가질 수 있다고 했는데, 외모 콤플렉스는 외모에 대한 열등감에서 비롯된다고 할 수 있습니다. 인정하십니까?

→ 다른 사람보다 자신의 외모가 못생겼다고 생각하는 것도 원인이라고 할 수 있지만 그것만 있는 것이 아닙니다. 불의의 사고로 인한 심각한 흉터를 제거할 수 있는 수단도 원인일 수 있습니다.

② 네, 알겠습니다. 그렇다면 아름다워지고자 하는 인간의 욕구는 본능에 가깝다고 생각하십니까?

→ 네, 물론입니다.

③ 인간의 본능은 완전하게 충족되는 것이 거의 불가능합니다. 따라서 어떤 외모 콤플렉스가 극복되었다고 하더라도 또 다른 콤플렉스가 생길 수도 있을 것으로 생각합니다.

8. 확인 질문

1) 재수술이 문제가 되는가?

재수술 역시 개인의 행복을 추구하기 위한 자신의 선택 아닙니까?

→ 자신의 선택은 맞지만 부작용이나 사회적 비용을 따진다면 결코 바람직하다고 볼 수 없습니다.

7. 반론

1) 한번 성형 수술을 받는 것으로 만족감을 느끼기 어렵다.

성형 수술 신체적 콤플렉스를 극복하여 사회생활을 하는 데에 자신감을 가진다 하더라도 그것이 과연 얼마나 지속 가능할지 의심스럽습니다.

\| 사례 \| ○○에 따르면 성형 수술의 경우 재수술을 하는 비율이 70% 이상에 달한다고 합니다.

찬성 측	반대 측
2) 성형 수술의 경제성 ① 성형 수술에 드는 비용에 어느 정도의 차이가 있나요? → 수술 방법마다, 병원마다 다르다고 합니다. ② 그만큼 성형 수술을 받는 사람의 선택이 다양하다고 볼 수 있지 않을까요? 형편이 되지 않는 사람은 좀 더 싸게 수술할 수 있는 방법을 찾을 수 있을 것입니다. → 선택이 다양할 수는 있습니다. 하지만 싸다는 이유로 성형 수술을 해서 부작용이 나타난 경우도 많지 않나요? **3) 법적 소송이 증가하는 것을 부정적으로만 볼 수 있는가?** ① 법적 소송이 증가하고 있다는 것은 그만큼 환자가 자신의 권리를 찾는 데에 적극적으로 변하고 있다고 볼 수 있지 않을까요? → 물론 적극적으로 자신의 권리를 찾으려고 하는 것임은 맞습니다. 하지만 피해를 입어 법적 소송이 증가하는 것 자체가 부정적인 일입니다. ② 그리고 미용을 위한 성형 수술이 일반적 현상이 된 사회 현실을 보여 주고 있는 것은 아닐까요? → 성형 수술을 하는 사람들이 많아지긴 했지만 그렇다고 성형 수술의 부작용이 그만큼 줄어들어 안전해진 것이라고 보기는 어렵습니다.	**2) 미용을 위한 성형 수술 비용이 상당하고, 그로 인한 문제도 생기고 있다.** ① 전신 성형을 하는 경우 예상 비용이 5천~1억 원을 초과합니다. ② 성형 수술 비용을 마련하기 위한 범죄 행위가 증가하고 있습니다. **3) 의사와 환자 간 법적 소송이 증가하고 있다.** 과다한 의료비 청구와 재수술 비용에 대한 소송이 증가하고 있습니다. │사례│ ○○ 일보 기사에 따르면, 코를 높이기 위해 성형 수술을 한 이 모 씨가 수술 후 오히려 코가 비뚤어져서 담당 의사를 상대로 재수술 비용과 위자료를 배상하라는 손해 배상 청구 소송을 냈습니다.

9. 2차 반론	**10. 2차 반론**
1) 성형 수술은 현대 사회에서 보장된 개인의 자유권과 행복 추구권을 행사하는 행위로 볼 수 있다. 현대 사회는 타인에게 해가 되지 않는 범위 내에서 자신이 하고 싶은 것을 선택하는 것을 부정적으로 보지 않습니다. 개인의 행복 추구권을 인정해 주기 때문입니다. 상대측은 외모가 경쟁력이라는 점을 인정하였습니다. 그러나 외모가 경쟁력이 된 사회에서 개인이 외모를 가꿔서 경쟁력 있는 사람이 되는 것이 바람직하지 못하다고 주장하였습니다. 하지만 이러한 주장은 성형 수술이 개인의 자유와 행복 추구권 행사하는 데서 비롯된다는 현대 사회의 특징을 이해하지 못한 데서 비롯되었으므로 무지의 오류를 범하고 있습니다. **2) 성형 수술의 단점을 줄이고 장점을 살리는 방향으로 나가야 한다.** 무엇이든지 장점과 더불어 단점은 있기 마련이므	**1) 많은 사람에게 성형 수술을 해야 한다는 강박 관념이 생길 수 있다.** 성형 수술로 인해 타인에게 해가 되지 않는다고 하였습니다. 직접적인 해가 없는 건 사실이지만 많은 사람들이 외모 콤플렉스에 시달리게 되어 성형 수술을 해야 한다는 강박 관념을 심어 줄 수 있게 됩니다. **2) 미용을 위해 성형 수술을 한다고 해서 만족할 수 있는 것은 아니다.** 미용을 위한 성형 수술을 한다고 해서 콤플렉스를

찬성 측	반대 측

찬성 측

로 단점이 개선된다면 장점을 살리면 되는 일입니다. 성형 수술의 부작용이나 재수술 비율이 높기 때문에 성형 수술이 바람직하지 않다는 주장은 잘못되었습니다. 과학 기술의 발전으로 부작용과 재수술 비율이 줄어들면 바람직하다는 말인가요? 상대측은 장점과 단점을 균형 있게 바라보는 안목이 필요합니다.

3) 외모가 경쟁력이 된 것은 바람직한 현상이다.

외모가 경쟁력이 된 것이 바람직하지 않다고 했는데 이것은 상대방의 견해일 뿐, 주장의 타당성을 입증하지 못했습니다. 외모가 경쟁력이 된 이유는 현대 사회에서 외모가 자기 관리의 영역에 해당되기 때문입니다. 외모가 아름다운 사람은 그만큼 자기 관리를 철저히 한 사람이라는 말이므로, 외모가 경쟁력이 된 것은 바람직하다고 할 수 있습니다.

12. 최종 발언

1) 개인의 선택의 문제를 지나치게 확대 해석하고 있다.

성형 수술의 부작용이나 외모 컴플렉스도 개인의 선택에서 비롯됩니다. 또한 자신이 결정하고 선택한 결과는 자신이 책임지게 됩니다. 이미 외모가 경쟁력이 된다는 것은 일반화된 사실이며, 개인이 그 인식을 받아들여 성형 수술을 선택하는 것인데 그 선택의 문제를 사회 문제로 확대 해석하는 것은 바람직하지 않습니다.

2) 외모가 경쟁력인 사회에서 외모를 가꾸는 것은 지극히 당연한 결과이다.

성형 수술로 인한 부작용이나 사회적 비용의 증가는 다른 방법으로 접근해서 해결해야 할 문제입니다. 또한, 외모 지상주의 역시 성형 수술로 인한 결과가 아니라 외모가 경쟁력이라는 것을 반증하는 현상입니다. 이렇게 외모가 경쟁력인 사회에서 외모를 가꾸는 것 자체를 문제 삼을 수는 없습니다.

3) 미용을 위한 성형 수술은 개인의 행복 추구에 해당하며 개인의 경쟁력을 키우기 위한 정당한 행위이다.

따라서 미용을 위한 성형 수술은 바람직합니다.

반대 측

극복하여 자신감이 생기는 것은 아닙니다. 무엇이든지 과도해질 경우 개인적으로나 사회적으로 바람직하지 않으므로 이를 규제해야 합니다. 아름다워지려는 욕구는 무한하므로 미용을 위한 성형 수술은 단 한차례로 끝나지 않습니다. 물질적으로 부담스러울 뿐더러, 외모 콤플렉스도 해결되지 못할 것입니다.

3) 외모만으로 그 사람의 능력을 평가하지 않는다.

외모가 경쟁력이기 때문에 미용 성형 수술이 바람직하다는 주장은 잘못되었습니다. 왜냐하면 외모가 경쟁력이 된 것이 바람직하지 않기 때문입니다. 얼굴 형태, 코의 높이, 눈썹 모양 등이 경쟁력의 조건이라면 경쟁력을 갖추는 것은 아주 쉽습니다. 하지만 우리 사회는 코 높이, 얼굴 형태로 사람의 능력을 평가하지 않습니다. 오히려 그 사람에게서만 느낄 수 있는 분위기, 느낌, 인격, 재능, 사회적 관계 등이 경쟁력일 수 있습니다.

11. 최종 발언

1) 성형 수술은 개인적 행복 추구를 뛰어넘어 사회 문제로 확산되고 있다.

성형 수술은 개인의 자유와 행복 추구의 문제로 볼 수 없습니다. 이미 수술로 인한 부작용의 증가, 외모 콤플렉스의 증가로 인한 부정적인 인식의 확산 등 개인의 자유를 넘어선 사회 문제로 확대되고 있습니다.

2) 지나친 외모 지상주의를 부추긴다.

성형 수술을 통해서 행복을 추구한다고 하지만 궁극적으로는 행복이나 자신감이 외모에서 생긴다고 볼 수 없습니다. 오히려 외모 지상주의만 부추길 뿐 자신의 내면에서 나오는 건강한 자아 존중감은 키울 수 없습니다.

3) 외모가 사회 전반에 걸쳐 경쟁력이 될 수는 없다.

찬성측은 외모가 경쟁력이 될 수 있다고 하셨는데 우리 사회에서 외모를 경쟁력으로 보는 영역은 극히 제한적입니다. 실제 실력보다 외모를 경쟁력 삼는 기업은 많지 않습니다. 지나친 일반화의 오류라고 봅니다. 여전히 이 사회는 실력과 능력을 갖춘 인재를 요구하고 있습니다.

논제 3 교내 공공장소에 CCTV를 설치해야 한다

논제 성립 배경	과거에 가장 안전한 지대로 인식되던 학교가 이젠 더 이상 안전한 곳이 아니라는 우려가 커지고 있다. 폭력과 도난, 방화 등의 범죄는 물론 최근 사회적 우려를 자아내는 성범죄까지 범죄로부터 학교가 안전하지 않음을 보여 주는 사례가 증가하고 있다. 이에 대한 예방의 방안으로 CCTV 설치 주장도 힘을 얻고 있다.
개념 정의	• CCTV(Closed Circuit Television): 폐쇄 회로 텔레비전, 속칭 CCTV는 비디오카메라를 이용해 특정 장소의 한정된 모니터로 신호를 전송하는 방법으로 흔히 감시 카메라로 사용한다. • 공공장소: 여러 사람이 함께 이용할 수 있는 장소로, 교내에서는 학생들이 함께 이용하는 교실, 복도 등 전반적인 생활 공간이라고 정의할 수 있다.
찬성 측 중심 가치	1. 공공의 질서 유지 2. 경제적 효율성
반대 측 중심 가치	1. 인권 침해 2. 사회에 대한 불신과 같은 부정적 감정 조장

찬성 측	반대 측
1. 입론 1) CCTV를 설치하면 범죄와 관련한 문제를 해결하는 데에 도움이 된다. ① 감시의 역할을 할 수 있어 범죄를 예방하는 효과가 있습니다. ㅣ사례 1ㅣ 울산의 한 고등학교는 복도에 CCTV를 설치하기 전에는 방화성 화재가 두 차례 났고 도난 사건이 끊이질 않았으나, CCTV를 설치하고 나서 지금까지 화재는 한 건도 발생하지 않았고 도난 사건도 거의 일어나지 않았습니다. ㅣ사례 2ㅣ 교내에 CCTV가 설치된 19개 학교 중에서 10개의 중, 고교에 대해 운영 실태를 조사한 결과, 학교 폭력은 지난해 19건에서 CCTV를 설치한 올해 4건으로 줄었고 도난 사건도 26건에서 9건으로 감소했습니다.(아이넷 스쿨 2005-12-22) ② 범죄가 발생할 경우 CCTV를 이용한 대처와 검거가 용이합니다. ㅣ사례1ㅣ 강○○ 등 강력범들이 CCTV 녹화 영상에 의해 검거된 예들이 많습니다. ㅣ사례2ㅣ 2008년부터 2009년까지 천안시는 기 구축된 방범용 CCTV를 통해 전년 대비 범인 검거율이 28% 증가하였습니다.	**2. 확인 질문** 1) CCTV를 설치하는 것이 범죄 해결에 가장 좋은 방법인가? ① CCTV 확인으로 범죄를 빠르게 대처하고 검거할 수 있다고 하셨습니까? → 네. ② 빈번하게 발생하는 모든 곳에 CCTV를 설치하는 것이 가능합니까? → 꼭 그렇지는 않지만, 학교 현장에서 CCTV가 설치될 필요가 있는 곳은 판단할 수 있다고 봅니다. ③ 감시를 하는 것이 교육 목표를 달성하기 위한 효과적인 교육 방법입니까? → 아니요. 하지만 때에 따라서는 불가피한 수단도 필요하다고 생각합니다. ④ 범인 검거 비율 중 CCTV로 인해 검거된 비율은 어느 지역이나 동일하게 효율적입니까? → 몇 가지 사례를 보면 그렇게 생각할 수 있습니다.

찬성 측	반대 측
2) CCTV를 설치하면 적은 인력을 사용하고도 넓은 지역을 한꺼번에 관리할 수 있으므로 경제적으로나 관리적 측면에서 효율적이다. ① 학교는 학생들의 안전을 책임질 의무가 있고 생활 지도를 해야 하지만, 현실적으로 넓은 학교 공간을 교사들만으로는 항시 지도하기가 힘듭니다. 학교 기관장 및 시설 관리자는 퇴근 후 학교 사고에 대한 불안한 마음을 해소할 수 있습니다. ② 동일 지역을 동일한 효과를 내기 위해 관리한다고 할 때 CCTV가 인력을 통해 관리하는 것보다 경제적으로 비용이 적게 듭니다.	2) CCTV를 설치가 경제적으로 효율성이 있는가? ① CCTV를 설치하면 인력으로 해결하던 부분은 없어지거나 줄어드는 것이죠? → 네. ② 그럼 경제성이라는 것은 운용 비용의 문제를 말하는 겁니까? → 그렇습니다.
4. 확인 질문 1) CCTV가 범죄와 관련한 문제를 효과적으로 해결할 수 있는가? ① 직접 순회 지도를 할 경우, 사각지대의 문제를 해결할 수 있다고 했습니까? → 네. ② 같은 시간대에 전 교사가 순회 지도를 해서 학교 전 공간에서 지도하는 것이 가능하다고 생각하십니까? → 아닙니다. 그러나 같은 시간대는 아니라 하더라도 직접 순회 지도를 하는 것이 CCTV로 살펴보는 것보다 구석구석 전 지역을 볼 수 있습니다. ③ 사각지대를 찾아 순회 지도를 하기보다 CCTV를 더 설치하는 것이 현실적이지 않습니까? → CCTV 설치에 대한 효율성에 대해서는 단기적으로는 인정될 수 있지만 학교는 학생을 교육시키는 공간이지 CCTV 등과 같은 수단으로 감시를 하는 곳이 아니라는 점에 주목해 주십시오. ④ 학교 폭력이나 도난 사고 등 학교 범죄의 빈도수와 심각성이 해마다 증가하고 있음을 알고 계십니까? → 예, 알고 있습니다. 2) CCTV 설치가 효율적이지 못하다고 말할 수 있는가? ① 상대편께서는 CCTV를 설치하는 것보다 범죄 예방 교육을 하는 것이 장기적으로 더 효율적이라고 한 것이 맞습니까?	**3. 반론 및 입론** 1) CCTV는 범죄와 관련한 문제 해결에 효과가 적다. ① CCTV는 보이는 곳과 보이지 않는 곳, 즉 사각지대가 생겨 범죄와 관련한 문제를 효과적으로 해결한다고 보기 어렵습니다. ② CCTV가 넓은 지역을 한꺼번에 관리할 수 있는 것은 사실이지만, 어느 곳에서 범죄가 일어날 수 있을지는 예측할 수 없습니다. 직접 순회 지도하는 것은 관찰 지역이 유동적이라 다양한 지역에서 관리가 가능하기 때문에 사각지대를 해결할 수 있습니다. ③ CCTV가 설치된 장소에서는 범죄가 줄어들 수 있지는 몰라도 또 다른 곳을 찾아 범죄가 일어날 수 있습니다. | 사례 | 모 고등학교 교내 신관 4층 강당 주변 창문 쪽에서 서로 망을 보며 담배를 피우던 학생들이 CCTV를 설치하자 신관 3층 화장실 뒤 창문을 넘어 베란다로 장소를 옮겨서 위험하게 벽에 붙어 담배를 피우는 것을 적발하였습니다. ④ CCTV의 사각지대에서 일어난 범죄에 대해서도 역시 대처와 검거가 어렵습니다. | 사례 | 교육 과학 기술부 제출 자료(2010. 5)에 따르면 초, 중, 고등학교의 60%가 CCTV를 설치하였고, 그중 대구는 설치율이 98%인데 아동 폭력 사태가 발생하였습니다. 2) CCTV 설치는 효율적이지 못하다. ① 소수의 범죄자를 잡기 위해 유지비와 설치를 사용하는 것은 단기적인 효과가 있지만, 학교에서는 장기적인 차원에서 범죄 예방 교육을 하는 것이 더 효율적입니다. 교내 범죄 발생률 통계

찬성 측	반대 측
→ 네. ② 그런데 지금까지 학교 범죄 문제가 해결되지 않고 오히려 정도가 심각해져 왔다면 예방 교육이 한계가 있다는 증거라 할 수 있지 않습니까? → 아닙니다. 예방 교육에 한계가 있었던 것이 아니라 충분히 이루어지지 못했기 때문이라고 할 수 있습니다. ③ 현재 CCTV가 사람과 동일한 일을 하는 데 있어 효율성이 떨어진다고 보십니까? → 그것은 단정적으로 말하기 힘듭니다. ④ 효과가 크다면 그것은 경제적으로도 효율적이라고 생각하십니까? → 네.	및 교내에서 일어나는 범죄 유형 등을 중심으로 교육을 통한 불안감 해소에 초점을 맞추어야 합니다. 감시와 관리로 문제를 해결하는 것은 근본적 해결책이 아닙니다. ② 교내에서 일어나는 범죄 발생률이나 범죄의 심각성을 고려해 봤을 때, 설치 비용, 보수 비용 및 모니터 요원 고용 비용 등이 지속적으로 발생하기 때문에 경제적이라 말할 수 없습니다. | 사례 | 경기도만 봤을 때 2012년까지 CCTV 설치 사업에 투입될 예산은 70억 원 정도 들고, 유지하려면 비용이 더 필요합니다.

찬성 측

5. 반론

1) CCTV는 범죄와 관련한 문제 해결에 분명히 효과가 있다.

① 선량한 다수의 학생들을 범죄로부터 보호를 받게 한다는 점이 CCTV의 설치 목적임을 분명히 합니다.

공공장소 중에서도 범죄나 불법 행위가 발생할 수 있는 우발 지역에만 설치되는 것이고 CCTV를 설치하는 근본적인 목적을 이해할 필요가 있습니다.

우리 모두가 충분히 범죄자들의 표적이 된다면, 개인의 프라이버시도 중요하지만 우리 자신과 우리 주변의 소중한 사람들을 범죄로부터 조금이나마 보호받을 수 있는 CCTV 설치는 필요합니다.

② 교내 CCTV 설치율이 증가한 것은 연쇄 살인범 강호순 사건, 제과점 여주인 납치 사건 등 각종 강력 범죄에서 CCTV가 해결사 역할을 하면서 필요성에 대한 인식이 커졌기 때문입니다. 그 효과를 학교 문제 대처나 해결을 위해 유용하게 사용할 수 있습니다

반대 측

6. 확인 질문

1) CCTV는 범죄와 관련한 문제 해결에 효과적인가?

① 교육의 목표가 무엇이라고 생각합니까?
→ 교육은 학생들 자신의 미래를 준비하고 사회적 가치에 부합하는 행동을 익히는 것이라 생각합니다.

② 그렇지만 CCTV를 설치하였음에도 불구하고 그것 때문에 장소를 옮겨 가며 범죄를 저지르는 학생들이 만들어진다면 그것은 교육 목적에 맞지 않는 것 아닙니까?
→ 저희는 선량한 학생들을 보호하는 측면을 말씀드렸습니다.

③ 학생들 중 선량한 학생과 불량한 학생들을 사전에서 규정하고 있는 겁니까?
→ 아닙니다. 누구나 일탈 행위를 할 수도 있기에 CCTV가 설치되면 그것을 예방할 수 있다는 것입니다.

④ 그리고 대처나 검거의 효과로 CCTV 설치를 주장하는 것은 불특정 다수의 대상 학생들을 잠재적인 문제 학생이나 범죄자로 보는 것이 아닙니까?
→ 그렇지는 않습니다.

⑤ 결국 예방, 대처, 검거 등의 듣기 좋은 말로 사생활이 노출되는 등의 인권 침해적 요소를 간과하게 하는 것은 아닙니까?
→ 인권 침해적 요소가 있을 수 있으나 다수의 학생들을 보호하기 위한 불가피한 사회적 요청이라고 생각합니다.

찬성 측	반대 측
2) CCTV 설치는 경제적, 관리적 측면에서 효율적이다.	**2) CCTV가 경제적, 관리적 측면에서 효율적이라고 해서 설치하는 것이 옳은가?**

찬성 측

2) CCTV 설치는 경제적, 관리적 측면에서 효율적이다.

① 직접 순회 지도를 하는 방법은 같은 시간대에 모든 장소를 순찰하기 어렵고, 1분 1초도 쉬지 않고 24시간을 지도한다는 것도 어렵기 때문에 CCTV만큼 감시할 수 없습니다.

　아무리 목적이 정당하다 하더라도 수단이 비현실적이라면 무의미합니다. 순회 지도가 바람직한 방법이라고 하더라도 교사들이 학교생활 내내 순회 지도만 할 수 있는 상황이 아니므로 비현실적입니다. 실시간 감시가 이루어지지 않고 있기 때문입니다.

② 초기 설치 비용은 들지만 오히려 장기적으로 봤을 때는 시간적, 육체적인 소모도 적고 많은 인원을 고용하지 않아도 되므로 경제적으로도 이익입니다. 또 수행하는 업무의 효율성과 결과의 가치가 사람이 할 때보다 뛰어나기 때문에 경제적으로도 더 효율적이라고 볼 수 있습니다.

③ 학교 내 폭력이나 여러 가지 사회 문제를 해결하기 위해 어느 정도 투자와 비용이 필요합니다.

| 사례 |　조선 일보 기사에 따르면 서울시 교내 CCTV 설치율이 증가하였다고 합니다. 유치원과 초등학교의 CCTV 설치율은 각각 99.1%(861곳 중 853곳), 99.1%(587곳 중 576곳)이고 중학교는 90.2%(377곳 중 340곳), 고등학교는 86.8%(311곳 중 270곳)입니다. 유·초·중·고를 합하면 전체 평균 설치율이 95.5%입니다.

　교육 과학 기술부도 2년 전부터 전국 유·초·중·고의 CCTV 설치율을 끌어올리기 위해 예산을 집중 지원하였습니다.

반대 측

2) CCTV가 경제적, 관리적 측면에서 효율적이라고 해서 설치하는 것이 옳은가?

① 관리, 감독, 감시 같은 것과 사전 지도를 통한 태도 변화 중 어느 것이 더 교육적이라 생각하십니까?

　→ 물론 후자입니다. 그러나 현실을 직시해야 합니다.

② CCTV를 설치하는 것만으로도 문제가 모두 예방이 됩니까?

　→ 그렇진 않지만 효과가 있습니다.

③ 효과가 있다면 문제점이나 비효율성이 있어도 시행해야 한다고 생각하십니까?

　→ 그렇진 않습니다.

④ CCTV 설치는 장기적으로 경제적이라고 하셨습니다. 맞습니까?

　→ 네.

⑤ 그러면 학교 교육 활동의 수단과 목표가 반드시 경제적이어야만 하는가요?

　→ '반드시'라는 용어는 적절하지 않다고 생각합니다. 경제적인 것이 더 효율적이란 말입니다.

8. 확인 질문

1) CCTV를 설치하는 것에 인권 침해적 요소가 있다고 해도 바람직한 행동 변화를 가져오면 교육적이지 않은가?

① CCTV 설치는 인권을 침해하므로 비교육적이라고 말씀하신 것 맞습니까?

　→ 네.

② 그리고 학생들을 잠재적인 범죄자로 간주하거나 사생활을 침해하기 때문에 인권을 침해한다고 말씀하신 것 맞습니까?

　→ 네.

③ 그러나 인권 침해적 요소가 있기는 하나, 바람직한 행동의 변화를 가져올 수 있다면 교육적이라

7. 반론

1) CCTV를 설치하는 것은 학생들을 잠재적인 범죄자로 간주하는 것으로, 교육의 정신에도 맞지 않고 그다지 효율적이지도 않다.

　학생들을 잠재적인 범죄자로 간주하여 범죄 예방 및 대처를 위한 목적으로 감시하려고 CCTV를 설치하는 것은 바람직하지 못합니다. 학생들을 잠재적인 범죄자로 간주하는 것은 인권을 침해할 소지가 있기 때문입니다. 그리고 교육의 기본 정신에도 맞지 않는 부적절한 조치입니다.

| 사례 |　상대측은 범죄 검거율이 높아졌다고 하지만 영국의 사례를 보면 실제 CCTV로 범인을 검거한 비율은 전체 범인 검거율의 3%에 불과

찬성 측	반대 측

고 할 수 있지 않습니까?

→ 바람직한 행동의 변화를 가져올 수 있다고 할지라도 수단이 비교육적이어서는 안 된다고 생각합니다.

④ 그런데 학생들을 범죄자로 간주하고 사생활을 침해하는 측면보다 다수의 학생들을 보호하는 측면이 더 크다면 충분히 필요성이 크다고 할 수 있지 않겠습니까?

→ 그 다수의 학생과 예비 범죄 학생이 구별이 안 되는 것이 문제죠.

2) 교육 프로그램으로 문제를 해결할 수 있는가?

① 상대측도 교육이나 사전 지도만으로 범죄나 일탈 행위가 예방되지 않는다는 것을 인정하신 것이죠?

→ 네.

② 그렇다면 그 후 처리 문제는 가장 효율적인 방법으로 해야 한다는 것에 동의하십니까?

→ 네.

③ 사람이 직접 해결하는 방법이나 사전 예방 교육의 효과는 물론 크다는 것은 저희도 인정합니다. 그럼 CCTV의 효과도 인정할 수 있지 않습니까?

→ 그렇습니다.

④ 그럼 CCTV와 상대측이 주장하는 적극적인 교육 프로그램과 캠페인을 병행하면 효율성이 커진다는 것에 동의하십니까?

질문에 동의할 수는 있지만 두 가지를 다 하는 것에…,

→ 예. 됐습니다. 이상 확인 질문 마치겠습니다.

하다고 합니다.

물론 상대측은 기술 개발과 행정 시스템 통합 등으로 이 비율을 높일 수 있다고 주장하시겠지만 현재로서는 CCTV 설치가 상대측이 주장하는 범죄 예방, 대처, 범죄자 검거 등에 효율적이지 않음이 분명합니다.

2) CCTV 대신에 적극적인 교육 프로그램과 캠페인을 벌여야 한다.

CCTV 설치는 경제적으로 비효율적이며 관리 측면이나 교육적 측면에서도 비효율적입니다. 상대측은 결과가 좋아 효율적이므로 경제적 가치마저 높다고 하지만 사람이 직접 지도하고 교육한 결과로 얻어지는 성과는 수치로 환산할 수 없는 그 이상의 가치가 있습니다.

따라서 우리는 적극적인 교육 프로그램과 캠, 페인 등을 통해 CCTV 설치로 처리하려는 일이 일어나지 않게 하는 것이 더 효율적임을 주장합니다.

| 사례 | 2005.09.30 한국 CSO 협회: 학교 폭력 문제로 한바탕 홍역을 치룬 영국은 정부와 국민들의 적극적인 참여로 학교 폭력을 근절하였습니다. 실제 영국 내 학교에는 학교 폭력과 안전사고 등을 예방한다는 명목 아래 CCTV가 설치돼 있기는 합니다. 다만 간과해서 안 되는 것이 영국에서는 CCTV에만 의존하지 않고 전 국민이 '학교 폭력 근절'이라는 캠페인을 벌이는 등의 적극적인 관심과 참여가 함께 동반됐다는 점입니다.

만약 인간인 이상 어쩔 수 없이 일어나는 범죄가 있어 사후 처리가 필요하면 그것도 CCTV를 설치하지 않는 대신에 교칙을 강화하고 위반자를 엄격히 지도하는 교육적 법규로 해야 합니다.

---

9. 2차 반론

1) CCTV에 부정적인 측면이 있긴 하지만 CCTV가 처음부터 그것을 목적으로 만들어진 것만은 아니다.

① 인권이 침해될 소지가 있기는 하지만 그것은 처음부터 의도한 바가 아닙니다. 처음부터 의도한 긍정적인 효과를 중심으로 시행되는 일에 의도

---

10. 2차 반론

1) 학교에 CCTV를 설치하는 것은 교육적으로 부정적인 영향을 미친다.

① 도덕적 가치를 교육해야 할 학교에서는 학생들을 범죄의 잠정적인 대상자로 감시하는 것은 학교의 설치 목적을 망각한 행위입니다. 비교육적인 부정적 측면이 분명히 존재하는 것을 알고도 그것

찬성 측	반대 측
하지도 않은 것을 의도한 것처럼 주장하는 것은 논리적으로 문제가 있습니다. 그럼 자동차도 사고의 위험이 있으니 사용하지 말아야 한다고 주장해야 합니다. 인권 침해에 대한 우려 부분은 범죄와 관련이 되지 않는 CCTV 화상 정보는 엄격한 규제로 보호할 수 있는 법규를 만드는 방법 같은 것으로 극복해 나갈 수 있습니다. ② 또 CCTV가 학교 내 일탈 행위나 부정행위에 대처하고 문제 학생을 적발, 지도하는 데 효과적인 기여를 하고 있다면 그것은 상대측이 주장하는 교육상의 지도와 연계될 수 있습니다. 그런 면에서 효과가 있다면 CCTV 설치가 타당하다고 생각합니다.	을 교육 활동에 이용한다면 다른 올바른 교육 활동도 명분이 약해지기 때문입니다. 그래서 저희는 교육 활동의 중심을 감시와 처리에 둘 것이 아니라 학생들의 준법정신과 인성 교육에 더 노력을 기울이는 방향에 두어야 함을 주장합니다. ② 더구나 지나치게 첨단 과학 기기를 맹신하면 억울한 문제가 생길 수도 있습니다. **| 사례 |** **CCTV 통해 검거돼 억울한 옥살이** 지난 19일 서울지법 형사항소3부 320호 법정 97년 은행 현금 인출기의 CCTV에 찍혀 술 취한 승객의 지갑을 훔쳐 신용 카드로 1572만원을 빼냈다는 혐의로 옥살이를 했던 택시 기사 전씨가 272일 만에 무죄 선고를 받았습니다. 국립 과학 수사 연구소에 사진 감정을 요구했으나 '국과수'는 감정서에서 "머리 모양과 얼굴 형태가 비슷해 동일인으로 추정된다."고 감정하였는데요. 경찰의 짜깁기 식 수사로 구속됐었습니다.
2) CCTV를 설치하면 예산을 절약할 수 있고 범죄를 예방하는 데 도움이 된다. CCTV 설치의 일부 효과를 상대측도 인정하셨습니다. 그리고 상대측이 주장하는 적극적인 교육 프로그램과 캠페인 등의 방법이 지닌 효과를 저희도 인정합니다. 그렇다면 CCTV의 학교 내 설치는 충분한 가치와 효율성이 있습니다. 덧붙여서 우리 측은 CCTV를 이용하면 오히려 학교 예산을 더 많이 절감할 수 있음을 주장합니다. 초기 설치 비용 및 사후 관리 비용 등이 예상되지만 CCTV로 인해 학교 시설물 파손 보수 비용이나 일탈 행위로 낭비되는 예산을 절약할 수 있기 때문입니다. 또 교육적 목적에 맞게 교칙을 강화하고 위반자를 지도하는 것이 효율적이란 상대측 주장은 현실적으로 한계가 있습니다. 우리나라에서 요즘 발생한, 외부인에 의한 학생 대상 범죄는 상대측이 제시한 적극적인 교육 프로그램으로 해결하기 불가능합니다. 그들은 학교 구성원이 아니기 때문입니다. CCTV 같은 과학적 기기가 그들의 출입을 관리하고 대처하는 데 효율적 역할을 할 수 있기 때문에 더욱 설치해야 합니다.	**2) CCTV를 설치한다 해도 어차피 사람이 그것을 확인해야 하므로, 복잡하게 한 단계를 더 거칠 필요가 없다.** 저희 측이 주장한 적극적인 학교 프로그램을 외부인을 대상으로 할 수 없다는 점은 인정합니다. 그러나 학교에 출입하는 모든 외부인을 차단하지 않는 이상, CCTV도 학교에 출입하는 사람들을 선별하여 범죄를 예방할 수 있는 능력은 없습니다. 결국 일이 벌어진 다음에 검거하는 데 도움을 줄 뿐입니다. 외부 출입자를 규제하는 일은 사람의 몫이고 CCTV로 그들을 보는 것도, 본 후 처리하는 것도 다 사람이 추가로 처리해야 하는 것입니다. 그러니 굳이 CCTV를 설치하여 한 단계를 더 거칠 필요가 없습니다. 그런 면에서 보면 상대측이 주장하신 학교 예산 절감도 사실 CCTV를 설치하지 않아야 더 기대되는 것입니다. 굳이 CCTV라는 단계를 하나 더 거쳐 불필요한 예산을 쓸 필요는 없습니다.
12. 최종 발언 **1) CCTV를 설치하면 범죄를 예방하고 범죄에 대처하는 데에 효과가 있다.** 상대측은 CCTV로 범죄를 예방하고 범인을 검거	**11. 최종 발언** **1) CCTV로 학교 내 문제를 해결할 수 없다.** 현실적으로 비행 청소년이나 범죄자는 학교 밖에 더 많습니다. 굳이 교내에 CCTV를 설치함으로써

하는 것이 억울한 희생자를 만들 수 있다고 하셨는데, 그것은 저희 측이 앞에서 주장했듯이 부정적 요소가 있더라도 불가피한 사회적 필요성이 있다면 시행해야 한다는 주장으로 반박할 수 있다고 봅니다. 그리고 저희는 현실적 실현 가능성을 들어 상대 측의 주장이 이상적이고 실행 가능성이 부족하다는 점을 비판하였습니다.

따라서 저희는 CCTV 설치가 범죄를 예방하거나 범죄에 대처하는 데 효과적이라 주장합니다.

예를 들어 여기 총이 있다고 가정해 봅시다. 총은 사람을 죽일 수 있는 부정적인 면이 있습니다. 그러나 그것이 부당한 폭력으로부터 자신을 보호해 주고 생존이나 생계를 위한 수단으로 쓰인다면 만들어져야 합니다. 설사 사용하지 않아도 예방 효과가 있습니다. 그와 마찬가지로 CCTV도 그것을 사용하지 않더라도 부정적 결과를 예방하는 충분한 효과가 있습니다.

복도에 CCTV를 설치하게 된다면 그것을 우려해 적어도 빈 교실에 함부로 들어가 범죄를 저지르는 행위는 줄어들게 될 것입니다. 또 학교 폭력으로 쌍방이 의견이 분분할 때, CCTV를 확인하면 문제의 사태를 어느 정도 확인할 수도 있습니다.

2) 효율성, 경제성의 면에서 CCTV를 설치하는 것이 좋다.

또, 관리상의 효율성이나 경제적인 투자 면에서 CCTV를 설치하는 것이 더 효율적이라 주장했습니다. 이룰 수 있는 성과의 경제적 가치가 더 크다는 점을 근거로 제시하였습니다.

선량하고 순수한 학생들에게 불신을 조장하고 그들을 감시하는 것이 바람직하다고 볼 수 없습니다. 학생 간, 교사와 학생 간에 서로 불신과 의심을 갖게 할 필요가 없습니다. 학교에서 발생하는 문제는 구성원 간의 교육적 교류와 방법으로 풀어야지 인권 침해나 잠재적 범죄자 의혹 같은 문제가 있는 비교육적인 기계에 의존하여 풀어서는 안 됩니다.

2) CCTV는 효율적이고 경제적인 기계가 아니다.

CCTV는 학교의 효율적 관리나 경제적 운영 면에서도 전혀 효율적이지 않습니다.

학교 관리 측면에서 볼 때 CCTV는 일단 전 지역을 관리할 수 없습니다. 사각지대가 반드시 발생하며 설사 설치해도 관리는 반드시 누군가가 해야 하기 때문에 상대측이 입론에서 주장한 대로 관리자의 불안감이 해소되거나 야간에 관리가 용이해진다는 것도 사실과 다릅니다.

또한 CCTV가 설치되면 관리 체계 안에 감시, 관찰 역할의 인력만 대체할 뿐 그것을 감시, 점검해야 하는 인력이 어차피 있어야 하기 때문에 그것을 최소 인원으로 하는 시스템보다 오히려 경제적 비용도 더 들게 됩니다. 그래서 경제적 효율성도 없습니다.

논제 4 의학적 목적을 위한 동물 실험은 중단되어야 한다

논제 성립 배경	1980년대 이후 생명 과학의 발달로 동물 실험이 급속도로 증가하였다. 우리나라에서도 실험에 사용되는 동물이 2005년 추계 결과 약 500만 마리에 이르는 등, 그 수치가 점점 늘어나고 있다. 19세기 말부터 동물 실험이 급속도로 늘어나면서 생의학과 제약 산업의 발전에 이바지한 것은 사실이다. 하지만 1960년대부터 서양에서는 동물도 인간과 마찬가지로 그 생명을 유지할 권리가 있고, 동물도 동물답게 살 권리가 있다는, 동물 실험에 대한 윤리적인 논의가 활발해지면서 실험동물에 대한 찬반 논쟁이 지속되고 있다.
개념 정의	실험동물(Animal testing)이란 교육·시험·연구 및 생물학적 제제(製劑)의 생산 등 과학적 목적(주된 영역은 제약 연구, 백신 검사, 독성 검사, 암 연구, 기초 생의학 연구나 외과 실험 등)으로 사용되는 척추동물로서 식품 의약품 안전청장이 지정하는 것을 말한다. 실험동물의 범위는 원생동물에서 포유동물 영장류까지 포함되나 사람은 제외된다. 대부분의 실험동물은 실험이 끝난 뒤에 안락사 당한다. 실험동물들은 대개 대량으로 사육되지만 몇몇은 야생에서 붙잡히기도 한다.
찬성 측 중심 가치	생명 존중 사상
반대 측 중심 가치	생명 과학의 발전과 인류의 복지 증진

찬성 측	반대 측

찬성 측

1. 입론

1) 생명 존중 사상에 어긋난다.

① 실험동물도 생명을 가진 생명체로서 존중받아야 합니다.

② 인간이 인류 발전이라는 명분을 내세워 동물의 생명을 마음대로 할 수는 없습니다.

2) 동물 실험의 유효성에 한계가 있어서, 그 결과를 인간에게 그대로 적용할 수 없다.

① 동물과 사람의 유전자 구조가 서로 다르기 때문에, 동물 실험의 결과를 사람에게 그대로 적용할 수 없는 경우가 많습니다.

② 1957년 임산부들의 입덧 방지약으로 시판되었던 탈리도마이드는 동물 실험으로 안전함이 증명된 약으로 여겨졌으나, 전 세계에 1만 명 이상의 기형아가 태어나게 했습니다.

③ 인간에게 있는 질병 3만여 가지 가운데, 동물과 공유하는 질병은 단 1.6%밖에 없습니다.

반대 측

2. 확인 질문

1) 식용 동물의 경우는 생명 존중 사상을 위배하는 것이 아닌가?

① 사람의 생명과 동물의 생명 중에서 어떤 것이 더 소중합니까?

→ 둘 다 중요합니다.

② 그렇다면 많은 동물을 식용으로 이용하는 것은 생명을 경시하는 것이 아닙니까?

→ 동물 실험을 하는 것은 식용으로 동물을 이용하는 것과는 다르다고 생각합니다.

찬성 측	반대 측
3) 동물 실험에서 많은 부작용이 발생할 뿐만 아니라 그 효율성도 떨어진다.	3) 부작용이 없으면 동물 실험을 해도 되는가?
① 1996년 S대 의대 대학원생들이 흰쥐로부터 유행성 출혈열에 감염되었습니다. ② 2002년 A사에서 실험동물이 미확인 병원체에 감염되어 해당 동물 전부를 교체한 일이 있었습니다. ③ 한 가지 화학 물질을 흡입하는 실험에는 생쥐 200마리, 그 물질의 장기적 효과를 확인하는 실험에는 3,000마리가 사용됩니다.	동물실험을 했을 때 사람에게 안전하다는 것이 확보되면 그것을 계속해도 됩니까? → 사람의 안전성이 확보된다고 해도 동물의 생명을 해치는 것이므로 동의하지 않습니다.

4. 확인 질문

1) 엄격한 조건을 지키며 생명을 존중하는 자세로 동물 실험을 하고 있는가?

① 현재 엄격한 조건하에서 실험이 되고 있다고 말하셨습니까?

→ 네.

많은 실험동물들이 제대로 갖추어지지 않은 환경에서 사용되고 있습니다. 그리고 실험이 끝난 동물의 사체도 위생적으로 처리되고 있지 않습니다.

② 만물의 영장이면 어떤 생명이든 가볍게 여겨도 된다고 하셨습니까?

→ 가볍게 여긴다고 말하지 않았습니다.

생태계에서 조화를 이루며 살아가야 할 동물들을 실험동물로 대량 생산하여 실험 대상이 되어 죽게 만드는 것이 생명을 가볍게 여기는 것이 되겠죠.

3. 반론 및 입론

1) 인간을 위해 동물 실험을 계속해야 한다.

인간의 생명이 연장되고 건강이 향상된 배경에는 실험동물들의 희생이 있었던 것이 사실입니다. 인간은 고도의 사고력을 갖춘 만물의 영장이기에 엄격한 조건하에서 하는 동물 실험은 계속되어야 합니다.

2) 동물들의 실험 결과를 바탕으로 인간은 물론 동물들의 생명 연장과 질병 치료에 기여해 왔습니다.

동물 실험은 광견병, 구제역, 광우병, 소아마비, 홍역, 결핵, 각종 암과 같은 질병을 예방하고 치료하는 백신을 만드는 데 큰 역할을 했습니다.

3) 부작용을 법과 제도로 해결할 수 있는가?

새로운 돌연변이, 바이러스 등의 출현으로 동물들과 사람에게 치명적인 영향을 미칠 수 있는 사고를 법과 제도의 수단으로 해결될 수 있다고 생각하십니까?

→ 충분히 가능하다고 생각합니다.

2008년 S대 실험동물 자원 관리원에서 미생물 모니터링을 실시한 결과, 간염 바이러스(MHV)에 감염된 사실을 확인하고 쥐를 전부 도살한 사건이 있습니다. 안전성을 장담하기 어려운 것입니다.

3) 동물 실험의 부작용은 극복할 수 있는 문제이다.

동물 실험 결과를 인간에 적용하는 데 있어 일부 부작용이 있지만 그러한 부작용은 더 많은 실험을 하면 극복할 수 있습니다. 사람에 대한 안전성 문제도 강력한 제도(법)를 통해 예방할 수 있습니다. 현재 실험동물에 관한 법률이 적용되고 있습니다.

찬성 측	반대 측
5. 반론 **1) 동물을 소중히 여길 때 인간을 소중히 여길 수 있다.** 동물을 보호하고 자연의 섭리와 조화를 이루며 생활할 때 인간의 존엄성도 존중된다고 봅니다. 동물의 생명을 경시하는 자세는 쉽게 인간의 생명 경시 사상으로 전환될 수 있습니다.	**6. 확인 질문** **1) 동물 실험이 생명을 경시하는 것인가?** ① 자연의 섭리와 조화를 언급하셨는데 그러면 자연 생태계의 법칙인 약육강식은 생명 경시 현상이라고 생각하지 않으십니까? → 그것과는 다르다고 생각합니다. ② 동물 실험은 동물의 생명을 경시하기 때문에 하는 것이 아니라 더 많은 생명을 살리기 위해서 하는 것이라고 생각하지 않으십니까? → 동물의 생명을 해치는 행위는 생명 경시라고 봅니다.
2) 동물 실험을 거쳐 만든 약이 안 좋은 영향을 끼칠 수 있다. 동물 실험을 통해 개발한 백신 등의 약이 일시적으로는 효과가 있을지 몰라도 내성이 생겨 생태계에 치명적인 영향을 끼칠 수가 있습니다. **3) 동물 실험만이 할 수 있는 유일한 방법이 아니다.** 동물 실험을 대체할 수 있는 방법들이 점차 개발되고 있습니다. | 사례 | 세포 조직 배양을 이용한 실험, 컴퓨터 시뮬레이션 이용, 바이오칩이 그 예입니다. 이러한 방법들은 실험동물을 이용하지 않고도 혈액 검사나 유전자 검사 등을 할 수 있으며, 동물 실험에 비해 비용 절감 효과도 뛰어나다고 합니다.	**2) 동물 실험을 거친 약이 치명적인 영향을 끼칠 수 있다는 것이 사실인가?** 내성이 생겨서 생태계에 치명적인 영향을 끼친 사례가 있습니까? → 그럴 가능성이 있다고 말했습니다. **3) 동물 실험을 대체할 수 있는 방법이 개발되기 전까지는 거기에 대해 지지하는가?** → 동물 실험을 지지한다는 것이 아니라 문제가 있는 동물 실험을 대체할 방법이 있다고 말한 것입니다.
8. 확인 질문	**7. 반론** **1) 동물 실험은 동물을 위한 것이기도 하다.** 동물 실험은 주로 인간을 위한 것이기는 하지만 동물의 생명을 위한 것이기도 합니다. 전염병을 막기 위한 백신 개발 등이 그 예입니다.
2) 동물 실험을 대체할 수 있는 방법에 한계가 있는 것은 그것을 사용하지 않기 때문이 아닌가? 동물 실험을 대체하는 방법에 한계가 있는 것은 그 방법들을 지금 별로 활용하고 있지 않기 때문이라고 생각하지는 않습니까? → 아니요. 방법 자체에 한계가 있다고 봅니다. 동물 실험에도 한계가 있듯이 대체 방법에서도 한계가 있을 수 있습니다. 그러나 이러한 시행착오가 있다고 실험동물들을 희생하는 것보다는 바람직한 방법입니다. 또한 지속적으로 연구하면 한계를 극복할 수 있습니다.	**2) 동물 실험을 대체하는 방법에 한계가 있다.** 현재까지 나온 동물 실험을 대체하는 방법에는 한계가 있습니다. | 사례 | 세포 조직을 배양할 때 장기 밖에서 세포가 따로 분열하는 과정에서 여러 기형의 모습을 띄는 조직이 출몰해 실험을 망치는 경우가 많습니다. 또한 컴퓨터 시뮬레이션은 실제 몸 안에 들어가 어떤 반응을 일으키는지 밝혀내는 데 한계가 있습니다. 바이오칩 역시 인간 세포와 다를 수밖에 없습니다. 또한 상용화가 이루어지는 데에만 3년이 걸립니다.

찬성 측	반대 측
9. 2차 반론 1) 사람들이 동물을 보호하고 자연의 섭리와 조화를 이루며 생활할 때 인간의 존엄성도 존중된다고 봅니다. 동물의 생명을 경시하는 자세는 쉽게 인간의 생명 경시 사고로 전환될 수 있습니다. 2) 관절염 치료제인 프로신트는 쥐, 원숭이를 대상으로 한 실험에서는 부작용이 없었으나, 이를 인간에게 그대로 적용한 결과 8명이 사망했습니다. 인간이라는 한 종 안에서도 약이 보이는 효과와 부작용이 다른데, 다른 종을 대상으로 한 실험 결과를 인간에게 그대로 유추, 적용하는 것은 큰 위험을 초래할 수 있습니다. 3) 열악한 시설에서 동물 실험이 실시됨에 따라 오염 사고가 꾸준히 발생하고 있습니다. | 사례 | 2005년 실험동물 생산 판매 회사인 C사의 쥐를 공급받는 일부 연구소에서 문제가 발생하였습니다. 미생물 검색시 Sendai virus 감염으로 확인되어 시설 내 동물 전체를 도살한 사례가 있습니다.	**10. 2차 반론** 1) 그동안 생명 과학의 발전에 기여해 온 동물 실험은 인류 복지를 향상시키는 데 이바지해 왔습니다. 동물 윤리에 대한 철저한 입법 장치와 허가된 실험은 지속되어야 합니다. 2) 인간의 생명을 위협하는 새로운 질병들과 아직 밝혀지지 않은 생명 과학의 연구 주제들을 해결하기 위해서는 생태계에 지장을 초래하는 동물들이 아닌 실험실에서 길러진 동물들을 실험대상으로 삼아 꾸준히 연구되어야 한다고 생각합니다. 3) 찬성 측에서는 동물 실험을 대체할 수 있는 방법을 대안으로 제시하셨는데 인간에게 가장 유전학적으로 근접한 동물 실험을 통한 임상 실험이 현재까지는 효과적인 방법으로 생각됩니다. 따라서 동물 실험은 계속되어야 됩니다.
12. 최종 발언 **1) 동물도 생명체로 존중받아야 한다.** 　생명을 가진 동물도 인간과 같이 생명체로서 마땅히 존중되어야 하기에 의학적 목적일지라도 동물 실험은 중단되어야 합니다. **2) 동물 실험은 인간에게 도움이 되지 않는다.** 　동물과 인간은 기본적으로 다른 종이므로 동물 실험에 적용되어 개발된 시약과 치료약은 인간에게 부작용을 가져오기 때문에 적용되어서는 안 됩니다. **3) 동물 실험 때문에 생기는 피해와 사고를 방지해야 한다.** 　안전하지 못한 동물 실험의 피해와 동물 실험으로 발생되는 오염 사고를 방지하기 위해서 동물 실험은 중단되어야 합니다. **4) 동물 실험을 대체할 수 있는 방법을 사용해야 한다.** 　동물 실험을 대체할 수 있는 방법을 통해 동물도 보호하고 생명 과학의 발전도 도모할 수 있는, 공존의 방법을 찾아야 합니다.	**11. 최종 발언** **1) 동물의 존엄성을 지키는 범위 안에서 동물 실험을 계속해야 한다.** 　인류 복지 향상을 위해 실험의 윤리성과 생명의 존엄성을 존중하는 범위 내에서 동물 실험을 계속해야 합니다. **2) 동물 실험은 동물에게도 유익하다.** 　동물 실험을 통해 인간의 질병뿐만 아니라 동물의 질병을 막을 수도 있기 때문에 동물 실험은 지속되어야 합니다. **3) 실험동물로부터 안정성을 확보할 수 있는 제도적 장치를 마련해야 한다.** 　생명 과학의 발전을 위해 실험동물로부터 안정성을 확보할 수 있는 제도적 장치를 마련하여 안전한 방법으로 동물 실험을 지속해야 한다. **4) 동물 실험을 대체할 수 있는 방법은 한계가 있다.** 　동물 실험을 대체할 수 있는 방법에는 한계가 있습니다. 따라서 인간과 유전적으로 가장 유사한 동물을 대상으로 계속 실험해야 합니다.

논제 5 인터넷 실명제는 확대되어야 한다

논제 성립 배경	사회적 큰 충격을 몰고 온 연예인들의 자살이 인터넷 악성 댓글로 인한 정신적 피해 때문이었다는 점을 상기해 볼 때, 인터넷의 익명성이 과연 우리에게 득이 되는지 의문이다. 오히려 익명성이 대중을 선동하는 역할을 하여 다양한 사이버 범죄를 양산하고 있다는 우려만 자아낸다. 이 문제의 핵심에 익명성이 있다고 판단되며 이 상황을 방치할 경우, 인터넷이 더 이상 여론의 장이 아닌 폭력의 장이 되지 않을까 우려된다. 그래서 인터넷 실명제를 도입하는 것은 이제 선택이 아닌 필연이 되고 있다.
개념 정의	**인터넷 실명제**: 인터넷 이용자의 실명과 주민 등록 번호가 확인되어야만 인터넷 게시판에 글을 올릴 수 있는 제도를 의미한다.
찬성 측 중심 가치	허위 정보와 악성 댓글 금지
반대 측 중심 가치	개인 정보 유출로 사이버 범죄 증가, 표현의 자유 제한

찬성 측	반대 측
1. 입론	**2. 확인 질문**

찬성 측

1. 입론

1) 익명성 때문에 생기는 피해가 늘어나고 있다.
① 인간은 선한 양심도 있지만 자신의 언행에 책임이 따르지 않는 곳에서는 타인의 인격도 훼손할 수도 있는 불완전한 존재입니다.
② 익명성이 보장되는 인터넷에서 언어폭력이나 명예 훼손 등으로 합리적인 이성이 사라지고 상호 간의 신뢰까지 위협하는 피해가 증가하고 있습니다.

2) 인터넷 실명제를 도입하면 허위 정보나 악성 댓글을 막을 수 있다.
① 자신의 행위에 책임을 지는 것은 인간의 당연한 의무입니다.
② 실명제는 자신의 글에 대해 책임감을 느끼게 합니다.

4. 확인 질문

1) 실명제가 실효성이 없다면 다른 대안은 있는가?

반대 측

2. 확인 질문

1) 연예인들이 자살한 이유가 악성 댓글 때문인가?
① 논제 배경 설명에서 연예인들이 악성 댓글 때문에 자살했다고 했습니까?
→ 네.
② 혹시 악성 댓글 외의 다른 이유가 복합적으로 작용하지는 않았을까요? 또는 악성 댓글 이전에 다른 문제가 1차적으로 있지는 않았을까요?
→ 그런 면도 있겠지만 언론에서 밝히는 바로는 인터넷 악성 댓글에 의한 정신적 피해를 분명히 언급하고 있습니다.

2) 실명제가 허위 정보 등의 문제를 해결할 수 있나?
① 실명제로 허위 정보나 유언비어를 막을 수 있다고 했는데, 과거 PC 통신상의 실명제하에서도 지금 정도의 문제가 있지 않았나요?
→ 지금은 그때와 비교할 수 없을 만큼 심각합니다.
② 실명제가 인터넷 상에서의 그런 문제들을 근본적으로 해결할 수 있습니까?
→ 예, 지금으로선 그 방법이 최선의 방안이라 봅니다.

3. 반론 및 입론

1) 실명제가 인터넷 폐해의 대안이 될 수 없다.

찬성 측	반대 측
실명제가 인터넷 폐해를 막아 줄 수 있는 대안이 안 된다고 하셨는데, 현재 인터넷상의 스팸 메일이나 악성 댓글 같은 문제를 해결할 수 있는 현실적인 대안이 있다고 생각하십니까? → IP 추적도 하나의 대안이라고 생각합니다.	실명제가 인터넷 폐해를 전부 막아 줄 수 있는 대안이 된다고 볼 수 없습니다. 친목 사이트 '○○○○'는 실명제로 운영되고 있는데, 사이버 테러까지 일어났습니다.
	2) 실명제는 또 다른 새로운 피해를 만든다. 실명 인증 과정에서 얻어진 정보가 유출될 우려가 많고, 유출된 정보는 보복이나 범죄의 동기가 될 수 있습니다.
3) 실명제가 의견의 진실성을 확보하지 않는가? ① 불의에 항거하여 고발하는 의견의 진실성이나 신뢰성을 확인해야 한다고 보십니까? → 네. ② 그럼 익명으로 제보한 경우와 실명으로 제보한 경우가 있다면 어느 제보가 더 진실성이나 신뢰성이 있다고 생각되십니까? → 이름을 밝히는 것만으로 신뢰성이 확보된다고도 말하기 어렵습니다.	3) 실명제는 건전한 인터넷 여론 문화도 저해한다. 실명제는 비리와 같은 불의에 대응하는 것에 소극적인 태도를 가지게 하여 사회 정의를 실현하는 등의 건전한 인터넷 여론 문화마저 저해합니다.

<table>
<tr><td>

5. 반론

1) IP 추적과 달리 실명제는 크고 작은 범죄를 예방하는 데 효과가 있다.

① IP 추적은 컴퓨터 고유 번호를 가지고 상대방 컴퓨터 위치를 찾아내는 것이므로 인터넷 실명제와 차이가 있으며, 문제가 발생했을 경우 확인합니다. 사소한 문제일 경우에는 IP 추적까지는 하지 못합니다.

② 실명제는 인터넷상에서 부정적 행동을 하려는 의도를 제어하여 범죄를 사전에 예방할 수 있습니다.

</td><td>

6. 확인 질문

1) 범죄를 줄이자는 이유로 실명제를 실시하여 표현의 자유를 침해해도 되는가? 실명제가 IP를 추적하는 것과 다른 점이 무엇인가?

① 찬성 측에서는 범죄 가능성을 줄이기 위해 실명제를 확대하자고 주장한 것이 맞습니까?
→ 네.

② 그럼 유해성이 있을 것이라는 가능성이 의심된다는 이유만으로 인터넷상에서 하는 표현을 규제하고 국민의 자유를 침해해도 된다고 생각합니까?
→ 그건 아닙니다만, 필요에 따라서는 법적인 제재도 가능하다고 앞서 말씀드렸습니다.

③ 실명제를 도입할 경우 사이버 범죄를 처벌하는 것이 좀 더 용이한가요?
→ 네.

④ 실명제를 한다고 해도 사이버 범죄가 일어난 경우에는 해당 정보를 가지고 있는 곳에 의뢰해야 하는 것 아닙니까?
→ 네.

⑤ 그럼 IP 추적과 뭐가 다릅니까?
→ IP 추적은 더 복잡하고 때로는 추적이 어려운 경우도 있으며, 실명제는 확실하게 제재를 할 수 있습니다.

</td></tr>
</table>

찬성 측	반대 측

2) 익명성 때문에 타인의 인권을 침해할 경우 법적인 제재를 하는 것이 가능하다.

익명성이 다양한 표현을 가능하게 하긴 하지만 자유는 어디까지나 타인의 인권을 침해하지 않는 범위 내에서 누릴 수 있습니다. 타인의 인권을 침해했을 때는 법적 제재를 할 수 있습니다.

| 사례 | 헌법 제37조 2항

국민의 모든 자유와 권리는 국가 안전 보장·질서 유지 또는 공공복리를 위하여 필요한 경우에 한하여 법률로써 제한할 수 있으며, 제한하는 경우에도 자유와 권리의 본질적인 내용을 침해할 수 없다.

3) 실명제를 실시해도 인터넷의 토론 문화가 약화되는 것은 아니다.

| 사례 | 정보 통신부에서 2002년 8월부터 게시판 실명제를 운영한 결과, 명예 훼손, 상업적 광고, 특정인에 의한 글 도배 등이 69%에서 2.1%로 대폭 감소했고, 이용자 수도 실명제 시행 전보다 오히려 30% 이상 증가했다.

① 인터넷 실명제는 글을 올릴 때마다 개인의 실명을 밝히는 제도가 아닙니다. 가입 시에는 본인임을 확인하는 절차가 필요하겠지만 이후 필명(닉네임)을 얼마든지 사용할 수 있습니다.

② 비리나 사회 불의를 고발하는 사람의 신변은 보호할 수 있습니다. 증인 보호 정책이나 고발자, 제보자 보호 법규를 강화하면 됩니다.

③ 자신의 의사를 실명으로 밝혀 서로 신뢰하는 토론 문화를 만드는 것이 필요합니다.

---

8. 확인 질문

1) 의식 수준이 실명제보다 우선적으로 개선되어야 하는 근거가 무엇인가?

① 의식 수준을 개선하면 인터넷 실명제는 필요 없다고 생각하십니까?
→ 의식 개선이 우선이라고 했습니다.

② 그럼 의식 수준을 개선하고 실명제는 나중에 하자는 말입니까?
→ 의식이 개선되면 안 해도 될 수 있다는 취지입니다.

③ 현재 우리나라에 사이버 범죄 예방이나 네티켓 등의 인터넷 관련 교육 프로그램이 있다는 건 알고 계십니까?
→ 네.

7. 반론

1) 실명제만으로 인터넷상의 폐해를 근본적으로 예방할 수 없다.

① 완전한 실명제로 운영했던 PC 통신 시절에도 현재와 같은 문제가 존재했습니다.

② 실명제를 실시하는 것보다 건전한 여론 형성에 대한 의식을 세우고 자신의 의사를 올바르게 표현하는 것을 우선해야 한다고 생각합니다. 근본적인 대책을 세워 국민 전체의 의식 수준을 개선해야 한다고 것입니다.

찬성 측	반대 측
2) 표현의 자유권을 행사할 수 있는 조건이 무엇인가? 권리의 이면에는 의무가 있고, 자유의 이면에는 책임이 따른다는 사실을 아시고 계십니까? → 네.	2) 헌법에도 보장되고 있는 국민의 기본권인 표현의 자유를 침해할 수는 없다. 어떤 국가 정책도 국민의 기본권을 초월할 수 없고, 국가가 국민의 인권을 제한할 때는 꼭 필요한 경우 최소한에 그쳐야 한다는 것이 헌법상의 원칙이자 국제 인권 규범입니다. |사례| 1996년 미국 조지아 주에서 인터넷 실명제를 도입하려다가 법원에서 위헌 판결을 받고 취소하였습니다.
3) 옳은 말을 한다면 실명제가 문제없지 않나? 법 앞에 떳떳하고 정당한 말을 한다면 신분이 노출된다고 불이익이 생길 일이 있을까요? → 법적으로만 해결할 수 없는 일들도 있습니다. 그리고 사회에 대한 불의나 잘못된 관행 등을 고발할 때, 익명이기 때문에 용기 내어 말하는 경우가 많다는 것을 말하고 싶습니다.	3) 인터넷 실명제를 실시했을 경우 표현의 자유를 누리기 어렵고 여론이 억압될 수 있다. 신분을 노출했을 때 불이익이 생길 경우 자기 의사를 표현할 수 있는 기회가 적어집니다. 그 경우에 실질적인 표현의 자유를 누릴 수 없으며, 여론이 억압될 가능성이 있습니다. 내부 고발자의 경우에는 더욱 그렇습니다. |사례| 반정부 시위 학생에 대한 연행 조사

9. 2차 반론

1) 의식 개선만으로는 인터넷상에서 생기는 문제를 해결하기 어렵다.

① 바람직한 의식 개선도 중요하지만, 다양한 교육 프로그램이나 캠페인에도 불구하고 현재 발생하는 익명성 때문에 생긴 폐해들을 실질적으로 해결하고 그에 대한 피해자를 보호하고 있지 못합니다.

② 인터넷 실명제의 폐해는 그 제도 때문만으로 생기는 것이 아니라, 개인 정보와 관련된 법규에 공통적으로 나타나는 문제입니다.

③ 인터넷 세계도 하나의 사회이므로 실명제를 실시하며 관리하는 시스템이 필요합니다.

2) 국가는 악의적 정보 유포로 인한 피해를 막아야 한다.

어느 누구라도 다른 이가 악의적으로 정보를 유포한 것 때문에 부당하게 명예를 훼손당하거나 피해를 입어서는 안 됩니다. 국가는 이런 일이 일어나지 않게 국민들을 보호할 의무가 있습니다.

10. 2차 반론

1) 실명제 때문에 개인 정보와 관련된 문제들이 생기고 있다.

실명제라는 제도를 실시하여 익명성 때문에 생기는 폐해들을 막으려다 개인 정보와 관련한 또 다른 문제를 야기하고 있다.

2) 부당한 권력에 악용당하거나 정당한 의견이 탄압당할 여지를 준다.

\|사례\| 정당한 반정부 여론을 탄압하는 데에 개인 정보가 요긴하게 쓰인 역사적 사례

실명제 때문에 사회적 약자의 표현 의지가 더 위축될 것입니다. 주로 약자들이 사회의 비리나 문제에 대해 제안이나 의견 제시를 하는데, 사회적 불이익을 받을 가능성이 많습니다.

\|사례\| 20대 여성들이 즐겨 쓰는 '○○○'에서는 성추행 피해와 같은 감추고 싶은 이야기들을 비밀스럽게 나누며 서로 위로합니다.

찬성 측	반대 측
3) 실명제는 허위 사실이나 입증되지 않은 사실을 줄여 건전한 여론을 형성하는 데에 기여한다. ① 의견 제안이나 고발 등을 할 때 실명을 밝혀 건전한 여론을 형성할 수 있습니다. ② 활발한 여론을 형성하는 것만큼이나 서로 간에 예의나 규범을 지키는 것도 중요합니다.	3) 실명제로 범죄율이 낮아진다는 근거는 없다. ① P2P 사이트의 경우는 실명제로 운영하지만 자료를 불법으로 다운로드하는 것은 근절이 안 되고 있습니다. ② 주민 등록 번호를 도용하거나 주민 등록 번호 생성기를 통해 또 다른 범죄를 벌일 수 있습니다.

12. 최종 발언

1) 인터넷 실명제의 파급 효과는 크다.
① 반대 시위자를 실명으로 추적하여 처벌한 사례는 실명제가 인터넷 관련 범죄자 검거와 단속에 유리하게 쓰일 수 있음을 반증한 것입니다.
② P2P의 경우도 실명제 때문에 불법으로 자료를 주고받는 것에 이전보다 더 부담을 느끼게 됩니다.

2) 공동체에서는 때에 따라 법적 규제를 하는 것이 반드시 필요하다.
① 사회에는 이미 많은 법규가 있고 그것이 제 역할을 하고 있습니다. 인터넷 사회도 하나의 사회이며 공동체입니다.
② 교육만으로 문제가 해결되지 않을 수 있으며, 실질적인 대안이 필요합니다.

3) 표현의 자유보다 인간의 존엄성이 더 중요하다.
표현의 자유를 누리는 것도 중요하지만, 인간의 존엄성, 즉 상대의 인권을 존중하고 그에게 예의를 지키는 것이 먼저 필요합니다.

4) 실명제를 시행했을 때의 장점이 더 크다.
실명제를 시행했을 때의 혜택과 효과가 더 많으므로 실명제가 아닌 경우에도 발생하는 폐해를 들어 추진을 반대하는 것은 옳지 못하다고 생각합니다.

11. 최종 발언

1) 실명제는 범죄를 적발하는 수단이지 예방하는 수단이 될 수 없다.
① 사이버상에서 자신과 의견이 다른 사람에 대해 부당하게 수사하고 구속하는 경우가 생기는 것도 개인 정보를 파악할 수 있기 때문입니다.
② 개인 정보가 부정적으로 쓰일 가능성은 여러 방면으로 있습니다. 실명제로 인한 불필요한 개인 정보 수집이나 유출로 인한 문제도 심각합니다.
③ 정보 악용을 감시하는 시스템이 있다고 해도 효과적인 역할을 못하고 있습니다. 제어 장치가 마련되지 않았기 때문에 감시 시스템은 시기상조입니다.

2) 시민들의 생각을 표현하는 게시판은 억울함을 푸는 신문고 역할을 한다.
인터넷 사용자의 대부분은 일반 시민입니다. offline보다 online이 사회적 파급 효과도 큽니다. 억압의 시대에 살았던 시민들의 생각과 의견을 표출하는 데 쓰이는 게시판은 권력자와 정부에 대한 비판의 장으로서 억울한 시민의 신문고 역할을 한다고 볼 수 있습니다.

논제 6 　장애인 의무 고용률을 높여야 한다

논제 성립 배경	장애인은 비장애인에 비해서 취업의 문턱이 높다. 최근 경제 위기 속에서 정부는 취약 계층 서민의 소득을 보장하기 위하여 각종 대책을 내느라 분주하다. 장애인은 이런 취약 계층 중에서도 가장 먼저 위기 상황에 노출되고 직접적인 피해를 입는다. 장애인의 노동권을 확보할 뿐만 아니라 우리나라의 장애 출현율(인구 100명당 장애인 수)이 매년 증가하고 있는 현실을 감안할 때 현재 시행되고 있는 장애인 의무 고용률을 상향 조정해야 한다는 목소리가 높아지고 있다. 하지만, 현재 시행되고 있는 장애인 의무 고용 제도가 이행되지 않고 있기 때문에 장애인 의무 고용률을 높이는 것을 반대하는 목소리도 만만치 않다.
개념 정의	장애인 의무 고용 제도란 일반적으로 비장애인에 비해 고용상 취약 계층인 장애인의 고용 기회를 넓히기 위하여 일정 수 이상의 근로자를 고용하는 사업주에게 의무적으로 장애인을 고용하게 하는 제도이다. '90. 1. 13 "장애인 고용 촉진 등에 관한 법률"이 제정되어 장애인 고용 의무 제도는 계속 확대되어 왔으며, 2010년에는 상시 근로자 50인 이상을 고용하고 있는 사업주에게 그 소속 근로자의 일정 비율(의무 고용률: '10년 이후 2.3%, '12년 이후 2.5%, '14년 이후 2.7%)의 장애인을 고용하게 하는 의무 고용 제도를 실시하고 있다. 아울러, 2010년부터는 공공 기관(공기업, 준 정부 기관)에 대하여 의무 고용률을 3%로 확대하였다.
찬성 측 중심 가치	장애인 노동권의 확보와 장애인 의무 고용률의 현실화(장애인의 역차별)
반대 측 중심 가치	장애인 의무 고용 제도의 정상화

찬성 측	반대 측
1. 입론 **1) 장애인 출현율(인구 100명당 장애인 수)에 비해서 의무 고용률이 낮다.** 　2009년 말 현재 우리나라의 등록 장애인은 모두 242만8천명으로, 국민 20명 중 한 명은 장애인이다. | 사례 | 민주 노동당 곽정숙 의원은 "우리나라의 장애인 출현율은 2009년을 기준으로 6% 정도이며 2015년이 되면 10%대에 이를 것으로 전망하고 있다."며 "장애인 고용 촉진 및 직업 재활법 제정 당시의 장애인 출현율에 근거한 의무 고용률 2%를 유지한다는 것은 말이 안 된다."고 주장했습니다. **2) 선진 복지 국가의 기준에 맞는 장애인 노동권을 보장해야 한다.**	**2. 확인 질문** **1) 현 제도에 문제가 있는 것은 아닌가?** ① 현재 시행 중인 장애인 의무 고용률이 잘 지켜지고 있다고 생각하십니까? 　→ 아니요. ② 잘 지켜지지 않는 이유가 장애인 노동력에 대한 문제, 제도에 대한 관리 감독의 문제라고 생각하지 않습니까? 　→ 그런 것도 있겠지만 그것보다는 장애인 노동권에 대한 인식이 부족하고 장애인 의무 고용률을 실천하려는 의지가 낮기 때문이라고 생각합니다. ③ 네, 말씀 감사합니다. 그럼, 그런 문제점을 안고 있는 현 상황에서 장애인을 의무적으로 고용하는 비율을 더 늘린다면 기업들의 반발이 생기지는 않을까요? 　→ 생길 수도 있겠지요. **2) 장애인 노동권을 보장하는 것이 선진 복지 국가로 진입하는 데 얼마나 기여하는가?**

찬성 측	반대 측

찬성 측

다른 나라들은 우리나라와 비교했을 때 장애인 고용 할당률과 대상 범위뿐만 아니라 이행률도 더 높습니다. 장애인 의무 고용률을 확대하는 것은 장애인의 최소한의 노동권을 보장하는 선진 복지 국가를 실현하기 위한 조건 중 하나입니다.

| 사례 | 한국 장애인 고용 촉진 공단의 의무 고용 제도 재설계 방안(2008년)에 나오는 OECD 주요국의 고용 할당제 내용은 다음과 같습니다.

	할당률	이행률	
오스트리아	4% (25인 이상)	64%	미고용 장애인 1인당 월 200유로의 벌금
프랑스	6% (20인 이상)	67%	시간당 최저 임금의 300~500배, 미납 시 25% 가산금
독일	5% (20인 이상)	57%	미고용 장애인 1인당 월 100~250유로
한국	2% (50인 이상)	공공 72% 민간 47%	최저 임금의 65~75%

4. 확인 질문

1) 장애인 의무 고용률이 낮은 이유가 무엇인가?

① 정부나 기업의 장애인 의무 고용률이 낮은 이유가 무엇이라고 생각합니까?

→ 장애인에 대한 인식의 부족, 장애인 노동력에 대한 불신, 관리·감시의 어려움 때문이라고 생각합니다.

② 정부나 기업이 장애인 의무 고용률을 지키려는 의지가 부족하기 때문이 아닐까요?

→ 아니요.

③ 현재 장애인 의무 고용률만으로도 장애인 노동권이 충분히 보장되고 있다고 보십니까?

→ 우선 지금의 의무 고용률을 잘 지키기만 해도 장애인 노동권이 지금보다 훨씬 나아질 것이라고 생각합니다.

④ 장애인의 능력이나 자질이 장애인 고용의 장벽이라고 생각하십니까?

→ 기업의 입장에서 보면 그렇죠.

반대 측

① OECD 주요국의 예를 말씀해 주셨는데요, 그 나라들의 장애인 정책과 우리나라의 장애인 정책이 비슷하다고 보십니까?

→ 아니요.

② 장애인 노동권을 보장하는 것이 선진 복지 국가를 실현하는 데에 얼마나 기여한다고 보십니까? 다시 말해서, 선진 복지 국가를 실현하는 데 필요한 여러 복지 정책 중에서 장애인의 노동권 보장은 어느 정도의 비중을 차지한다고 보십니까?

→ 전부는 아니지만 일부분을 차지하겠죠.

3. 반론 및 입론

1) 장애인 의무 고용률을 높이는 것보다 현재의 제도가 올바르게 운영될 수 있게 관리·감독하는 것이 더 중요하다.

① 현재의 장애인 의무 고용률은 낮지 않습니다. 의무 고용률을 높이기 전에, 현행 제도를 정상적으로 운영해서 장애인의 실질적인 고용률을 높여야 합니다.

② 또한, 부담금 제도와 장려금 제도를 강화하여 올바르게 적용되게 해야 합니다.

2) 현재 국가 기관도 장애인 의무 고용률을 지키지 못하는 상황에서 의무 고용률만 높인다고 문제가 해결되는 것은 아니다.

① 중앙 행정 기관의 장애인 고용률은 2.18%로 상대적으로 높지만 외교 통상부(0.65%) 소방 방재

찬성 측	반대 측
	청(1.20%) 국방부(1.62%) 등은 실적이 미미합니다. 입법부(1.02%) 사법부(1.71%) 등 헌법 기관들도 장애인 채용에 소극적이었습니다. ② 의무 고용률을 초과해 장애인을 고용하면 1인당 월 40만 50만원 지급되는 고용 지원금 제도의 개선이 필요하다는 지적도 있습니다. | 사례 | 서울 장애인 종합 복지관의 백미라 직업 재활사는 "지원금이 정액으로 지급되다 보니 장애인의 임금이 최저 임금 수준에서 머무는 경우가 많다."면서 "월급의 몇 %를 지급하는 방식으로 개선하는 것이 필요하다."고 말했습니다.
3) 다양한 복지 영역이 동반 성장해야 해서 반대하는 것인가? ① 선진 복지 국가를 실현하려면 다양한 복지 영역의 동반 성장이 필요하다고 하셨습니다. 맞습니까? → 네. ② 그렇기 때문에 장애인 노동권을 보장하기 위해 장애인 의무 고용률을 선진국의 수준으로 높일 필요가 있다는 주장에 반대하십니까? → 그렇기 때문에 반대하는 것이 아니라 우리나라의 복지 수준이 다른 선진국에 비해서 전반적으로 낮다는 것을 설명한 것입니다.	**3) 우리나라의 복지 정책 수준으로 보았을 때 현재 정해진 장애인 의무 고용률 정도가 적절하다.** ① 우리나라의 현실이 선진 복지 국가와 어떻게 다른지 생각해 보아야 합니다. ② 복지 정책은 장애인의 노동권을 보장하는 것뿐만이 아니라 장애인 복지 정책 전반, 타 영역에 대한 복지 정책 전반도 함께 발전시켜야 합니다. 다른 영역에서도 부족한 부분들이 많은데 장애인 노동권 보장 영역에서만 앞서갈 수는 없습니다. 장애인 영역만 보더라도 노동권뿐만 아니라 이동권, 교육권, 참정권 등 다양한 영역에서 해결해야 할 문제들이 쌓여 있습니다.
5. 반론 **1) 장애인 의무 고용률을 지키면서도 발전하는 기업이 존재한다.** ① 장애인 의무 고용률이 낮은 건 사실입니다. 하지만 잘 지켜지지 않는다고 해서 비현실적인 고용률을 그대로 두는 것도 문제가 있습니다. 잘 지켜지지 않는 이유로 장애인에 대한 인식의 문제, 노동력의 문제, 제도의 문제점을 지적하는데, 이것보다 사업주가 이 제도를 실천하려는 의지가 있느냐가 더 큰 문제라고 봅니다. 우선, 잘 지켜지는 사례를 들어 보겠습니다. | 사례 | ○○○ 신문에 따르면, "경기도는 오는 2014년까지 도청과 도 산하 21개 공공 기관의 장애인 고용률을 4%로 확대하기로 했다. 이는 법정 비율인 2, 3%보다 높은 수준이며, 경기도 내 장애인 인구 비율(4%)과 같은 수준이다. 대상 범위도 대폭 확대했다. 장애인 의무 고용률을 적용받는 법정 대상은 상시 근로자 50인 이상이	**6. 확인 질문** **1) 찬성 측에서 제시한 사례를 일반화할 수 있을까?** ① 사업주가 제도를 실천하려는 의지가 중요하다고 하셨습니까? → 네. ② 다양한 사례 잘 들었습니다. 정부 기관인 경기도의 사례가 일반 기업에도 잘 적용될 수 있다고 봅니까? → 의지를 가지고 노력한다면 가능하다고 봅니다. ③ 다양한 업종과 다양한 기업에서 일할 수 있는 기능과 자질을 갖춘 장애인이 많다고 보십니까? → 일할 수 있는 장애인은 많다고 봅니다. ④ 자회사형 장애인 표준 작업장의 경우는 좋은 사례라고 생각합니다. 그런데, 이런 작업장을 설치할 수 있는 업종이 제한적이라고 생각하지는 않습니까? → 어느 정도의 제한은 있겠죠.

찬성 측

지만, 도는 이를 25인 이상 공공 기관까지 확대해 이 같은 기준을 적용키로 했다."고 합니다.

② 다음으로 장애인의 노동력 문제를 거론했는데, 이것 역시 의지만 있다면 여러 방법으로 해결할 수 있습니다.

| 사례 | 김동대 한국 장애인 고용 공단 경기 북부 지사장은 "대기업의 경우 직접 고용하는 것이 여의치 않다면 일정 기준을 갖춘 자회사 형태의 표준 사업장을 만들어 장애인 고용을 늘리는 것도 방법"이라고 말했습니다. 포스코는 자회사형 표준 사업장인 포스위드'를 설립, 전체 근로자 247명 중에서 124명을 장애인으로 채용해 장애인 고용률을 1.91%로 크게 높여 모범 사례로 꼽힌다고 합니다.

2) 복지 정책 전반이 아니라 장애인 의무 고용률에 논제를 한정해야 한다.

복지 정책 전반에 대한 성장을 이야기하면서 장애인 노동권 보장을 위한 의무 고용률 확대에 문제를 제기하는데, 이는 바람직하지 않습니다. 지금 우리는 우리나라의 복지 정책 전반에 대해서가 아닌, 장애인 의무 고용률에 대한 논의를 하고 있는 것입니다. 우리 팀은 다른 복지 정책의 영역과 상관없이 선진 복지 국가로 가는 과정에 있는 우리나라가 비현실적이고 다른 선진국에 비해 현저히 낮은 장애인 의무 고용률을 높일 필요가 있다는 것을 주장하고 있습니다. 적용 대상 범위와 이행률, 제재 등의 문제는 차치하고서 고용률만이라도 말입니다. 다른 나라와 똑같이 하자는 말이 아닙니다. 한 번에 똑같은 수준으로 발전할 수는 없습니다.

8. 확인 질문

1) 장애인을 고용하는 것이 기업의 이익을 창출하는 데 도움이 되지 않는가?

① 장애인을 고용하면 매출이 떨어집니까?
→ 늘 그런 것은 아니지만 대부분 기업주들이 그렇게 생각합니다.

② 장애인을 고용해서 지원금도 받고 장애인과 함께 일하는 일반인도 자극을 받아 더 열심히 일한다면 오히려 기업의 이윤 창출에 도움이 되지 않을까요?
→ 그럴 수도 있지만 일반적인 경우는 아니라고 봅니다.

반대 측

2) 장애인 의무 고용률을 높이는 것이 선진 국가를 실현하기 위해 가장 먼저 해야 할 일인가?

① 선진 복지 국가의 실현은 모두가 꿈꾸는 것입니다. 장애인 의무 고용 제도보다 더 우선해서 다루어야 할 문제는 없다고 봅니까?
→ 있을 수 있습니다. 함께 개선해야지요.

② 우리나라의 현 복지 정책 수준에서 장애인 의무 고용률을 지금보다 더 높이는 것은 너무 앞서 가는 것은 아닐까요?
→ 아니라고 봅니다.

7. 반론

1) 여러 기업이 장애인을 채용하기보다 부담금을 내려는 이유를 분석하는 것이 필요하다.

① 기업이 장애인 고용 부담금을 지불하면서까지 장애인을 고용하지 않는다면, 이는 기업 입장에서 볼 때 실효성이 떨어지는 제도입니다.

| 사례 | 2008년 말 민간 부문의 장애인 고용률은 1.72%였으며, 정부 부문까지 포함한 고용률도 1.73%로 기준에 못 미쳤습니다. 기업 규모가 클수록 장애인 고용률이 낮아 30대 기업 집단의 장애인 고용률(2008년 기준)은 평균 1.45%에 그칩니다. 삼성 0.92%, SK 0.79%, LG 0.88%,

찬성 측	반대 측
	GS 0.78% 등은 1%에도 미치지 못합니다. 이 기업들은 장애인 고용률을 채우지 못한 탓에 한 해 동안 적게는 수십억 원에서 많게는 100억 원을 웃도는 장애인 고용 부담금을 내고 있습니다.
	② 기업이 장애인을 고용하지 않는 이유는, 장애인 고용 부담금을 내는 것이 장애인을 고용해서 최저 임금을 주는 것보다 부담이 덜하기 때문입니다.
	| 사례 | 2007년 9월, ○○ 신문의 보도에 따르면 대부분의 기업주들이 하는 말은 "장애인을 고용하면 매출이 떨어져서 부담금을 내는 편이 낫다"는 것입니다. 장애인 고용에 현실적인 어려움이 있다는 것입니다. 그리고 그 해결책으로 기업주들의 실천 의지를 말하지 않습니다. 유동철 교수(동의대·사회 복지학과)는 "대기업이 장애인을 고용하지 않는 이유는 부담금이 최저 임금보다도 낮기 때문"이라며 부담금 인상의 필요성을 강조했습니다. 부담금이 턱없이 낮은 것이 장애인 고용률을 지키지 않는 원인으로 지적된 것입니다.
2) 극히 소수의 고용 비율을 장애인으로 채우는 것도 어려운가?	**2) 기업들은 장애인을 채용하고 싶어도 자질을 갖춘 장애인을 찾기가 쉽지 않다고 한다.**
기업의 전체 일자리를 장애인에게 다 내어 주는 것도 아니고 전체의 2, 3%만 내어 주는데도 장애인이 할 일이 별로 없다고 보십니까?	기업의 실천 의지를 강조하지만, 사실 고용주들은 장애인 노동력이 뛰어나지 않다는 점에 불만이 있습니다.
→ 많지 않다고 생각합니다.	| 사례 | 2007년 3월, 삼성 전자는 "직업 훈련을 통해 장애인 200여명을 채용하겠다."고 밝혔습니다. 그런데 삼성은 직업 훈련으로 채용된 직원들을 모두 기능직과 생산직으로 배치합니다. 대부분의 대기업이 장애인을 고용하는 방식이 그렇습니다. 2007년 9월, 대학 신문 보도에 따르면 모 기업 고용 관리팀 관계자는 "고학력 장애인들이 얼마 없는 데다 기업에서 원하는 조건을 갖춘 사람은 고학력 장애인 중에서도 극히 드물다."고 했습니다. 또 다른 기업의 고용 관리팀 관계자는 "솔직히 지금처럼 취업난이 심각한 상황에서 사무직을 장애인으로 채용하는 것은 역차별적 발상"이라고 말했습니다.
3) 선진국으로 가려면 장애인 의무 고용률을 높여야 하는 것이 아닌가?	**3) 기업의 반발을 사게 되고 기업 경쟁력이 떨어진다.**
① 우리나라가 선진국이라고 생각하지 않습니까?	우리나라의 복지 정책 수준으로 보았을 때 장애인 의무 고용률은 적절합니다. 지금도 의무 고용률을 높여 가고 있기 때문에 결코 서두를 일이 아닙니다. 복지 제도에 대한 사회 구성원들의 이해와 인식이
→ 선진국으로 가고 있지만 복지 정책만은 아직 선진국의 기준에서 많이 떨어져 있다고 봅니다.	

찬성 측	반대 측
② 실제 장애인 의무 고용률과 장애인 출현율과의 괴리가 상당한데 문제가 없다고 보십니까? → 서서히 줄여 가야 한다고 봅니다. 하지만, 사회 전체적으로 실업률이 증가하고 있는 시점에서 장애인 의무 고용률을 확대하는 것은 문제가 있습니다.	함께 성장해 가야 합니다. 섣불리 의무 고용률을 높인다면 기업주의 반발을 사게 되고, 기업의 경쟁력에도 도움이 되지 못합니다.

9. 2차 반론

1) 장애인에 대한 인식을 바꾸면 장애인의 고용 비율을 높일 수 있다.

장애인이 일반인과 같을 수는 없습니다. 그렇다면 애초에 장애인 의무 고용제 자체가 만들어질 수 없었을 것입니다. 장애인에게 핸디캡이 있다 하더라도 그들이 할 수 있는 일은 분명히 존재합니다. 장애인의 능력과 자질을 탓하기보다 장애인에 대한 열린 마음만 가지면 충분히 장애인을 고용할 수 있으며 고용률도 높일 수 있습니다.

| 사례 | 한국 장애인 고용 촉진 공단 서울 지사 강 필수 고용 촉진부장은 "장애인 관련 자료 분석 결과, 장애인 근로자에 대한 인식 여부에 따라 고용이 크게 좌우된다는 사실을 다시 한 번 확인했다"며 "사업주가 적극적으로 나서 주기만 해도 현행 민간 부문의 의무 고용 비율인 2%를 3%까지 높일 수 있다는 결론을 얻었다"고 말했습니다. 강 부장의 분석에 따르면 사업장 대표자가 장애를 갖고 있는 경우에는 60.3%, 장애를 갖고 있지 않은 경우엔 12.9%만이 장애인 근로자를 고용하고 있었습니다.

2) 장애인 출현율을 고려하여 장애인 의무 고용률을 높여야 한다.

장애인 의무 고용률을 높이는 것은 선진 복지 국가를 실현하기 위해 해야 할 가장 기초적인 단계이며, 장애인 노동권을 확보하기 위한 중요한 수단입니다.

장애인 의무 고용률은 과거 20년 동안 크게 변하지 않았습니다. 하지만 장애인 출현율은 매년 증가하여 6%에 달합니다. 이는 현재의 장애인 의무 고용률인 2, 3%보다 훨씬 높은 수치입니다.

10. 2차 반론

1) 의무 고용률보다 교육에 신경을 써야 한다.

장애인들은 대부분 단순 작업 능력을 갖고 있기 때문에 전 사업장에 의무 고용을 확대하는 것은 무리가 있습니다. 장애인들이 다양한 형태의 일을 소화하기 위해서는 장애인 교육권을 보장하는 것에도 힘을 쏟아야 합니다. 박경석 전국 장애인 차별 철폐 연대 상임 공동 대표는 "장애인의 49.8%가 초등 교육도 받지 못하고 있는 현실"이라며 장애인에 대한 교육권의 문제를 지적했습니다. 교육받을 수 있는 여건도 마련되지 않은 상태에서 무리하게 장애인 의무 고용률만 확대하는 것은 장애인 본인이나 기업에 불편함만을 가중시킵니다.

2) 장애인 문제를 해결하려면 의무 고용률을 높이는 것보다 현 제도가 잘 지켜질 수 있게 감독하는 것에 달려 있다.

장애인 고용에 대한 현실적인 문제들이 해결되지 않고 의무 고용률만 높이는 것은 겉만 화려하고 실속 없는 제도만 양산하는 꼴입니다. 겉만 선진 복지 국가이지 실제로는 아니라는 것입니다. 겉모습만 갖추려 하지 말고 현재 시행되고 있는 의무 고용 제도가 잘 지켜질 수 있게 제재 수단을 강화하고 국가의 관리 감독 기능을 높여야 합니다.

12. 최종 발언

장애인 의무 고용 제도는 장애인 고용 문제를 해결하기 위해 일정 비율의 의무 고용률을 적용하는 제도입니다. 하지만 이 제도가 있으나마나한 낮은

11. 최종 발언

기업이 고용 부담금을 내면서까지 장애인 고용을 꺼리는 이유는 지불해야 하는 부담금보다 장애인에게서 얻는 생산성이 낮기 때문이라는 것입니다. 장

찬성 측	반대 측
고용 실태를 보이고 있습니다. 30대 대기업은 물론 정부 공공 기관까지 장애인을 고용하는 데 인색하여 이들이 2009년 납부한 장애인 의무 고용 부담금은 412억 원으로 삼성이 126억 원, LG 62억 원, SK 26억 원, 롯데 21억 원, GS 20억 원 순으로 많았습니다. 장애인이 자립하려면 반드시 사회생활을 해야 합니다. 장애인이 남에게 보조받는 존재가 아닌 사회에 기여하는 존재로 거듭나려면, 무엇보다 장애인 고용을 촉진하는 것이 시급하고 중요합니다. 이를 위해 사회적 제도를 정비하고 의무적으로 시행하는 것이 가장 효과적인 해결책이 될 것입니다.	애인 연금 제도 신설, 장애인 이동권 확보, 장애인 노동권 확보 등의 정책들은 정책 제안을 위한 자료일 뿐, 실천 의지가 없는 정책들은 선거 철만 되면 나오는 복지 정책들입니다. 현 시점에서 정부가 장애인의 의무 고용률만 일방적으로 높여서 고용주들의 반발을 살 것이 아니라 현재 시행하고 있는 장애인 의무 고용률을 어떻게 지키게 할 것인가, 어떻게 하면 기업의 입장에서 장애인 고용을 증대시킬 수 있을까, 고용 부담금과 지원금 제도를 어떻게 발전시킬까를 고민해서 장애인 의무 고용 제도를 정상화시키는 것이 더 우선이라고 생각합니다.

논제 성립 배경	안락사나 존엄사는 윤리적·종교적·법적·의학적 문제들이 복합적으로 얽혀 있어 세계적으로 오랫동안 논란이 계속되고 있으며, 대부분의 나라에서 적극적 안락사는 허용되지 않는다. 네덜란드와 벨기에, 룩셈부르크는 존엄사와 안락사를 모두 합법화한 가장 진보적 입장이고, 미국은 오레건 주와 워싱턴 주에서 법적으로 허용하고 있으며 40개 주에서는 인공호흡기 제거 등의 소극적 형태로 허용하고 있다. 일본은 2006년 회복 가능성이 없는 말기 환자에 대하여 사실상 소극적 안락사를 허용하는 가이드라인을 제정하였고, 영국도 대체로 폭넓게 인정하는 분위기이다.
개념 정의	안락사는 '자비로운 살인'(mercy killing)이라고도 한다. 극심한 고통을 받고 있는 불치의 환자에 대하여, 본인 또는 가족의 요구에 따라 고통이 적은 방법으로 생명을 단축하는 행위를 말한다. 대부분의 법적 체계에는 이에 대한 특별한 조항이 없기 때문에 환자 자신이 한 경우는 자살로, 타인이 한 경우는 타살로 간주된다. 그러나 의사는 환자의 고통이 매우 심한 경우에는 생명을 연장시킬지 여부를 합법적으로 결정할 수 있다. 안락사는 크게 적극적 안락사와 소극적 안락사로 나뉘고, 그중 소극적 안락사를 '존엄사'라고도 한다.
찬성 측 중심 가치	존엄사는 죽음에 대한 자기 결정권의 행사이다.
반대 측 중심 가치	존엄사는 생명 경시 현상을 불러올 것이다.

찬성 측	반대 측

찬성 측

1. 입론

1) 누구나 인간으로서 품위 있게 죽을 수 있는 권리가 있다.

① 존엄사는 최선의 의학적 치료를 다하였음에도 회복 불가능한 사망의 단계에 이르렀을 때, 기계 호흡이나 심폐 소생술 같은 무의미한 연명 치료를 중단하고 자연적인 죽음을 받아들임으로써 인간으로서 지녀야 할 최소한의 품위를 지키면서 죽을 수 있게 하는 것입니다.

② 일반인들의 상상을 초월하는 고통 속에서 생명만을 연장하고 있는 사람들이 그 고통으로부터 벗어나는 길이 죽음밖에 없을 때 자신의 자유 의지와 확고한 신념에 따라 존엄사를 선택한다면, 그의 선택을 인정하는 것이 그의 삶의 존엄성을 인정하는 것이기 때문입니다.

| 사례 | 2009년 5월 22일 서울대 병원에서 항암 치료를 받던 말기 위암 환자 A 씨(50)는 22일 편안한 임종을 맞을 수 있게 도와주는 서울 성북구 하월곡동 성가 복지 병원 호스피스 병동으로

반대 측

2. 확인 질문

1) 존엄사란 무엇인가?

① 존엄사는 인간의 기본권을 지키는 것입니까?
→ 네.

② 인간의 기본권 중에 어떤 것입니까?
→ 자유권입니다.

③ 생명 유지에 필수적인 영양 공급이나 약물 투여를 중단해서 죽음에 이르게 하는 것을 존엄사라고 합니까?
→ 네. 하지만 분명히 환자나 가족의 요청에 따라 행하는 소극적 안락사를 말합니다.

④ 그럼 최소한의 생명만 유지하고 있는, 일명 뇌사 상태라고 불리는 상태의 사람들에게 영양 공급이나 약물 공급을 중단해서 죽음에 이르게 한 것이 환자의 의사 표현을 반영한 것이라고 생각하십니까?
→ 아니요. 평소 환자의 소견이나 가치관을 반영할 수도 있고, 가족의 의사 표현도 있을 수 있습니다.

찬성 측	반대 측

가기로 했다. 암이 이미 장에까지 번져 수술도 항암 치료도 소용없었다. 그는 20여 일 전 항암 치료 거부 의사를 밝혔다. "내가 만약 의식을 잃으면 심폐 소생술을 하지 말라"는 뜻을 병원 측에 전달했다. 그는 '연명 치료를 받지 않겠다'는 내용이 포함된 호스피스 병원 입원 동의서를 작성할 계획이다. A 씨는 움푹 꺼진 눈과 살집 하나 없는 얼굴에 병색이 완연하다. 그는 "항암 치료를 받는 고통이 이루 말할 수 없었다."며 "그래도 좋아지지 않는데 어쩌겠나. 버티는 고통이 더 클 것 같아 (항암 치료를) 그만 받겠다고 했다"고 했다. 음식을 삼켜야 기운이 나는데 항암 치료를 받으면서 앉아 있을 기운도 없었다. 입맛은 썼다. 항암 치료를 받으면 다 낫는 줄 알았는데 확률은 반반이라고 했다. 이왕 죽을 바에야 고생 덜하고 편하게 죽는 게 낫다고 생각했다.

2) 가족들의 고통을 덜어 주어야 한다.

말기 환자, 소생 가능성이 거의 없는 환자 때문에 육체적, 심리적, 경제적 고통을 감수하는 가족의 고통을 위해서도 존엄사가 사회적 제도로 인정되어야 합니다.

| 사례 | 존엄사에 관한 책에 다음과 같은 내용이 있습니다. "한 환자는 중환자실에서 극심한 고통에 시달리다 세상을 떠났는데, 가족은 마지막까지 '치료'를 해 드리는 것이 돌아가시는 분에게 최선을 다하는 것이라고 생각하고 치료에만 매달렸다. 그러나 결국 환자는 고통스럽게 죽어 가며 인간의 존엄성도 지키지 못했고, 그 사이 환자 가족의 재정적 부담은 눈덩이처럼 커졌다."

4. 확인 질문

1) 환자를 생각했을 때 존엄사를 허용하는 것이 현실적이지 않나?

① 식물인간이라 하더라도 십여 년 후에 다시 회복되어 정상적인 생활을 하는 경우도 있나요?
→ 네.

② 하지만 뇌사 상태에 빠진 사람이 다시 살아날 가능성은 매우 희박합니다. 맞습니까?
→ 네. 하지만 가능성이 아예 없는 것은 아닙니다.

③ 그렇다면 한 사람이 뇌사 상태에서 깨어났다고 해서 모든 뇌사 상태에 빠진 사람들이 깨어날 것이라고 생각하십니까?

---

⑤ 말기 위암 환자의 예를 드셨는데 항암 치료를 거부하는 것과 무의미한 연명 치료를 중단하는 것은 다른 문제가 아닌가요?
→ 아니요.

2) 가족의 고통과 경제적 이유로 생명권을 결정할 수 없다.

① 말기 환자, 소생 가능성이 거의 없는 환자라고 했는데 그러한 기준은 누가 정하는 것인가요?
→ 의료진의 판단입니다.

② 인간의 생명권과 경제적 이익 중에서 어느 것이 더 중요하다고 생각합니까?
→ 인간의 생명권입니다.

3. 반론 및 입론

1) 존엄사는 생명을 경시하는 행동이다.

찬성 측은 뇌사 상태에 빠진 사람의 생명의 유지 여부를 보호자의 선택으로 결정한다고 했는데 이것은 절대로 사람의 자유권을 보장하는 것이 아닙니다. 비록 뇌사 상태이지만 살기를 원할 수도 있습니다. 그런데 그 사람의 목숨을 보호자의 선택으로 결정한다는 것은 죽음에 대한 자기 결정권이 아닌 살인 행위입니다. 환자가 깨어날 확률이 단 1%라도 있다면 그 가능성을 배제하지 말아야 합니다. 식물인간 상태에서 살아난 사례도 존재하며 이들은 정상적인 생활을 하고 있다고 합니다. 또 회생 가능성이 없다고 결정을 내려 버리는 것도 생명을 경시하

찬성 측	반대 측
→ 아니요. 분명히 가능성이 있다고만 했습니다. 그리고 실제로 회생 가능성이 전혀 없는 것도 아닙니다. ④ 반대 측에서는 존엄사를 보호자가 선택한다는 것은 잘못됐다고 말씀하셨습니다. 맞습니까? → 네. ⑤ 보호자에게 존엄사를 선택하는 권한이 없어야 한다면 병으로 고통스러워하는 환자를 생각하지 않는 겁니까? → 그렇다면 보호자가 환자의 죽음을 선택해서, 살고 싶지만 죽어야 하는 환자의 고통에 대해서는 생각하지 않으시는 것입니까? 죄송하지만 지금 저희 측이 질문을 하고 있습니다. 이를 끝으로 확인 질문을 마치겠습니다.	는 편의주의적 발상입니다.

찬성 측	반대 측
	2) 가족들이 존엄사를 악용할 우려가 있다. 가족들이 자신들의 고통을 덜기 위해 존엄사를 악용할 수 있습니다. |사례| 안대희·양창수 대법관은 "가족의 의사에 따른 생명 연명 장치의 중단을 인정한다면, 환자의 보호자가 자신들의 사정과 편의, 이익을 위해 그것을 뒷받침하는 사정들만 제시하고 환자의 자기 결정권을 왜곡하여 의료 기관에 연명 치료 중단을 구할 위험이 있다."고 우려했습니다.
5. 반론 **1) 존엄사 여부는 쉽게 결정하는 것이 아니다.** ① 환자가 회복 불가능한 사망의 단계에 이르렀는지 여부는 의료진의 판단에 맡기고 있습니다. 대법원은 "주치의의 소견 뿐 아니라 사실 조회, 진료 기록 감정 등에 나타난 다른 전문 의사의 의학적 소견을 종합해 신중하게 판단해야 한다."(2009, 대법원 판결문)고 덧붙이고 있기 때문에 이는 분명 회복 불가능한 상태에 있는 환자를 말합니다. |사례| 대법원은 의학적으로 환자가 의식의 회복 가능성이 없고 생명과 관련된 중요한 생체 기능의 상실을 회복할 수 없으며, 환자의 신체 상태에 비추어 짧은 시간 내에 사망에 이를 수 있음이 명백한 경우(즉 회복 불가능한 사망의 단계) 연명 치료의 중단이 허용될 수 있다고 했다.(2009, 이주연 기자) ② 보호자의 선택뿐만 아니라 평소 환자의 의사 또한 반영합니다.	**6. 확인 질문** **1) 존엄사의 판단 권한을 악용하는 경우가 생기지 않을까?** 의료진의 판단에 맡겼을 때 이를 악용하는 사례가 발생하지 않을까요? 예를 들면 판단에 이권이 개입한다든지 하는 것 말입니다. → 있을 수도 있겠죠.

찬성 측	반대 측
|사례1| 대법원은 "환자의 의사를 확인할 수 있는 객관적 자료가 있을 경우에는 반드시 이를 참고하고, 환자가 평소 일상생활을 통해 가족, 친구 등에 대하여 한 의사 표현, 타인에 대한 치료를 보고 환자가 보인 반응, 환자의 종교, 평소의 생활 태도의 치료 과정, 질병의 정도, 현재의 환자 상태 등을 종합해 그 의사를 추정할 수 있다."고 했다.	
|사례2| 환자 김 모 씨의 경우, 독실한 기독교 신자로서 15년 전 교통사고로 팔에 상처가 남게 된 후부터는 이를 남에게 보이기 싫어해 여름에도 긴 팔 옷과 치마를 입고 다닐 정도로 항상 정갈한 모습을 유지하고자 했던 사실이 인정됐다. 또 텔레비전에서 병석에 누워 간호를 받으며 살아가는 사람의 모습을 보고 "나는 저렇게까지 남에게 누를 끼치며 살고 싶지 않고 깨끗이 이생을 떠나고 싶다"고 말한 것과 3년 전 남편의 임종 당시 "내가 병원에서 안 좋은 일이 생겨 소생하기 힘들 때 호흡기는 끼우지 말라. 기계에 의하여 연명하는 것은 바라지 않는다"고 말한 사실 등을 바탕으로 대법원은 원고의 의사를 추정했다.	
2) 가족의 행복 추구권도 존중해야 한다. 물론 인간의 생명이 무엇보다 중요합니다. 그러나 살아 있는 가족들의 행복 추구권도 중요합니다. 회복 불가능한 상태의 환자의 무의미한 치료 때문에 남은 가족이 엄청난 재정적 부담을 지게 된다면 그것 또한 부당한 것입니다. 산 사람이라도 인간답게 살 수 있도록 존엄사를 인정해야 합니다.	**2) 재정적 부담 때문에 존엄사에 찬성하는 것이 인간의 존엄성을 지키지 못한 것은 아닌가?** ① 끝까지 치료에 매달렸다가 고통스럽게 죽어 가며 인간의 존엄성을 지키지 못했고, 환자 가족의 재정적 부담이 눈덩이처럼 커졌다는 예를 드셨는데 맞습니까? → 네. ② 존엄사에 찬성하는 근거로 인간의 존엄성과 재정적 부담을 드셨는데 인간의 존엄성은 명분에 지나지 않고 환자 가족의 재정적 부담이 실질적 이유가 아닙니까? → 둘 다 맞습니다. ③ 혹시 끝까지 최선을 다하지 않고 치료를 포기하여 죽어 가는 것이 인간의 존엄성을 지키지 못한 것이라고는 생각하지 않습니까? → 아니요.
8. 확인 질문 **1) 의학 발전에 따라 존엄사를 판단하는 기준도 달라지지 않을까?** ① 사람의 뇌 기능을 현대 의학으로 판단하기 어렵다고 하셨습니까?	**7. 반론** **1) 존엄사에 대한 판단이 틀렸을 경우라도 사람의 목숨은 되돌릴 수 없다.** ① 이홍훈·김능환 대법관은 "사람의 뇌 기능은 오묘한 것이어서 현대 의학만으로 판단하기 어렵다."

찬성 측	반대 측
→ 네.	며 지속적 식물인간 상태로 10여 년이 지난 후
② 앞으로 의학 기술이 발달하면 그 비밀이 풀린다	의식을 회복한 예도 있다는 점을 상기시켰습니다.
고 생각하십니까?	이는 사람의 생명은 살아 있다는 것 자체로 충분
→ 지금보다는 더 풀릴 것이라고 생각합니다.	한 가치가 있다는 데에 중점을 둔 의견이었습니
③ 의학 기술은 사람이 발전시켜 나가는 것입니까?	다. 따라서 회복이 불가능하다고 해서 사망 단계
→ 네.	라고 인정하는 것은 너무 성급한 판단입니다.
④ 천연두는 물론 암도 얼마 전까지는 불치병이었	② 존엄사에 대한 환자의 의사를 정확히 알 수 없
다는 것을 아십니까?	는 경우가 많습니다.
→ 네.	│ 사례 │ 안대희·양창수 두 대법관은 원고가 평소
⑤ 의학 기술의 발전에 따라 존엄사의 판단 기준도	텔레비전을 보며 가족들과 나눈 대화는 "누구라
달라질 것이라고 생각하십니까?	도 건강한 상태에서 흔히 할 수 있는 말에 지나
→ 네.	지 않는다."며 원고의 남편이 임종 시에 한 말도
	"자신의 운명에 대해 숙고한 끝에 진지하고 지
	속적인 의사에 기인해 나온 것이라고 볼 자료가
	없다."고 하였습니다.
2) 환자 가족의 고통이 얼마나 큰지 아는가?	**2) 환자 가족의 재정적 부담은 다른 방법으로 해결**
① 존엄사와 관련한 환자나 그 가족의 사례를 주변	**해야 한다.**
에서 보았거나 들으신 적이 있습니까?	환자 가족의 재정적 부담을 중요한 판단 근거로
→ 네.	말씀하셨는데 그 고통은 이해합니다. 하지만, 이런
② 그 사람들의 고통이 얼마나 크신지도 아시죠?	선택은 재정적인 문제로 생명권을 박탈하는 생명
→ 네.	경시 현상이 나타나게 할 수도 있습니다. 따라서 환
	자 가족의 재정적인 부담은 국가적인 복지 정책 등
	의 다른 방법으로 해결해야지 치료 중단 등의 극단
	적 조치로 해결해서는 안 됩니다.

9. 2차 반론

1) 현재의 기준으로 존엄사에 대해 판단하면 안 된다.

의학은 과거부터 지금까지 계속 발전하고 있습니다. 인류의 역사로 볼 때 암은 얼마 전까지 불치병이었습니다. 하지만 지금은 조기에 발견하면 생존할 확률이 매우 높은 병입니다. 이처럼 의학의 발전을 보려면 끝없이 기다려야 합니다. 우리는 지금 현재의 의학 기술로는 살릴 수 없는 생명에 대해서 논의하고 있습니다. 의학 기술이 발전한다면 당연히 존엄사를 판단하는 기준도 달라질 것입니다. 따라서 생명의 신비를 다 풀지 못했다고 해서 지금의 의학적 판단을 믿을 수 없다는 것은 현재를 살면서 현재를 부정하는 모순에 빠지는 것이라고 생각합니다. 의학 기술도 사람에 의해서 발전되고 존엄사를 판단하는 것도 사람이 할 수 밖에 없습니다. 다만 사람이 판단하게 되면 이를 악용하는 사례가 발생한다고 했는데, 이는 법적, 제도적 장치를 통해서 최소화해야 할 부분입니다.

10. 2차 반론

1) 생명은 어느 누구에게도 판단받을 수 없는 존엄한 가치이다.

생명은 존엄하기 때문에 본인은 물론 타인에 의해서 평가되어서는 안 됩니다. 사람이 생명의 가치를 저울질하는 것은 생명을 경시하는 행동입니다. 어떤 사람이나 의학 기술도 생명을 함부로 판단할 권리가 없습니다.

찬성 측	반대 측

2) 환자 가족의 고통이 너무나 크기에 그들의 의견을 수렴해야 한다.

환자 가족의 재정적 부담에 대해서 국가적으로 노력해야 한다고 하셨는데, 현재의 복지 정책의 수준으로 봤을 때 그 실현 가능성은 낮다고 봅니다. 현재 환자 가족의 고통은 모두 그들이 떠안아야 하는 상황입니다. 이 고통은 우리가 상상하는 이상으로 큽니다.

| 사례 | 2005년 ○○○ 뉴스에 따르면 우리나라에는 해마다 암 환자가 11만 명이 발병하고 6만 4000여 명이 사망한다고 합니다. 이를 위한 사회적 비용은 16조 원대에 이르고 있습니다. 특히 의학적으로 소생이 불가능한 환자를 무한정 치료해야 하는 연명 치료가 크게 늘어나면서 문제가 심각해지고 있습니다.

이런 실정을 볼 때 환자 가족의 고통을 외면해서는 안 될 것이며 환자 가족의 의견도 적극 수렴해야 합니다.

2) 고통스러움이 생명을 끊을 수 있는 근거가 될 수 없다.

앞에서도 말씀드렸듯이 환자 가족의 고통을 모르는 바는 아닙니다. 다만, 저희 측 주장은 그 고통이 크다는 것이 생명을 끊을 수 있는 근거가 되어서는 안 된다는 점입니다. 우리가 유명인의 자살 사건을 접하면서 안타까우면서도 씁쓸한 마음이 드는 것은 많이 힘들었겠지만 꼭 그래야만 했을까 하는 점이 아닙니까? 힘들고 고통스러운 상황을 이해는 하지만 생명은 그 고통보다 더 소중합니다.

---

12. 최종 발언

불치병이었던 암도 조기에 발견하면 생존 확률이 매우 높을 정도로 의학은 발전했습니다. 우리는 현재의 의학 기술 상태에서, 현재의 의학 기술로 살릴 수 없는 생명에 대해서 논의하고 있습니다. 의학 기술이 발전한다면 당연히 존엄사 판단 기준도 달라져야 할 것입니다. 의학 기술도 사람에 의해서 발전되고 그 판단도 사람이 할 수 밖에 없는 것이 현실이기 때문입니다. 사람에 의해서 판단하기에 이를 악용하는 사례가 발생한다고 했는데 이는 법적, 제도적 장치를 통해서 최소화해야 할 부분입니다.

환자가 의사 표현이 가능할 때 생명 유지 장치를 거부했다면 이를 받아들여 품위 있는 죽음을 맞이하게 해야 한다고 봅니다.

또한, 환자 가족의 고통은 모두 환자 가족이 떠안아야 하는 상황이며 이 고통이 우리의 상상 이상인 실정에서 환자 가족의 고통을 외면해서는 안 되며 환자 가족의 의견을 적극 수렴해야 합니다.

11. 최종 발언

생명은 존엄하기 때문에 본인은 물론 타인에 의해서 평가되어서는 안 됩니다. 사람에 의해서 생명의 가치를 저울질하는 것은 생명을 경시하는 것이며 어떤 사람이나 의학 기술도 생명을 함부로 판단할 권리는 없습니다.

0.1%의 희망이 있다면 생존을 유지해야 합니다. 인간의 생명은 타의에 의해서 함부로 결정해서는 안 됩니다.

환자 가족의 고통이 크다고 해서 생명을 끊을 수 있는 근거가 되어서는 안 됩니다. 유명인의 자살 사건을 접하고 안타까우면서도 씁쓸한 마음이 드는 것은, 그 사람도 많이 힘들었겠지만 꼭 그래야만 했을까 하는 이유에서입니다. 힘들고 고통스러운 상황을 이해하기 때문에 존엄사를 허용한다는 것은 잘못된 판단입니다.

보호자가 환자의 재산을 욕심냈거나 평소 환자에 악심을 품었다면 존엄사를 가장하여 다양한 방법을 쓸 수도 있어, 존엄사가 악용될 수 있습니다.

인간의 생명이야말로 최고의 가치를 지닌 것으로 불치병을 앓더라도 인간의 생명을 함부로 해서는 안 됩니다.

논제 8 유전자 변형 작물의 국내 재배를 실시해야 한다

찬성 측 중심 가치	1. 식량 생산량 증대	2. 안전하지 않다는 근거 없음.
반대 측 중심 가치	1. 다국적 기업만 이득을 얻음.	2. 안정성은 장담할 수 없음.

찬성 측	반대 측
1. 입론 1) 유전자 변형 작물(GMO)의 국내 재배로 단위 면적당 생산량이 증가합니다. – 통계에 의하면 생산량이 많게는 4배가량 증가합니다. 2) GMO 품종의 안전성에 대한 오해는 근거가 없습니다. – GMO 품종이 개발된 이래 15년간의 안정성 연구 결과, 인체에 유해한 사례는 단 한 건도 발견되지 않았습니다.	**1. 입론** 1) 유전자 변형 작물(GMO)가 생산량 증가에는 도움이 될지 모르나 식량 자주권 확보가 오히려 더뎌질 수 있습니다. – 다국적 기업이 종자 시장을 독점하여 국내 식량 구조가 위협을 받고 있습니다. 2) GMO의 안전성에 대한 논의는 진행 중입니다. ① 일본 미나미타네정의 경우를 보면, 수은 에 중독된 지 23년 후에야 기형아를 출산했습니다. 15년은 안전성을 입증할 충분한 기간이 아닙니다. ② GMO 섭취로 인한 알레르기 발생 현상은 꾸준히 보고되고 있습니다.
2. 확인 질문 1) 현재 식량 부족을 막기 위해 GMO를 수입하고 있는데, 만일 GMO를 국내에서 재배하게 된다면 식량 부족 문제를 더욱 효과적으로 해결할 수 있지 않을까요? 2) GMO가 인체에 유해하다는 연구 결과가 있나요?	**2. 확인 질문** 1) GMO를 국내에서 재배하게 되었을 때 환경이 어떻게 변할지 예측할 수 있습니까? 2) GMO가 인체에 유해하다는 것이 뒤늦게 밝혀졌을 때 그 결과를 되돌릴 수 없다는 것에 대해 어떻게 생각하십니까?
3. 반론 1) GMO를 국내에서 재배하게 되면 독자적인 연구 환경을 조성하게 되어 식량 자주권을 확보할 수 있습니다. 2) GMO 관련 시장이 세계적으로 증가 추세에 있습니다. 만약 지금 뛰어들지 않는다면 우리나라는 뒤처지고 맙니다. 100% 안전한 식품은 어디에도 존재하지 않습니다.	**3. 반론** 1) 우리나라 농업의 특성상 GMO 종자를 수입하여 재배하게 될 경우 다국적 기업의 배만 불리게 되고 오히려 영세 농업인이 몰락하게 될 수도 있습니다. 2) 식량 부족의 문제는 생산이 원인이 아니라 분배 구조 자체에서 생기는 문제입니다. 3) 안정성 문제는 현재 진행형입니다. 한번 오염된 인체나 환경은 회복 불가능합니다.
4. 최종 발언 　GMO가 수입되고 있는 상황에서 좀 더 적극적으로 식량 부족 사태에 대비하고 국내 농업의 발전을 다각도로 모색할 필요가 있습니다. 라이트 형제가 두려움이 앞서 비행기를 만들기를 포기했다면 우리는 비행기로 인한 편리함을 누리지 못할 수도 있습니다. 막연한 불안감에서 벗어나 과학적인 근거로 안정성이 확보된 GMO를 국내에서 재배해야 국내 농업을 발달시킬 수 있습니다.	**4. 최종 발언** GMO 국내 재배는 누구를 위한 것입니까? 안전하지 않다는 증거도 없지만 안전하다는 증거도 없기 때문에 소비자를 위한 것은 아닙니다. 또한 우리나라 농업 구조를 보았을 때 농업인의 부의 창출을 위한 것도 아닙니다. 지금도 100억 원이 넘는 로열티를 종자 사용료로 부과하고 있는 현실을 볼 때 GMO의 국내 재배는 일부 다국적 기업의 이익을 위한 것이라 볼 수 있습니다. GMO 때문에 인체 및 환경이 오염되면 되돌릴 수 없다는 것을 기억해 주십시오.

논제 9 정보화 사회에서 카피 라이트 운동은 바람직하다

찬성 측 중심 가치	지적 재산권 보호
반대 측 중심 가치	정보의 공유

찬성 측	반대 측

찬성 측

1. 입론

1) 더 나은 정보를 창출하는 원동력이 됩니다.

– 지적 활동을 경제적으로 보상하여 지식, 과학, 예술 활동을 촉진하고 더 나은 정보의 창출과 창작을 유도합니다.

2) 양질의 정보를 선택할 수 있는 기준을 제공합니다.

– 정보의 양은 많아졌지만, 양질의 정보를 선택할 수 있는 기준이 모호합니다. 수많은 사람에게서 그 가치를 인정받고 많이 활용될수록 그 가치는 상승하며 이를 통해 양질의 정보임을 알고 선택할 수 있습니다.

2. 확인 질문

1) 순수한 창작은 존재하지 않는다고 생각합니까?

2) 대가 없는 정보 공유가 인터넷 발전을 이끌었다고 생각하십니까?

3) 지적 재산권이 기업에 독점적 이익을 제공한다고 하셨습니까?

3. 반론

1) 무에서 유를 창조해야만 창작이 아닙니다. 그것은 신의 영역입니다. 인간은 존재하는 것을 변형하고 재해석하며 새로운 옷을 입힐 뿐입니다. 그것이 창작이 아니라고 해서 경제적인 보상이나 대가를 받지 않아야 할 이유가 될 수 없습니다.

2) 인터넷을 통해서 정보의 공유가 활발하게 이루어진 것은 사실입니다. 하지만 무분별한 정보의 공유는 질이 낮은 정보나 잘못된 정보의 공유까지 동시에 이루어져서 양질의 필요한 정보를 얻는 데에 방해가 될 수 있습니다. 양질의 정보 공유는 저작권 보호와 같은 제도를 통해 담보될 수 있습니다.

3) 지적 재산권이 기업에게 유리하게 작용하여 실제 창작자들에게 이익을 가져다주지 못하는 경우도 있습니다. 하지만 전체적인 구조로 보았을 때 창작자들에게 돌아가는 혜택이 훨씬 더 많습니다.

반대 측

1. 입론

1) 창작에 대한 그 어떤 권리도 행사할 수 없습니다.

– 창작이라는 것이 이미 존재해 왔던 다른 이들의 공헌을 기초로 해서 나온 것이므로 배타적 권리가 원칙적으로 성립되지 않습니다.

2) 정보의 발달은 독점이 아닌 공유로 이루어집니다.

– 인터넷이 지금까지 발전한 것도 대가를 바라지 않고 공헌해 온 사람들의 정보 공유 의식 때문입니다.

3) 지적 재산권이 창작자들을 보호할 수 없습니다.

– 지적 재산권은 창작자가 아닌 기업에 독점적 이익만을 제공해 줄 뿐입니다.

2. 확인 질문

1) 경제적 보상이나 대가를 받게 되면 창작자가 보상이나 대가에 의존하게 되어 오히려 정보의 창출을 위축하는 결과를 낳지 않겠습니까?

2) 많은 사람들이 선택한 정보임을 고의로 조작하여 오히려 양질의 정보를 선택하는 데 혼란을 가져오지는 않을까요?

3. 반론

1) 정보에 대한 경제적인 보상이나 대가는 정보의 상품화로 이어졌음에도 그에 상응하는 보상이나 대가를 지불받지 못한다면 오히려 정보의 창출을 막을 수 있습니다. 정보는 경제적인 보상이 아니라 공유를 통해서 그 가치를 인정받고 존중받아야 됩니다.

2) 양질의 정보가 아님에도 허위나 조작을 통해서 양질의 정보라고 눈속임할 수 있는 부작용이 나타날 수 있습니다. 정보는 공유되고 공개될 때 양질의 정보가 무엇인지 더 잘 가릴 수 있습니다.

4. 최종 발언

반대 측은 어떤 창작도 배타적 권리를 행사할 수 없고 정보의 발달이 공개와 공유를 통해서 일어나며 지적 재산권의 이익이 대기업에 돌아간다고 주장하셨습니다. 하지만 무에서 유를 창조한 것만이 보상을 받는 것이 아니라 지적 활동에 대한 최소한의 대가를 받아야 한다는 것이며 인터넷을 통해 정보의 발전이 있었지만 잘못된 정보까지 함께 공유되면서 양질의 정보를 걸러 주지 못한 폐해도 있었습니다. 따라서 저희 측은 카피 라이트 운동이 또 다른 정보의 창출을 위한 최소한의 보상이며, 양질의 정보를 가려내는 최소한의 장치라 생각하여 카피 라이트 운동이 바람직함을 주장합니다.

4. 최종 발언

찬성 측은 카피 라이트 운동을 통해 창작자들에게 경제적 보상이나 대가를 지불하여 창작자들이 더 나은 정보를 창출하게끔 유도하겠다고 하셨는데, 이는 정보의 상품화를 초래하여 정보 창출을 위축할 수 있습니다. 또한 허위나 조작을 통해서 양질의 정보를 왜곡할 수 있는 부작용도 우려됩니다. 따라서 저희 측은 순수한 창조물은 없다는 전제 아래 정보는 공개와 공유를 통해 더 나은 정보의 창출로 이어진다고 생각합니다. 대기업의 독점적 이익으로 이어지는 부작용 또한 간과할 수 없습니다. 이에 카피 라이트 운동은 바람직하지 않다고 주장합니다.

논제 10 고교 평준화는 폐지해야 한다

찬성 측 중심 가치	경쟁을 통한 효율성 보장
반대 측 중심 가치	교육 기회의 평등

찬성 측	반대 측
1. 입론 1) 경쟁을 통한 교육의 효율성을 보장해야 합니다. – 어떤 일이든 적절한 경쟁을 해야 발전합니다. 2) 평준화는 전체적인 성적 하향화를 초래했습니다. 학교별 다양한 교육 과정과 학생들 수준에 맞는 교육 서비스를 제공해 실력 향상을 꾀해야 합니다. 3) 최근 명문 대학 입학생들의 분포를 보면 특목고 학생들의 합격률이 평준화된 지역의 학교 학생들보다 꾸준히 높아지고 있습니다.	**1. 입론** 1) 교육 기회를 평등하게 보장해야 합니다. 2) 치열한 입시 경쟁은 사교육비의 부담을 가져오며, 학생들로 하여금 심한 입시 스트레스를 가중시켜 건강하게 성장해야 할 청소년들이 일찍이 낙오자가 될 수 있습니다. 3) 비평준화 지역의 경우 특목고에 일반 명문고까지 등장하여 더 큰 교육 양극화를 초래할 것입니다.
2. 확인 질문 1) 고교 평준화가 교육 기회를 골고루 보장해 주는 것이라고 생각하십니까? 2) 교육 기회만 보장했지 학생들의 학습권 보호 장치나 생활 인권 등에 대한 고려가 없는 것 아닙니까?	**2. 확인 질문** 1) 고교 평준화가 학생들의 성적을 하향시켰다고 말씀하셨나요? 2) 비평준화가 되면 모든 학교는 동등한 출발선에 서는 겁니까? 학교 간 서열화가 더 극심해지지 않을까요?
3. 반론 1) 학생들도 자신의 학습권, 학습 기관을 선택할 권리가 있습니다. – 종교 문제, 불합리한 통학 거리 등에 많은 불만이 나오고 있습니다. 2) 현재의 고교 평준화 제도는 사교육 확대와 공교육 부실로 인해 목표였던 형평성을 제대로 달성하지 못하고 있습니다. 게다가 형평성만을 강조하다 보니 교육의 효율성이 심각하게 위협받고 있습니다.	**3. 반론** 1) 공교육은 평준화를 통해 교육의 기회를 골고루 부여하면서 각자 수준에 맞는 특성화 고등학교를 증설해 학생들에게 학교를 선택하게 하면 됩니다. 2) 수준별 이동 수업으로 효율성을 확보할 수 있습니다. 굳이 전체 학교의 평준화를 폐지할 필요가 없습니다.
4. 최종 발언 현대 사회는 치열한 경쟁을 통해 경쟁력을 기르고 경쟁력을 갖춘 소수의 엘리트가 국가 발전의 핵심 역할을 하는 시대입니다. 따라서 고등학교 시절부터 개인의 노력과 능력에 따라 학교를 선택하고 수준에 맞는 교육 서비스를 제공받아야 합니다. 본인의 의지와 무관하게 선택되는 고교 평준화 제도는 공교육의 부실로 평준화 정책 목표였던 형평성을 제대로 달성하지 못하고 있습니다. 따라서 평준화 제도는 폐지해야 합니다.	**4. 최종 발언** 입시 경쟁의 과열과 그로 인한 학생들의 학습 부담은 자유로운 사고와 여러 가지 경험을 해야 할 학생들에게 큰 장애 요소로 작용합니다. 대학에 가서 경쟁을 통한 효율성을 제고해도 됩니다. 고등학교까지는 교육 기회를 평등하게 보장해 주어야 합니다. 비평준화 제도는 오히려 사회 구성원 간의 위화감을 조성하고 학생들을 경쟁 위주로 내모는 시대착오적인 제도라 주장합니다.

논제 11   동성 간 결혼을 법적으로 허용해야 한다

찬성 측 중심 가치	1. 다양성 인정 2. 사회적으로 소외된 이들에 대한 배려 3. 사회 변화에 따른 가족에 대한 개념 변화
반대 측 중심 가치	1. 사회 질서 유지 2. 사회적 재생산 필요

찬성 측	반대 측
1. 입론 1) 가족에 대한 정의와 가정의 유형이 다양화되는 시대에 동성 결혼도 가정의 한 형태로 인정되어야 합니다. 2) 소외된 동성 커플들에게 사회적 지위를 부여하는 것은 인류 평등을 실현하는 것입니다.	**1. 입론** 1) 동성 결혼을 인정한다면 전통적으로 유지되어 오던 사회 체제가 무너져 사회적 혼란이 생깁니다. – 결혼의 사회적 역할은 사회적 재생산입니다. 2세를 출산할 수 없는 동성 간 결혼은 사회적으로 용인되기 어렵습니다. 2) 동성 결혼으로 인해 종교적, 도덕적 가르침의 근간이 흔들립니다.
2. 확인 질문 1) 동성 결혼으로 인한 직접적인 사회의 피해가 있나요? 2) 동성 결혼이 아니더라도 2세를 출산하지 않는 가정은 사회적 존재 의미가 없나요? 3) 개인적 취향은 사회적 체계 속에서 무조건 희생되어야 하나요?	**2. 확인 질문** 1) 동성 결혼 허용으로 인해 사람들의 윤리관에 큰 혼란이 올 수 있지 않나요? 2) 동성 간 결혼을 허용한다고 인류의 평등이 실현될까요?
3. 반론 1) 성적 소수자의 인권을 인정해 주는 것이 인류애적 관점에서 바람직한 것입니다. 2) 사회적 변화에 따라 가족의 개념은 재정의될 수 있습니다. 3) 과학 기술의 발달로 동성 결혼의 2세 생산도 가능합니다. 또 입양이라는 방법도 있습니다.	**3. 반론** 1) 생물학적으로 이성의 존재 이유가 있으며 결혼은 개인적 사랑 이상의 사회적인 행위입니다. 2) 가족 개념에 대한 혼란으로 인해 많은 사람들의 불필요한 정체성 혼란이 예상됩니다. 3) 동성 결혼 가정에 대한 불편한 사회적 시선으로 인해 아동들이 고통받습니다.
4. 최종 발언 현대 사회에 이르러 다양한 형태의 가족들이 생겨나고 있으며 동성 결혼 또한 다양한 가족의 한 형태라고 볼 수 있습니다. 동성 결혼을 사회적으로 허용한다면 소외된 성적 소수자들의 개인적 인권이 회복될 뿐 아니라 인류의 평등권을 확대하는 역사적 사건이 될 것입니다. 동성 결혼을 희망하는 사람 역시 성적 취향만 다를 뿐 우리와 똑같은 욕구와 사회의 보호를 필요로 하는 인간이라는 것을 알아 주십시오.	**4. 최종 발언** 결혼은 신성한 것입니다. 남성과 여성이라는 성적으로 보완 관계에 있는 생명 지향성을 가진 개인적, 사회적 결합입니다. 또한 이 사회는 이성 간의 결혼으로 인해 유지되고 발전됩니다. 이와 같은 기본적인 근간을 흔드는 동성 결혼은 개인의 성적 취향의 자유를 과도하게 확대한 논의입니다. 이것을 받아들일 경우 인류 존속에 위협을 가할 수도 있다는 것을 기억해 주십시오.

논제 12 학교 급식은 무상으로 제공되어야 한다

찬성 측 중심 가치	1. 보편적 복지	2. 예산은 지방 단체장의 의지 문제
반대 측 중심 가치	1. 선별적 복지	2. 예산 낭비 반대

찬성 측	반대 측

찬성 측

1. 입론

1) 급식도 교육의 일부이므로 의무 교육에 무상 급식이 포함되어야 합니다.

– 학교 수업은 교육 관련법에 따라 오후까지 진행되며 급식은 그 사이 이루어지는 교육 활동의 일부입니다. 그러므로 급식은 의무 교육의 한 부분입니다.

2) 무상 급식은 보편적인 복지의 대상이 되어야 합니다.

– 보편적 복지 차원에서 전면 무상 급식을 실시하면 생기지 않을 문제가 지자체의 재정 규모에 따라 선별 급식을 함으로써 오히려 발생할 수 있습니다.

– 최근 가계의 경제 불안정성이 높아지면서 중산층도 언제든지 차상위층이나 기초 생활 수급자로 전락할 수 있습니다. 보편적인 복지는 이러한 시장 낙오자를 보호할 수 있습니다.

– 보편적 무상 급식은 선별적 대상자들이 무상 급식을 받는다는 자체에 대한 곤혹감과 같은 대상자들이 느껴야 할 난처함에서 벗어나게 합니다.

3) 무상 급식의 비용을 확보할 수 있습니다.

– 이미 전국의 80% 이상 초등학교에서 무상 급식을 실시하고 있어 추가적으로 발생하는 비용은 높지 않습니다.

– 전시성 예산을 줄이고 감세만 하지 않아도 2조 6천억 원 정도의 무상 급식 예산은 충분합니다.

– 서울은 무상 급식 지원이 0원입니다. 반면 재정 자립도가 가장 낮은 전북의 경우 학생 1인당 7만 3750원을 지원했습니다. 결국 예산이 없다기보다, 단체장의 의지가 더 중요한 것입니다.

반대 측

1. 입론

1) 학교 급식은 의무 교육과 무관합니다.

– 프랑스나 영국의 경우 교육에 필요한 학용품, 교육비 등을 지원해 주지만 급식비는 지원하지 않습니다.

2) 무상 급식은 선별적으로 이뤄져야 합니다.

– 세상에 공짜는 없습니다. 부유층까지 복지의 대상으로 삼는다면 교육 예산 부족으로 교육 환경 개선 등에 대한 투자가 소홀해질 것이며 세금으로 다시 보충하게 될 것입니다.

– 보편적 복지는 모든 계층이 무상으로 복지를 향유할 수 있어서 겉으로는 사회적인 형평을 의미하는 것처럼 보일 수 있지만 실상은 그렇지 않습니다. 보편적 복지가 세금 부담에서도 사회적인 형평을 의미하지는 않기 때문입니다. 우리나라의 자영업자 비중은 비교적 높은 편인데, 자영업자들은 소득 파악이 어려워 탈세로 연결되기 쉽습니다. 이렇게 무상 급식의 혜택은 자영업자나 근로 소득자 모두 누릴 수 있지만, 근로 소득자만 그 부담을 질 수 있습니다.

3) 무상 급식을 할 만큼 재정적 여유가 없습니다.

– 전체 학생에 대해 무상 급식을 할 경우 매년 최고 1조 8000억 원 이상의 예산이 필요합니다. 한정된 지방 교육 재정을 무상 급식으로 돌리다 보면 다른 교육 예산은 뒷전으로 밀리고 공교육의 질은 낮아집니다.

– 교육의 공공성과 보편적 교육 복지 차원에서 초, 중학교 무상 급식은 바람직한 일입니다. 하지만 단번에 전면적으로 시행하기에는 재정 부담이 너무 큽니다.

– 일부 광역 자치 단체는 단체장과 교육감이 단계적 무상 급식을 실시하자는 데에 합의했지만 필요 예산 중 상당액을 서로 부담하라고 맞서 추진이 불투명한 상태입니다.

2. 확인 질문

1) 학교 교육에서 차별과 경쟁 원리도 중요하지만 연대 의식도 중요하지 않나요?

2) 무상 급식을 전면적으로 실시할 수 있는 충분한 예산만 확보된다면 시행해도 된다는 주장에는 어떻게 생각하십니까?

3) 급식도 교육의 연장선이라는 점에 대해 어떻게 생각하십니까?

3. 반론

1) 학교 급식은 교육의 일환으로 자라나는 아이들의 건전한 심신 발달을 도모하고 국민 건강 증진에 기여하는 것이 목적입니다.

2) 우리나라의 저소득층은 서류로 증명할 수 없는 사각지대가 너무 많습니다. 경제 위기 속에 급식비를 내지 못하는 학생들이 지속적으로 늘어나는데 정부가 이를 어떻게 모두 증명하고 시스템화 할 수 있겠습니까? 정작 중요한 문제는 급식비를 지원받는 것이 성장기 청소년에게는 큰 상처가 된다는 것입니다. 스스로 '가난'하다는 것을, 그래서 '시혜적'으로 지원받는다는 것을 인지하는 것 자체가 '차별의 내면화'라는 비교육적 효과를 유발합니다.

3) 무상 급식 실현은 비용의 문제라기보다 의지의 문제입니다.

4. 최종 발언

급식은 교육의 일부라고 다시 한 번 말하고 싶습니다. 의무 교육을 시행하는 초, 중학교에서 급식은 마땅히 의무적인 교육 활동의 일환입니다. 그런데 그런 급식을 부모의 경제 수준에 따라 선별적으로 받는다면 이것은 교육을 포기하는 행위입니다. 예산 문제를 많이 거론하시지만 쓸데없이 버려지는 소중한 국민의 세금을 잘 쓸 수 있다면 점심시간에 혼자 굶주리는 학생들은 볼 수 없을 것입니다.

2. 확인 질문

1) 현재 우리나라가 보편적 복지 정책을 시행할 만큼 제도가 마련되고 인식이 성숙되었나요?

2) 무상 급식을 할 만큼 충분한 재원이 없다면 단계적으로 시행해도 된다는 주장에 찬성하시나요?

3) 보편적 복지를 시행하면 빈부 격차가 줄어든다고 주장하시는 것인가요?

3. 반론

1) 지원받는 아이들의 수치심 문제는 과장된 것입니다. 찬성 측은 선별적으로 무상 급식을 할 경우 소위 '눈치밥'을 먹는다며 보편적 복지를 주장하지만, 온라인 신청 등의 방법으로 부모가 직접 신청한다면 이 문제는 해결될 것입니다.

2) 무상 급식보다 무상 보육이나 방과 후 학교 지원이 더 시급합니다. 무상 급식의 의미가 중요하더라도 지금은 전면적으로 하기보다 단계적으로 해야 합니다.

3) 무상 급식 정책은 정치인이 대중의 인기에 영합하기 위한 포퓰리즘적 정책입니다.

4. 최종 발언

집이 부유한 학생들에게 소중한 국민의 세금을 써도 될까요? 그럴 필요 없습니다. 가정 형편 때문에 급식을 하지 못하는 몇몇 학생들만 교사가 미리 손을 써 선별적인 무상 급식을 실시한다면 세금의 낭비도 줄이면서 굶는 학생도 없어질 것입니다. 시행할 능력도 없으면서 덮어놓고 하기보다는 현실을 직시하고 효율적으로 일을 처리한다면 모두가 행복해질 수 있습니다.

논제 13 사형 제도는 폐지되어야 한다

찬성 측 중심 가치	1. 인간의 기본적 인권 3. 위하력, 오판에 대한 의문	2. 인도적, 종교적 차원
반대 측 중심 가치	1. 사회 정의 측면 3. 사회 계약 유지	2. 사회 전체의 안전 유지

찬성 측	반대 측
1. 입론 1) 세계 절반 이상의 국가가 이미 사형 제도를 법률상 또는 실제적으로 폐지했습니다. – 국제 사면 위원회에 의하면 현재 세계 175개국 중에서 사형을 폐지한 나라는 41개국이며, 과거 10년 이상 사형 집행이 없는 나라는 27개국입니다. 2) 헌법 제 10조에 따르면 국가는 개인의 기본적 인권을 보장할 의무가 있습니다. 3) 무고한 사람을 사형 집행할 오판의 가능성이 있습니다.	**1. 입론** 1) 법은 한 사람만이 아닌 전체를 위한 목적으로 행해져야 합니다. – 보험금을 비롯하여 돈 때문에 살인을 저지르는 등의 흉악범이 늘고 있습니다. 2) 가해자의 생명보다 피해자의 생명을 더 중시해야 합니다. – 고조선의 팔조법에 "사람을 죽인 자는 즉시 죽이고"라고 명시되어 있듯이 사형이 오늘날의 문제만은 아닙니다. 3) 범죄 예방의 효과가 있습니다. – 사형 제도는 극악무도한 범죄를 예방하는 취지에서 만든 형벌이며, 생명을 박탈하는 극형으로 일반인에게 겁을 주어 범죄 억제 효과가 있습니다.
2. 확인 질문 1) 사형은 국가에 의한 또 다른 살인이므로 헌법에 위배된다고 생각하지 않나요? 2) 자신의 죗값을 반성하고 새 삶을 사는 경우도 있지 않나요? 3) 흉악범이 범행을 할 때 자신이 어떤 처벌을 받을지 생각한다고 보십니까?	**2. 확인 질문** 1) 억울하게 당한 피해자의 인권과 생명은 누가 보장하며, 가해자만큼 피해자의 인권도 중요하다고 생각하지 않나요? 2) 3심까지 재판이 진행되기 때문에 오판의 가능성이 적다고 볼 수 있지 않나요? 3) 성범죄의 재범 가능성을 알고 있나요?
3. 반론 1) '실질적 사형 폐지국'은 우리나라처럼 사형 제도는 있지만 집행하지 않는 나라를 말합니다. 우리나라뿐 아니라 영국, 독일, 프랑스가 이에 해당합니다. 2) 사형수도 범죄자이기 전에 사람이므로 인권을 침해해서는 안 됩니다. – 사형은 국가에 의한 또 다른 살인입니다. 따라서 종신형과 같이 인권을 존중할 수 있는 형벌을 도입하면 범죄자들이 사회로 돌아가지 않아 국가 안전을 보장할 수 있습니다. 3) 사형수들 대부분은 범죄를 저지르기 전에 사형 제도를 생각하며 범죄를 하지 않으려고 하지 않기에 사형 제도의 범죄 예방 효과는 없습니다.	**3. 반론** 1) 사형이 폐지되었을 경우 이기적이고 자의적인 살인범의 생명이 희생된 피해자의 생명 보다 그 가치가 높게 평가되고 보호됩니다. – 모든 인간의 생명과 인권의 평등을 이념으로 하는 근대법의 정신에 모순됨을 근거로 합니다. 2) 모든 인간의 존엄성이 존중되어야 한다고 해서 선량한 개인 또는 다수를 살해한 범죄자를 다른 사람들과 동일하게 대우하는 것은 합당하지 않습니다. 따라서 범죄자의 인권보다 피해자의 인권이 우선되어야 합니다. 3) 사형은 생명을 박탈하는 극형이므로 일반인에게 두려움을 주어 범죄 억제 효과가 있습니다.

4. 최종 발언

사형 제도가 범죄 억제 효과가 있을 것이라는 주장은 추측에 의한 것이며, 이러한 이유로 인간의 생명을 박탈하는 것은 인간의 존엄과 가치를 최고 규범으로 하는 헌법 정신에 부합하지 않습니다. 오판의 가능성은 말할 것도 없습니다. 현재는 사형 집행이 이뤄지지 않고 있지만, 과거 죽음의 순간까지 억울함을 호소했던 경우는 적지 않습니다. 사형 제도 폐지 운동에 앞장서고 있는 천주교 인권 위원회는 "피해자들의 인권을 생각한다면 피해자들에게 실질적인 위안과 도움을 줘야 한다. 사형을 집행한다고 해서 피해자의 인권이 진정으로 보호되는 것은 아니다."라며 피해자의 인권을 문제 삼아 사형 제도를 반대하고 있습니다. 세계적으로도 매년 평균 3개국이 사형 제도를 폐지하는 추세이므로 우리나라도 폐지되는 것이 옳습니다.

4. 최종 발언

세계적 여론이 결코 우리나라의 여론이 될 수 없으며, 법은 그 나라의 정치적, 사회적, 문화적 기반과 결부해 상대적으로 논의되어야 합니다. 강도 강간, 강도 살인, 유괴 살인 등을 저지른 흉악 범죄인의 생명을 박탈하는 것은 사회적 정의를 유지하는 행위입니다. 헌법 재판소는 2010년 한 판결문에서 "사형은 일반 국민에 대한 심리적 위하를 통해 범죄의 발생을 예방하며, 이를 집행함으로써 극악한 범죄에 대한 정당한 응보를 통해 정의를 실현하고, 당해 범죄인 자신에 의한 재범의 가능성을 영구히 차단함으로써 사회를 방어한다는 공익상의 목적을 가진 형벌"이라며 사형이 필요악임을 증명했습니다.

논제 14 수형자에게 선거권을 주어야 한다

찬성 측 중심 가치	1. 모든 권리의 보장 필요	2. 해당 범죄와 선거권과의 관련성 없음.
	3. 처벌의 적절성(이중 처벌) 없음.	4. 선거권의 재사회화 효과
반대 측 중심 가치	1. 권리는 의무에 대한 대가임.	2. 범죄에 대한 벌 종류의 차등이 더 주관적임.
	3. 처벌 적절성 인정	4. 다양한 재사회화 프로그램 존재

찬성 측	반대 측

찬성 측

1. 입론

1) 공공복리, 안전 보장, 질서 유지를 위해 필요한 특별한 경우를 제외하고 국민의 모든 권리를 보장해야 합니다.

– 헌법에 국민의 권리는 법으로 보장되어 있습니다.

– 수형자가 선거를 한다고 공공복리를 침해한다는 어떤 근거도 없습니다.

– 다른 기본권은 침해하지 않는데 선거권만 침해하는 것은 형평성에 어긋납니다.

2) 저지른 범죄와 선거를 위한 시민의 자질 사이에 연관성이 없어도 무조건 금고 이상의 형을 받은 사람의 선거권을 박탈하는 것은 비합리적입니다.

– 죄와 벌 사이의 인과 관계가 성립하지 않습니다.

3) 일사부재리의 원칙에 어긋나는 이중 처벌입니다.

– 금고 이상의 벌은 법에 따라 이미 적정한 벌을 받은 것입니다.

4) 처벌의 목적인 재사회화에 역행하는 제도입니다.

– 선거권을 통한 사회 참여는 사회에 대한 책임감을 부여해 훌륭한 사회화 프로그램이 될 수 있습니다.

반대 측

1. 입론

1) 기본 의무를 위반한 사람에게 권리를 부여할 필요는 없습니다.

– 권리는 의무와 연계된 덕목이므로 의무를 위반하면 권리를 제한받는 것은 합리적입니다.

– 선거는 공동체의 이익을 위해 하는 행위이므로 헌법 37조 2항에 의거 제한 가능한 '공공복리' 분야입니다.

2) 어차피 수형자의 죄는 다양하지만 벌은 징역형과 같이 동일한 신체형으로 부여됐습니다.

– 고조선의 팔조법이나 함무라비의 법처럼 죄에 따라 신체형을 달리하는 것이 오히려 더 비합리적입니다.

3) 이중 처벌이 아니라 벌에 포함된 합당한 처벌입니다.

– 범죄에 대한 벌로서 벌을 받는 동안만의 한시적인 정지입니다.

4) 재사회화 교육은 교도소 내에서도 이루어지고 있습니다.

– 교도소 내에서 시민 교육과 기술 교육을 하고 있기 때문에 선거권을 부여하는 자체만으로 재사회화된다고 볼 수 없습니다.

2. 확인 질문

1) 모든 수형자는 사회 질서를 파괴한 사람인가요? 모두 반사회적인 사람들인가요? 사상범이나 정치범은 어떤 사람인가요?

2) 인간의 기본 권리가 한시적으로 제한된다면 문제가 없는 것인가요?

3) 재사회화 프로그램은 많을수록 더 효과적인 것이 아닌가요?

2. 확인 질문

1) 신체의 자유는 기본권이 맞습니까? 그럼 어떤 기본권은 제한이 가능하고 어떤 기본권은 제한할 수 있는 겁니까?

2) 선거권이 주어지면 어떤 근거로 재사회화가 됩니까?

3) 선거 제한이 인권 침해이면 선거를 하면 그것으로 인권이 신장되나요? 어떤 근거에서 나온 주장이죠?

3. 반론

1) 헌법에서 특별한 경우에 권리를 제한할 수도 있다고 하였지만, 기본적으로 국민의 권리를 최대한

3. 반론

1) 제한하는 수형자의 권리가 선거권만 있는 것이 아닙니다.

보장하는 것을 원칙으로 하고 있습니다.

2) 선거권 박탈 범죄와 부여 범죄를 구분하여 법률 제정하는 것이 바람직합니다. 한 사례로 프랑스나 독일의 선거권 제한은 일괄 적용이 아닙니다.

3) 신체형이 주어진 상태에서 기본권까지 제한하는 것은 가혹한 처벌입니다. 수형 기간이 긴 죄인의 경우 더욱 가혹합니다.

4) 참정권으로 교화를 하는 것을 말하는 것이 아니라 참정권이 교화의 한 영역이란 주장입니다.

- 흡연이나 정보 취득을 위한 권리도 제한됩니다.

2) 공공복리, 사회 질서 유지에 위배된 행위에 대해 동일한 징역형으로 처벌을 객관화한 것이므로 이를 죄에 따라 차등을 두자는 상대측 주장이 더 비합리적이고 주관적일 수 있습니다.

3) 형량이 죄에 비례하여 책정된 것은 그들의 반사회적 활동의 결과이므로 감수해야 합니다.

4) 교화 프로그램이 필요하면 얼마든지 더 다양한 교육을 개발할 수 있습니다.

4. 최종 발언

사회가 변하고 구성원의 의식이 변하면 제도나 규범이 바뀌어야 합니다. 수형자에게 선거권을 부여하자는 움직임은 이런 시대 흐름과 무관하지 않습니다. 비록 법이 바뀌지는 않았지만 선거권을 부여해야 한다는 헌법 재판소의 판결이 많아지고 있습니다.

인권에 대한 관심과 가치가 증대되는 현실에 비춰 수형자의 기본 인권도 지켜 주어야 합니다. 꼭 제한해야 한다면 죄에 따른 차등 적용을 고려해야 합니다. 이중 처벌은 법에서 금지하는 행위입니다. 선거 참여를 통해 다양한 재사회화 프로그램의 일부 목표를 성취할 수 있습니다.

4. 최종 발언

시대가 변해도 변하지 말아야 할 기본적인 사회적 약속은 존재해야 합니다. 특히 사회 공동체에 해악을 끼치는 구성원들의 기본적인 권리를 박탈하여 행위에 대한 대가를 치르게 하는 것은 사회 유지를 위해 필수적입니다.

사회적 활동의 하나인 선거에 사회 규범을 훼손한 사람이 참여하는 것은 모순입니다. 죄는 달라도 벌은 같은 수형자들이므로 선거권을 일괄적으로 제한하는 것도 가능합니다. 이중 처벌이 아니라 형을 내릴 때 기본적으로 포함된 합당한 벌입니다. 다양한 재사회화 프로그램이 얼마든지 존재합니다.

토론 활동지

- 반론 카드
- 판정 평가 표
- 토론 판정지
- 판정 보고서

반론 카드

일시: _____

평가자: _____

_____ 학교 _____ 학년 _____ 반 _____ 번 이름: _____

상대측 주장				
평가받는 팀	평가 항목	사실인가?	주장-이유, 이유-근거 사이에 관련이 있는가?	주장을 뒷받침하는 이유, 근거를 뒷받침하는 이유가 충분한가?
1	이유			
	근거			
	설명			
2	이유			
	근거			
	설명			
3	이유			
	근거			
	설명			

일시:

판정 평가 표

평가자:

논제:

학교: _____ 학년 _____ 반 _____ 번 이름:

평가 항목	평가 내용	토론자 점수 성명	찬성 측			반대 측		
			1 토론자	2 토론자	3 토론자	1 토론자	2 토론자	3 토론자
입론 6	주장에 대한 근거가 논리적으로 타당한가?	점수	1, 2			1, 2		
	근거를 뒷받침할 적절한 사례를 제시하였는가?	점수	1, 2			1, 2		
	예상되는 반론을 사전에 차단하였는가?	점수	0, 1			0, 1		
	상대의 확인 질문에 답변을 잘 하였는가?	점수	0, 1			0, 1		
확인 질문 4	논점을 잘 정리해서 질문하였는가?	점수	1, 2	1, 2		1, 2	1, 2	
	상대 주장의 불충분한 증거 자료나 논리적 모순점을 찾아 질문하였는가?	점수	1, 2	1, 2		1, 2	1, 2	
반론 6	상대의 논리적 오류나 문제점을 잡았는가?	점수		1, 2	1, 2		1, 2	1, 2
	(정책 논제) 더 좋은 대안이나 해결책을 제시하였는가? (가치 논제) 상대측보다 자기 측의 가치관, 신념이 더 우월하다는 것을 증명하였는가?	점수		1, 2	1, 2		1, 2	1, 2
	자기 측의 논리적 약점을 제대로 보완, 강화하였는가?	점수		1, 2	1, 2		1, 2	1, 2
최종 발언 4	토론 전체의 흐름을 쟁점을 중심으로 파악하였는가?	점수		1, 2	1, 2			1, 2
	자기 측의 주장이 더 설득력이 있음을 호소력 있게 표현하였는가?	점수		1, 2	1, 2			1, 2
태도 2	시선 처리, 발음, 말의 빠르기, 자세는 적절하였는가?	점수	1, 2	1, 2	1, 2	1, 2	1, 2	1, 2
	총점							

토론 판정지

논제: _____   팀명: _____ VS _____

찬성 1		점수:	반대 2		점수:

① 입론(3분)

② 확인 질문(2분)

자세, 빠르기, 성량, 시선 처리 등 표현력

자세, 빠르기, 성량, 시선 처리 등 표현력

찬성 2		점수:	반대 1		점수:

④ 확인 질문(2분)

③ 반론 및 입론(3분)

자세, 빠르기, 성량, 시선 처리 등 표현력

자세, 빠르기, 성량, 시선 처리 등 표현력

찬성 3		점수:	반대 1		점수:

⑤ 반론1(3분)

⑥ 확인 질문(2분)

자세, 빠르기, 성량, 시선 처리 등 표현력

자세, 빠르기, 성량, 시선 처리 등 표현력

찬성 1		점수:	반대 3		점수:
⑧ 확인 질문(2분)			⑦ 반론(3분)		
자세, 빠르기, 성량, 시선 처리 등 표현력			자세, 빠르기, 성량, 시선 처리 등 표현력		

찬성 2		점수:	반대 2		점수:
⑨ 반론2(3분)			⑩ 반론 2(3분)		
자세, 빠르기, 성량, 시선 처리 등 표현력			자세, 빠르기, 성량, 시선 처리 등 표현력		

찬성 3		점수:	반대 3		점수:
⑫ 최종 발언			⑪ 최종 발언		
자세, 빠르기, 성량, 시선 처리 등 표현력			자세, 빠르기, 성량, 시선 처리 등 표현력		

최우수 토론자		판정 의견	
우수 토론자			
최종 승리 팀명			
		판정 의원	(인)

판정 보고서

논제: _____   팀명: _____ VS _____

1. 이 토론 논제가 주는 시사점, 의의, 문제점

2. 이번 토론에서 찬반 양측의 핵심 근거와 그 이유

[찬성 측]

[반대 측]

3. 승리한 팀과 그 이유(태도나 자세보다 논거의 타당성을 중심으로)

4. 최우수 토론자 선정과 그 이유

5. 하고 싶은 말(자유롭게)

판정 평가 표

일시: _____ 평가자: _____학교 _____학년 _____반 _____번 이름: _____

구분		평가(○표)		
		상	중	하
토론 준비	논거에 적합한 자료를 수집하였는가?			
	전문 서적 등 다방면의 자료를 충분히 수집하였는가?			
	수집한 자료를 논제와 연관하여 중요도를 평가하였는가?			
	토론의 예상 흐름을 충분히 파악하였는가?			
	우리 측 토론자들과 전략 협의를 충분히 하였는가?			
	소감:			
토론 과정	주장에 대한 근거가 논리적으로 타당한가?			
	근거를 뒷받침할 적절한 사례를 제시하였는가?			
	예상되는 반론을 사전에 차단하였는가?			
	상대의 확인 질문에 답변을 잘 하였는가?			
	상대의 논리적 오류나 문제점을 짚었는가?			
	(정책 논제) 더 좋은 대안이나 해결책을 제시하였는가?			
	(가치 논제) 상대측보다 자기 측의 가치관, 신념이 더 우월하다는 것을 증명하였는가?			
	자기 측의 논리적 약점을 제대로 보완, 강화하였는가?			
	논점을 잘 정리해서 질문하였는가?			
	상대 주장의 불충분한 증거자료나 논리적 모순점을 찾아 질문하는가?			
	토론 전체의 흐름을 쟁점을 중심으로 파악하였는가?			
	자기 측의 주장이 더 설득력이 있음을 호소력 있게 표현하였는가?			
	청중 질문에 대해 답변이 적절하였나?			
	경청 자세가 적극적이고 성실하며 예절을 잘 준수했나?			
	소감:			
평점 집계		( )개	( )개	( )개

| 이 책을 쓰는 데 도움을 준 책과 학생들 |

이 책을 쓰기 위해 참고한 책

"학교 토론수업의 이해와 실천", 구정화, 교육과학사, 2009

"교실토론의 방법", 김주환, 우리학교, 2009

"변호사처럼 설득하라", 데이비드 뎀시, (주)웅진닷컴, 2004

"토론의 전략", 이정옥, 문학과지성사, 2009

"고등학교 화법", 이주행 등저, 금성출판사, 2006

"화법교육론", 이창덕 등저, 역락, 2011

"토의·토론 수업방법 36", 정문성, 교육과학사, 2009

"토론", 한상철, 커뮤니케이션북스, 2006

"모든 학문과 정치의 시작, 토론", 존 미니·케이트 셔스터, 커뮤니케이션북스, 2008

"The Code of the Debater—introduction to policy debating", Alfred C. Snider, Central European Univ Pr, 2008

이 책을 쓰기 위해 참고한 논문

'고등학교 토론학습의 방향과 실제' "미래를 준비하는 토론학습", 백춘현, 한국교육과정 평가원, 2004

'토론의 논증구성과 사회적 상호작용에 대한 연구', 서울대학교 석사학위논문, 이선영, 2002

'토론 교육을 위한 논제 선정에 대한 소고', 이선영, 청람어문교육41집, 2010

이 책을 쓰기 위해 참고한 자료

'교육과학기술부 고시 제2009-41호에 따른 고등학교교육과정 해설', 교육과학기술부, 2009

"토론교육", 백춘현, 민족사관고등학교 토론교육연구소, 2004

"토론", 숙명여자대학교 의사소통센터, 2008 겨울 경기도교육청 직무연수 교재, 2008

'논쟁식 토론모형과 토론 전략', "2009 겨울 중학생 토론캠프", 정은식, 민족사관고등학교 토론교육연구소, 2009

'교실토론의 이해와 효과적인 교내 토론대회 운영 방안', "2011 자율형 공립고 연수", 정은식, 한국교원대학교연수원, 2011

이 책을 쓰는 데 도움을 준 학생들

성문고등학교   2학년 조은선, 유혜빈
　　　　　　　3학년 김인수, 김지원, 오규석, 윤도헌, 이누리, 김상우, 권윤화, 임선주, 엄예문

숭신여자고등학교   3학년 변다혜 ,김현이, 우유진, 김지선, 김령은

안산강서고등학교   2학년 김진서
　　　　　　　　　3학년 정우리, 권지나, 김승아, 김병욱, 김경태, 권수정, 우혜진